国家社科基金一般项目（项目批准号 12BZX028）结项成果

U0717706

科技文化及其软实力研究
——以文化强国战略为视角

杨怀中◎著

科 学 出 版 社

北 京

图书在版编目（CIP）数据

科技文化及其软实力研究：以文化强国战略为视角 / 杨怀中著. —北京：科学出版社，2018.4
国家社会科学基金项目
ISBN 978-7-03-056806-9

Ⅰ. ①科⋯　Ⅱ. ①杨⋯　Ⅲ. ①科技发展–关系–文化发展–研究–中国
Ⅳ. ①G12 ②N12

中国版本图书馆 CIP 数据核字（2018）第 048359 号

责任编辑：刘　溪　张　楠 / 责任校对：何艳萍
责任印制：吴兆东 / 封面设计：有道文化
编辑部电话：010-64035853
E-mail: houjunlin@mail.sciencep.com

科 学 出 版 社 出版
北京东黄城根北街 16 号
邮政编码：100717
http://www.sciencep.com
北京厚诚则铭印刷科技有限公司印刷
科学出版社发行　各地新华书店经销

*

2018 年 4 月第　一　版　　开本：720×1000　1/16
2024 年 9 月第三次印刷　　印张：24
字数：320 000
定价：115.00 元
（如有印装质量问题，我社负责调换）

前　言

　　科技文化研究在我国的兴起源于社会主义现代化建设的价值理想，伴随着社会主义现代化建设的持续推进，科技文化研究引起了学术界的广泛关注和极大兴趣，并逐渐成为科学技术哲学、文化哲学研究的热门话题。

　　我们党历来高度重视文化建设。党的十七大明确提出要提高国家文化软实力，推动社会主义文化大发展大繁荣。党的十七届六中全会出台了《中共中央关于深化文化体制改革　推动社会主义文化大发展大繁荣若干重大问题的决定》，提出了建设社会主义文化强国的重大战略思想。党的十八大对扎实推进社会主义文化强国建设做出了全面部署，明确提出了建设社会主义文化强国的大政方针和目标要求，为社会主义文化强国建设指明了方向。

　　文化是人创造的，文化的发展表征着社会的进步，自觉地关注文化、建设文化是人类走向成熟的重要标志。科学技术也是一种文化，而且是一种极具穿透力和震撼力的文化，在人类文化发展中发挥着越来越重要的作用。因此，推进社会主义文化大发展大繁荣，提高国家文化软实力，建设社会主义文化强国，必须加强科技文化建设，在全社会广泛弘扬科技文化，着力提高全民族的科技文化素质，让科技文化的理念深深根植于我们的民族文化之中。

本书正是从推动社会主义文化大发展大繁荣、提高国家文化软实力、建设社会主义文化强国的大背景出发，通过分析文化与科技融合、科技文化生成和演进的历史必然性、多维视角下的科技文化等，明确提出科技文化也是一种软实力，是国家文化软实力的重要组成部分，在当代中国文化强国战略中具有重要地位和作用，进而探讨了基于文化强国战略的科技文化软实力实现路径。

作为国家社会科学基金项目的研究成果，本书的突出特色表现在以下几方面。一是研究视角新颖，立足于当代中国推动社会主义文化大发展大繁荣、建设社会主义文化强国的大背景，以马克思主义科技文化观为指导，综合运用多学科的理论和方法，着力研究科技文化生成和发展的规律、科技文化软实力及其在文化强国战略中的价值定位。二是凸显问题意识，以问题为导向，坚持历史研究与现实研究相结合，深入探讨科技文化与文化强国战略的关系，力求从理论与实践的结合上厘清和回答科技文化何以成为一种软实力、科技文化软实力在当代中国文化强国战略中的地位和作用，以及如何充分发挥科技文化的软实力功能等问题。三是坚持三个结合，将理论分析与实证研究结合起来，开展科技文化软实力研究调查；将项目研究与指导研究生学位论文结合起来，深化和拓展项目研究内容；将项目研究与学术研讨会结合起来，提升和扩大项目研究的社会影响。

就其理论建树而言，本书的创新之处主要表现在：其一，探讨了文化与科技的融合发展及其必然走势、科技文化形成和发展的一般规律，多维度考察了科技文化与主流文化、社会现代化、生态文明建设及经济发展方式转变的关系，阐释了科技文化的现代蕴涵；其二，明确提出科技文化也是一种软实力、科技文化软实力是国家文化软实力的重要组成部分、科技文化软实力在当代中国文化强国建设中具有重要地位和作用等具有创新性的观点，并深刻揭示了科技文化软实力的特质及构成；其三，在深入探讨科技文化的软实力蕴涵、科技文化软实力的基本理念、科技文化软实力在文化强国战略中的价值定位，调查分析当代中国科技文化软实力建设现状的基础上，提出了基于文化强国战略的科技文化软实力之实现路径。

建设社会主义文化强国是党中央立足于中国特色社会主义事业发展全局、科学分析当前形势、深刻总结文化建设的历史经验所作出的重大战略决策。实施文化强国战略，提高国家文化软实力，必须加强科技文化建设，着力提升科技文化软实力。本书的学术价值和应用价值就在于：从理论上说，研究科技文化软实力及其在当代中国文化强国战略中的价值定位，既有利于丰富和深化文化强国建设理论，也有利于科学构建中国特色科技文化体系；就应用价值而言，确立科技文化在建设社会主义文化强国伟大工程中的战略地位，以科技文化软实力建设助推国家文化软实力提升，不仅明确了当代中国科技文化软实力建设的方向，同时也拓展了实施文化强国战略的空间和路径。

当然，本书的研究也有不足或欠缺之处，例如，科技文化的多维度审视显得有些薄弱且不够全面，关于科技文化软实力调查的数据尚未得到充分利用，实证分析有待加强，国内外比较研究有些欠缺，基于文化强国战略的科技文化软实力之实现路径探讨还需要进一步细化，等等，这些都是在后续研究中必须加以注意的问题。

杨怀中

2017 年 5 月 30 日

目　录

图 目 录

表 目 录

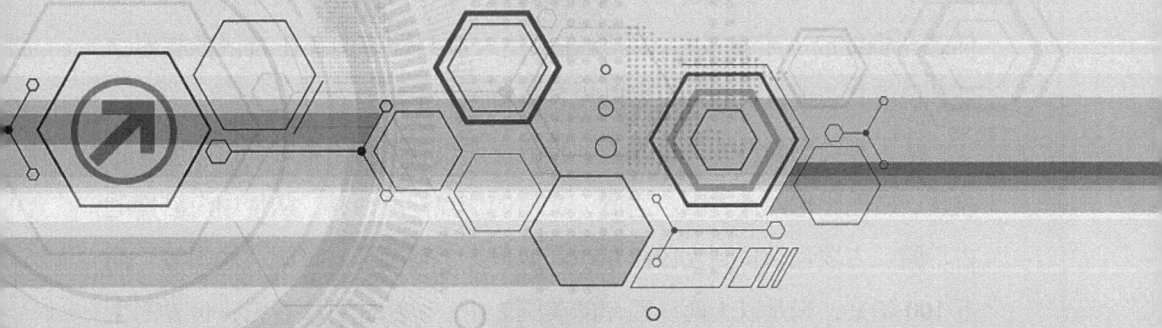

建设社会主义文化强国是党中央从中国特色社会主义事业的全局出发，科学分析国内外形势、深刻总结文化建设的历史经验而做出的重大战略决策。科技文化作为一种在科学技术实践活动中积淀而成的独具特色的文化形式，在人类文化发展中发挥着越来越重要的作用，逐渐成为当今社会文化的主导形式。实施文化强国战略，建设社会主义文化强国，必须高度重视并切实加强科技文化建设，让科技文化的理念深深根植于我们的民族文化之中。

第一节　从文明古国到文化强国

中国是举世公认的文明古国之一，与古印度、古埃及、古巴比伦等文明古国相比，最大的特点就是中国文化绵延数千年不曾断流，因而被认为是独一无二的、当之无愧的传世文明古国。如今，中国正一步步迈向强国之路，从文明古国到文化强国，中国文化建设正面临着前所未有的机遇和挑战。

一、世界文明焦点的历史变迁

众所周知，人类社会发展的历史本质上是一部人类文明发展史。人类创造了世界文明，在创造世界文明的过程中，各个国家、各个民族的文明样态竞相绽放、丰富多彩，尽管在表达人类共性方面存在着诸多相似之处，但就其表现方式而言，可以说各具特色、千姿百态。

从人类文明发展的进程来看，世界文明最初聚焦于中国、古印度、古埃及、古巴比伦四大古国。之后，文明的焦点逐渐西移，从地中海沿岸的古希腊、古罗马，再到大西洋东岸的西班牙、葡萄牙、英国、法国等，而近100年来，则是以大西洋西岸的美国为中心。由此可以看出，世界的主流文明，不外乎东方文明与西方文明两大类。

今天，人类文化的发展，似乎遇到了两大文明"难以共融"的局面，即古老的东方文明与年轻的西方文明在政治理念、价值取向、思维方式及生活态度等方面的矛盾冲突。客观地说，作为人类文明的两大类型，东方文明与西方文明各具特色。东方文明实际上是一种农业文明，而西方文明实际上是城市工商业文明。有学者分析说："与没有经历工业化或者工业化不充分的民族相比，西方文明凝聚了工业文明的最高成就，达到了更高的文明程度；加之近年来的全球化进程以西方国家为主导，更多地体现了西方价值观。因此，不少人认为，应当以西方文明的价值观和标准去评判别的文明，甚至主张以西方文明一统天下。"①这显然是有失偏颇的。当今世界，一个不容否认的事实是：一个以文明为基础的世界秩序正在形成，随着中国国力的强盛，以中国文明为代表的东方力量再度觉醒。西方政治学家塞缪尔·亨廷顿就认为，西方文明正在衰落，而东方文明正在发展壮大，正在崛起的中国文明日益成为西方文明的主要挑战者。

二、中国缘何成为独一无二的、当之无愧的传世文明古国

历史的发展告诉我们：世界上任何一个大国的崛起，都将伴随着文化的繁荣和引领，没有文化的繁荣和引领，就不可能屹立于世界民族之林。在人类文明发展的历史长河中，中华民族所创造的文明之所以绵延数千年而不断流，其中一个重要原因就是，我们有自己深厚的文化底蕴。

何谓文化？文化是一个非常广泛的概念，要给它下一个严格的、精确的定义是非常困难的。一般来说，文化是人类在发展进化过程中逐步形成的能改善人类生活的知识体系、价值观念、思维方式及行为习惯等的总称。文化是一个人化、化人的演进过程，文化的发展表征着社会的进步，自觉地关注文化、建设文化是人类走向成熟的重要标志。正如张岱年所指出的："文化总是既作为人类在人本身的自然及外部自然的基础上、在社

---

① 满建军：《从文明古国迈向文化强国》，载《国企》2011 年第 11 期，第 116-118 页。

会活动中创造并保存的内容之总和而存在，又总是作为一种活生生的创造活动而演化。文化是人类在处理人和世界关系中所采取的精神活动与实践活动的方式及其所创造出来的物质和精神成果的总和，是活动方式和活动实践的辩证统一。"①

作为一个人化、化人的演进过程，文化既是一个不断创造的过程，也是一个动态的系统。"从过程的意义上看，文化不仅是一种在人本身自然和身外自然的基础上不断创造的过程，而且是一种对人本身的自然和身外自然不断加以改造，使人不断从动物状态中提升出来的过程。"②作为一个动态系统，文化包含着多层次、多方面的内容，其中包括物质文化、精神文化、制度文化等多个方面。

文化与文明的关系是哲学、社会学、人类学、民族学、伦理学等众多学科经常涉及的一个问题。一般认为，文化与文明是两个既相互联系又有不同含义的概念和范畴，文明是文化中积极的、优秀的成果，因而也是文化的核心和精髓。正如司马云杰所说："文明与文化都是人类在实践活动中创造的社会现象，是随着社会经济基础的发展而不断变化的；它们又反过来积极地影响人类的社会实践和社会生活，也影响社会经济基础的变化。"③

正因为如此，马克思主义经典作家十分重视文化对文明的影响和作用。恩格斯指出："最初的、从动物界分离出来的人，在一切本质方面是和动物一样不自由的；但是，文化上的每一进步，都是迈向自由的一步。"④的确，人们创造文化环境（包括文化模式、文化体系）的目的，就是为了过上文明的生活。文化是民族血脉中生生不息地流淌着的血液，始

---

① 张岱年、程宜山：《中国文化论争》，中国人民大学出版社 2006 年版，第 1-2 页。
② 张岱年、程宜山：《中国文化论争》，中国人民大学出版社 2006 年版，第 1-2 页。
③ 司马云杰：《文化社会学》，山东人民出版社 1987 年版，第 524 页。
④ 中共中央马克思恩格斯列宁斯大林著作编译局编译：《马克思恩格斯选集》第 3 卷，人民出版社 1995 年版，第 154 页。

终是民族生存繁衍和国家繁荣发展取之不尽、用之不竭的生命之源。

中国有着五千年的文明发展史，五千年文明发展史中所蕴含的民族精神和灵魂是我们这个民族的重要标志与宝贵财富，也是中华民族屹立于世界民族之林的文化符号。可以这样说，在四大文明古国中，中国文化是唯一绵延数千年而不曾断流的文化。正是这种博大深厚的文化底蕴和生生不息的文化传承，使得中国成为举世公认的、独一无二的传世文明古国，而其他三个文明古国的文化已经在地球上消失了，只留下一些历史痕迹。

三、新的挑战：中国文化影响力需要提升

中国是一个具有悠久文化传统的国家，中国文化确有值得我们自豪的丰富内涵，但这并不意味着中国文化就一定优于西方文化。今天，面临科学技术飞速发展、经济全球化不断推进的世界大潮，中国文化要真正走向世界，就必须进一步提升自己的影响力。

在人类文明发展史上，中国曾经在物质文化、精神文化、制度文化、艺术文化等诸多领域居于世界领先地位，一度成为世界文化的顶峰。中国传统文化博大精深，然而，不可否认的是，自 15 世纪以后，中国落后了，1840 年以后的百余年间，甚至落到了任人欺凌、任人宰割的悲惨境地。这究竟是为什么呢？原因固然是多方面的，但是，就其文化自身来说，这显然与中国传统文化的缺陷不无关系。有学者分析说："中国传统文化中有两个最大的缺点，一个是缺乏实证科学，一个是缺乏民主传统。"[①]这正是中国传统文化现代化进程中讨论最多的问题，特别是缺乏实证科学的缺点已成为中国文化走向现代化必须解决的问题。

当代中国正处在现代化建设的重要时期。作为社会历史范畴的现代化，包括经济、政治、思想、道德、科技、人及其生活方式的现代化等诸多方面，当然也包括文化的现代化。没有文化的现代化也就无所谓社会现

---

① 张岱年、程宜山：《中国文化论争》，中国人民大学出版社 2006 年版，第 230 页。

代化，社会现代化就只能是一句空话。由此可以说，文化现代化已经成为社会现代化的重要标志，对于任何一个民族和国家来说，只有实现了文化的现代化，才能让传统文化在新时代焕发生机和活力。

当今时代是一个文化大发展的时代，文化的地位和作用比在任何一个时代都更为重要。胡锦涛指出："当今世界正处在大发展大变革大调整时期，当代中国正在新的历史起点上向着新的奋斗目标迈进，文化的作用更加广泛而深刻。从国际看，综合国力竞争的一个显著特点就是文化的地位和作用更加凸显，许多国家特别是主要大国都把提高文化软实力作为增强国家核心竞争力的重要战略。在世界范围内各种思想文化交流交融交锋更加频繁的背景下，谁占据了文化发展制高点，谁拥有了强大文化软实力，谁就能够在激烈的国际竞争中赢得主动。"①任何一个崛起的大国，在经济繁荣之后，社会的核心问题就必然是文化问题。

当代中国正在崛起，崛起中的中国呼唤文化的大发展大繁荣。我们的目标是不仅要建成经济大国、政治大国，还要建成文化大国、文化强国。显然，没有领先于时代脉搏并泽及天下的新思想、新观念、新科技、新战略，中国的经济发展就会后继乏力。因此，立足优秀传统，回应文化需求，创新表现形式，凝聚民族力量，从五千年文明古国走向社会主义文化强国，是中国特色社会主义现代化建设的必然选择。

第二节　当代中国文化强国战略及其要义

面对新形势，我们党高度重视文化建设，非常明确地把文化建设置于国家战略的高度、纳入中国特色社会主义事业的总体布局，将社会主义文

---

① 胡锦涛：《坚定不移走中国特色社会主义文化发展道路　努力建设社会主义文化强国》，载《求是》2012 年第 1 期，第 3-7 页。

化大发展大繁荣列入全面建成小康社会的重要目标，并做出了建设社会主义文化强国的重大战略部署。文化强国战略的提出，充分体现了我们党对文化建设历史使命的科学把握和高度的文化自觉、文化自信及文化远见，体现了我国文化发展的必然趋势和时代要求，同时也是对人民的精神家园建设面临严峻挑战等问题的清醒认识和积极应对。

一、文化强国战略的提出

我们党历来强调文化工作的重大作用，从党成立的那一天起，就把中华优秀文化的传承和发展作为自己的一项重要工作，始终坚持不懈地推进文化的建设和发展。正如党的十七届六中全会的《中共中央关于深化文化体制改革 推动社会主义文化大发展大繁荣若干重大问题的决定》指出的那样："我们党历来高度重视运用文化引领前进方向、凝聚奋斗力量，团结带领全国各族人民不断以思想文化新觉醒、理论创造新成果、文化建设新成就推动党和人民事业向前发展，文化工作在革命、建设、改革各个历史时期都发挥了不可替代的重大作用。"[①]

改革开放以来特别是党的十六大以来，我们党更加重视文化建设，把文化建设置于前所未有的高度。从 2003 年开始推进文化体制改革，到 2006 年实施中华人民共和国成立以来的第一个国家文化发展规划——《国家"十一五"时期文化发展规划纲要》，再到 2009 年制定《文化产业振兴规划》，把文化产业上升为国家的战略性产业，走出了一条中国特色的社会主义文化发展道路。

党的十七大明确提出要提高国家文化软实力，推动社会主义文化大发展大繁荣。党的十七大是在我国改革发展关键阶段召开的一次非常重要的大会，这次大会开创性地提出了"提高国家文化软实力"这个命题。党的

---

① 《中共中央关于深化文化体制改革 推动社会主义文化大发展大繁荣若干重大问题的决定》，载《求是》2011 年第 21 期，第 3-14 页。

十七大报告指出："当今时代，文化越来越成为民族凝聚力和创造力的重要源泉、越来越成为综合国力竞争的重要因素，丰富精神文化生活越来越成为我国人民的热切愿望。要坚持社会主义先进文化前进方向，兴起社会主义文化建设新高潮，激发全民族文化创造活力，提高国家文化软实力，使人民基本文化权益得到更好保障，使社会文化生活更加丰富多彩，使人民精神风貌更加昂扬向上。"①

党的十七届六中全会立足于中国特色社会主义事业发展全局，出台了《中共中央关于深化文化体制改革　推动社会主义文化大发展大繁荣若干重大问题的决定》（简称《决定》），通过全面分析国内外文化建设的形势，认真总结我国文化改革和发展的实践经验，提出了建设社会主义文化强国的重大战略思想。十七届六中全会《决定》指出："坚持中国特色社会主义文化发展道路，深化文化体制改革，推动社会主义文化大发展大繁荣，必须全面贯彻党的十七大精神，高举中国特色社会主义伟大旗帜，以马克思列宁主义、毛泽东思想、邓小平理论和'三个代表'重要思想为指导，深入贯彻落实科学发展观，坚持社会主义先进文化前进方向，以科学发展为主题，以建设社会主义核心价值体系为根本任务，以满足人民精神文化需求为出发点和落脚点，以改革创新为动力，发展面向现代化、面向世界、面向未来的，民族的科学的大众的社会主义文化，培养高度的文化自觉和文化自信，提高全民族文明素质，增强国家文化软实力，弘扬中华文化，努力建设社会主义文化强国。"②

党的十八大在十七大提出"提高国家文化软实力"和十七届六中全会建设社会主义文化强国伟大构想的基础上，对扎实推进社会主义文化强国建设做出了全面部署，明确提出了建设社会主义文化强国的大政方针和目

---

① 胡锦涛：《高举中国特色社会主义伟大旗帜　为夺取全面建设小康社会新胜利而奋斗——在中国共产党第十七次全国代表大会上的报告》，载《求是》2007年第21期，第3-22页。

② 《中共中央关于深化文化体制改革　推动社会主义文化大发展大繁荣若干重大问题的决定》，载《求是》2011年第21期，第3-14页。

标要求，为社会主义文化强国建设指明了方向。党的十八大报告指出："文化是民族的血脉，是人民的精神家园。全面建成小康社会，实现中华民族伟大复兴，必须推动社会主义文化大发展大繁荣，兴起社会主义文化建设新高潮，提高国家文化软实力，发挥文化引领风尚、教育人民、服务社会、推动发展的作用。"①这次大会号召："我们一定要坚持社会主义先进文化前进方向，树立高度的文化自觉和文化自信，向着建设社会主义文化强国宏伟目标阔步前进。"②

以习近平同志为核心的党中央十分重视文化建设，重视文化在国家建设和发展中的重大作用。习近平的系列讲话多次强调文化建设的重要性。2013 年 3 月，习近平在十二届全国人大一次会议闭幕会上指出："中华民族是具有非凡创造力的民族，我们创造了伟大的中华文明，我们也能够继续拓展和走好适合中国国情的发展道路。全国各族人民一定要增强对中国特色社会主义的理论自信、道路自信、制度自信，坚定不移沿着正确的中国道路奋勇前进。"③在 2013 年 8 月召开的全国宣传思想工作会议上习近平再提传统文化，他强调："讲清楚中华文化积淀着中华民族最深沉的精神追求，是中华民族生生不息、发展壮大的丰厚滋养……中华民族创造了源远流长的中华文化，中华民族也一定能够创造出中华文化新的辉煌。"④

2013 年 12 月 30 日，中共中央政治局专门就提高国家文化软实力问题进行集体学习，习近平在学习时再次强调：提高国家文化软实力，关系"两个一百年"奋斗目标和中华民族伟大复兴中国梦的实现。他指出："提高国家文化软实力，要努力夯实国家文化软实力的根基。要坚持走中国特

---

① 胡锦涛：《坚定不移沿着中国特色社会主义道路前进 为全面建成小康社会而奋斗——在中国共产党第十八次全国代表大会上的报告》，载《求是》2012 年第 22 期，第 3-25 页。

② 胡锦涛：《坚定不移沿着中国特色社会主义道路前进 为全面建成小康社会而奋斗——在中国共产党第十八次全国代表大会上的报告》，载《求是》2012 年第 22 期，第 3-25 页。

③ 习近平：《在十二届全国人大一次会议上的讲话》，http://www.cea.gov.cn，2013 年 3 月 17 日。

④ 本刊编辑部：《习近平论中国传统文化——十八大以来重要论述选编》，载《党建》2014 年第 3 期，第 7-9 页。

色社会主义文化发展道路，深化文化体制改革，深入开展社会主义核心价值体系学习教育，广泛开展理想信念教育，大力弘扬民族精神和时代精神，推动文化事业全面繁荣、文化产业快速发展。"①

综上所述，文化强国战略是我们党做出的重大战略决策，意义重大而深远。正如雒树刚所说："我们一定要高举社会主义先进文化旗帜，树立高度的文化自觉和文化自信，扎实推进社会主义文化强国建设，开创全民族文化创造活力持续迸发、社会文化生活更加丰富多彩、人民基本文化权益得到更好保障、人民思想道德素质和科学文化素质全面提高、中华文化国际影响力不断增强的新局面。"②为了实现中华民族伟大复兴的中国梦，我们必须进一步提高认识，统一思想，坚定不移地实施文化强国战略，走中国特色社会主义文化发展道路，努力实现建设社会主义文化强国的伟大目标。

二、文化强国战略的逻辑要义

文化强国战略的提出，是我们党准确把握时代和形势发展变化、积极回应各族人民精神文化生活需要做出的重大战略决策。作为一个重大战略决策，文化强国战略的提出是中国特色社会主义事业总体布局的必然要求，且以我国深厚的文化底蕴和文化资源为基础，不仅必要，而且可能。准确理解和把握文化强国战略的要义，有必要从逻辑上进行理性分析。

（一）社会主义文化大发展大繁荣：文化强国战略的逻辑起点

实施文化强国战略，建设社会主义文化强国，最直接的意思就是要通过对文化的重视和发展来使国家强大起来，文化的发展和繁荣因而也就成为文化强国战略的逻辑起点。之所以把社会主义文化大发展大繁荣作为文

---

① 习近平：《建设社会主义文化强国　着力提高国家文化软实力》，中央政府门户网站，www.gov.cn，2013 年 12 月 31 日。

② 雒树刚：《扎实推进社会主义文化强国建设》，载《党建研究》2012 年第 12 期，第 66-69 页。

化强国战略的逻辑起点,是因为在现实层面上我国建设社会主义文化强国的必要性和紧迫性。

当今,我们已经进入一个文化力量日益强大的时代,提高国家文化软实力、增强文化的国际影响力越来越紧迫。实施文化强国战略,积极推动社会主义文化大发展大繁荣,对于中国特色社会主义事业的全面胜利,对于实现中华民族伟大复兴的中国梦,具有极其重大的意义。从国际形势看,在全球化的今天,强大的文化就是强大的国际影响力和竞争力,增强中国文化的国际影响力和竞争力,推进社会主义文化大发展大繁荣,是中华民族追求自强的必然选择。从国内发展看,随着我国经济的快速发展,广大人民群众的物质生活条件不断改善,物质生活水平越来越高,但毋庸讳言的是,我国的文化发展还不能适应人民群众越来越丰富的精神文化需求,文化建设的任务依然艰巨。

我国是社会主义国家,社会主义建设的目的就是要解放生产力、发展生产力,因此,加强文化建设、提高文化生产力水平是中国特色社会主义事业的必然要求。我们必须站在时代的高起点上,充分认识文化强国战略的重要意义,进一步解放思想,以更大的魄力推动文化体制改革,推进文化的发展和繁荣,努力实现社会主义文化强国建设的伟大目标。

(二)提高国家文化软实力:文化强国战略的直接目标

同任何战略决策的提出和实施一样,文化强国战略也有自己的目标。没有目标的战略就像没有方向的航船,就会失去前进的动力。实施文化强国战略,推进社会主义文化大发展大繁荣,其直接目标就是要提高国家文化软实力,加快建设社会主义文化强国,从而在日趋激烈的综合国力竞争中赢得主动。

当今世界,综合国力竞争日趋激烈,在日趋激烈的综合国力竞争中,文化软实力的竞争也越来越突出,文化软实力与经济硬实力相互依托、相互支撑的态势日益明显。在这种背景下，世界上很多国家都把打造文化软实力纳入国家发展大战略，加强文化建设从来没有像今天这样被重视。由此可以说，为使我国综合国力更强大、经济上更有竞争力、政治上更有影响力、道义上更有感召力，文化的发展和繁荣理应成为国家层面的战略选择。

应该说，近年来，我国文化建设取得的巨大成就是有目共睹的。这主要表现在：①国家文化发展的指导思想日臻成熟，充分体现了我们党对文化发展规律的正确把握和高度的文化自觉；②公共文化服务和文化产业的大发展，充分证明了我们党在文化建设和发展中的领导能力；③积极实施文化走出去战略，向世界展示了当代中国的新形象和中国人民的精神风貌。但是，我们也必须清醒地认识到，我国的文化发展现状与我国在全球的地位和影响力、与国内的经济社会发展还不相称，维护国家文化安全的形势依然严峻，文化建设任重道远。进一步提高国家文化软实力，迫切需要我们对文化的发展进行顶层设计，从国家战略的高度充分认识文化建设的重要意义和价值，切实推进文化强国战略的顺利实施。

（三）以满足人民精神文化需求为出发点和落脚点：文化强国战略的价值诉求

实施文化强国战略，建设社会主义文化强国，必须从中国的实际出发，坚定不移地走中国特色社会主义文化发展道路，着力建构中国特色社会主义文化体系。中国特色社会主义文化发展道路，蕴含着文化战略永恒不变的价值诉求，其基本的出发点和落脚点就是满足人民群众的精神文化需求、提高人民群众的文化素质。

众所周知，实施文化强国战略，推动社会主义文化大发展大繁荣，归根到底是为了造福我们的民族和人民。因为，我们要建设的中国特色社会主义文化是人民共建共享的文化，文化发展和繁荣的力量源泉是广大人民群众。李君如说得好："中华民族几千年来能够不断向前发展，就是因为我们血管里流淌着中华民族的文化基因。但是，血液是要更新的，否则就不能够适应时代发展的需要，也不能够满足人们日益增长的文化需求。所以，建设文化强国就是要'造血'，造一个新鲜的血液，给我们这个民族增添新的力量。这个新的力量，归根到底就表现在我们中国人思想文化素质的全面提高上。"①

不断满足人民群众的精神文化需求是推进社会主义文化大发展大繁荣的出发点和落脚点，也是实施文化强国战略、建设社会主义文化强国的最基本的价值诉求。因此，实施文化强国战略，发展和繁荣社会主义文化，就必须牢记人民是文化建设的根基和力量所在，自觉贯彻党的群众路线原则，充分发挥广大人民群众参与文化建设的积极性、主动性和创造性。正如党的十七届六中全会《决定》所指出的："坚持以人为本，贴近实际、贴近生活、贴近群众，发挥人民在文化建设中的主体作用，坚持文化发展为了人民、文化发展依靠人民、文化发展成果由人民共享，促进人的全面发展，培育有理想、有道德、有文化、有纪律的社会主义公民。"②

（四）改革创新：文化强国战略的强大动力

改革创新是坚持和发展中国特色社会主义的强大动力，当然也是建设社会主义文化强国的强大动力。时代的发展呼唤着文化的与时俱进，实践的深入推动着文化的不断创新。坚持中国特色社会主义文化发展道路必然要求以改革创新为动力，也正是在改革创新的不断推进中形成了中国特色社会主义文化发展道路。由此可以说，文化强国战略的实施必须毫不动摇地坚持改革创新，努力把改革创新的精神贯穿文化建设和发展的全过程。

创新是文化的本质特征，文化的发展和繁荣离不开创新。党的十六大

---

① 李君如：《建设文化强国的战略意义》，载《人民论坛》2011年第31期，第47页。

② 《中共中央关于深化文化体制改革　推动社会主义文化大发展大繁荣若干重大问题的决定》，载《求是》2011年第21期，第3-14页。

以来，文化体制改革坚持观念创新与实践创新相促进、重点突破与全面深化相结合，走过了不平凡的历程，取得了历史性的突破。经验告诉我们，建立、完善服从国家和人民长远利益、遵循文化发展内在规律的文化体制，对于社会主义文化强国建设至关重要。今天，面对全面建成小康社会的新形势和文化体制改革提出的新任务，我们必须始终保持清醒的头脑，牢牢把握文化建设和发展的正确方向，切实抓好改革创新的重点领域和关键环节，确保文化体制改革积极稳妥地推进。

改革创新作为一个不断探索、不断突破的过程，不仅需要强大的动力推进，也需要一个良好的社会环境。因此，把改革创新作为文化强国战略的强大动力，从时代发展和实践深化的要求出发就必须做到：一方面，要积极运用高新科学技术成果，不断创造新的文化样式，以适应不断变化的新形势、满足人民不断增长的精神文化生活新要求；另一方面，要大力营造有利于改革创新的良好氛围，倡导和鼓励改革创新，让一切改革创新的观念、举措、成果都得到尊重、支持和肯定。

（五）弘扬社会主义核心价值体系：文化强国战略的根本任务

文化强国战略的根本任务就是在全社会大力弘扬社会主义核心价值体系，培育和践行社会主义核心价值观，巩固全党全国各族人民团结奋斗的思想道德基础，进一步增强中华民族的凝聚力。

社会主义核心价值体系是党的十六届六中全会通过的《中共中央关于构建社会主义和谐社会若干重大问题的决定》中第一次明确提出的一个重大命题和战略任务，主要内容包括五个方面，即马克思主义指导思想、中国特色社会主义共同理想、以爱国主义为核心的民族精神、以改革创新为核心的时代精神及社会主义荣辱观等。这一重大命题和战略任务的提出，无疑是符合我们国家的基本国情和民情的，因而很容易为全社会所接受和认同。

党的十七届六中全会《决定》明确指出："社会主义核心价值体系是兴国之魂，是社会主义先进文化的精髓，决定着中国特色社会主义发展方向。必须强化教育引导，增进社会共识，创新方式方法，健全制度保障，把社会主义核心价值体系融入国民教育、精神文明建设和党的建设全过程，贯穿改革开放和社会主义现代化建设各领域，体现到精神文化产品创作生产传播各方面，坚持用社会主义核心价值体系引领社会思潮，在全党全社会形成统一指导思想、共同理想信念、强大精神力量、基本道德规范。"①实施文化强国战略，就要坚持弘扬社会主义核心价值体系不动摇。可以这样说，没有社会主义核心价值体系的广泛弘扬，建设社会主义文化强国也就失去了强大的思想道德基础。

不可否认，实施文化强国战略就要自觉坚持以满足人民群众精神文化需求为出发点和落脚点，让人民群众共享文化发展的成果。但我们也应该清醒地认识到，在我国，人民群众精神文化需求具有多样性和多层次性，其观念形态也具有明显的多元化和复杂性。这在客观上要求我们必须坚持提倡多样性与弘扬主旋律的统一，在充分满足广大人民群众多样化精神文化需求的同时，也要理直气壮地坚守和弘扬社会主义核心价值体系。正如有学者所说的："当代中国，建设社会主义核心价值体系是一项凝魂聚气、强基固本的基础工程，它不仅为倡导社会主义基本道德确立了鲜明而科学的价值导向，也及时回应了国内外崭新的时代诉求，有效应对着多元文化的碰撞，抵御着资本主义国家'西化''分化'、进行文化扩张和思想渗透的图谋，对于坚守马克思主义意识形态阵地，铸造中华民族精神支柱，提升我国文化软实力，十分重要与必要。"②

2013 年，中共中央办公厅印发了《关于培育和践行社会主义核心价

---

① 《中共中央关于深化文化体制改革　推动社会主义文化大发展大繁荣若干重大问题的决定》，载《求是》2011 年第 21 期，第 3-14 页。

② 李抒望：《建设文化强国的要义》，载《江南论坛》2011 年第 12 期，第 4-6 页。

值观的意见》，并发出通知，要求各地区各部门结合实际认真贯彻执行，明确指出："社会主义核心价值观是社会主义核心价值体系的内核，体现社会主义核心价值体系的根本性质和基本特征，反映社会主义核心价值体系的丰富内涵和实践要求，是社会主义核心价值体系的高度凝练和集中表达。"[1]并明确要求："各级党委和政府要充分认识培育和践行社会主义核心价值观的重要性，把这项任务摆上重要位置，把握方向，制定政策，营造环境，切实负起政治责任和领导责任。把社会主义核心价值观要求体现到经济建设、政治建设、文化建设、社会建设、生态文明建设和党的建设各领域，推动培育和践行社会主义核心价值观同实际工作融为一体、相互促进。"[2]培育和践行社会主义核心价值观是弘扬社会主义核心价值体系的一项基础性工程，也是社会主义核心价值体系建设的一项根本性任务。当然，要让社会主义核心价值观真正发挥作用，需要我们做的工作有很多，当前最重要的，就是要把社会主义核心价值观融入国民教育，让每个人都了解、认同社会主义核心价值观，从而自觉自愿践行。

三、文化强国战略的路径选择

实施文化强国战略是一项系统工程，路径选择很重要。对此，我们应该有高度的自觉和充分的自信，精准选择科学的实现路径，并在科学发展道路上奋力开创新局面。

（一）广泛弘扬中华优秀传统文化

任何一个民族都有自己的文化，只有在高度的文化认同前提下，才可能建立起自己的国家。中国文化源远流长、博大精深，它孕育和滋养了中

---

① 中共中央办公厅印发《关于培育和践行社会主义核心价值观的意见》，载《人民日报》2013 年 12 月 24 日，第 001 版。

② 中共中央办公厅印发《关于培育和践行社会主义核心价值观的意见》，载《人民日报》2013 年 12 月 24 日，第 001 版。

华民族的凝聚力和创造力，成为中华民族生存和发展的根本。

　　文化是民族的，也是世界的。中国文化在世界文化史上占有重要的地位，中华传统文化曾经是世界文化史上的一个高峰。今天，我们要建设社会主义先进文化，其深厚基础就根源于我国的优秀传统文化；我们要建设的共有精神家园，其重要支撑也在于我国的优秀传统文化。毛泽东说过："我们这个民族有数千年的历史，有它的特点，有它的许多珍贵品。对于这些，我们还是小学生。今天的中国是历史的中国的一个发展；我们是马克思主义的历史主义者，我们不应当割断历史。从孔夫子到孙中山，我们应当给以总结，继承这一份珍贵的遗产。这对于指导当前的伟大的运动，是有重要的帮助的。"①

　　其实，任何民族的传统文化，都是在历史进程中形成和发展起来的，它随着历史的演变而代代延续，都有其特定的内涵和占主导地位的基本精神。文化的基本精神是什么？张岱年解释说："就是文化发展过程中精微的内在动力，也就是指导民族文化不断前进的基本思想。这种能够作为文化发展内在动力的基本思想，本身也是文化发展的产物，并随文化的发展变化而发展变化。因此，文化的基本思想，同时也是一定文化体系中起主导作用的中心思想，是文化体系中处于核心地位的基本观点。要而言之，文化的基本精神是一定文化创造出来，并成为文化思想基础的东西。"②按照这样的理解，所谓文化基本精神，也就是一定文化创造出来、体现文化本质并成为文化思想基础的东西。例如，刚健有为、自强不息、修身至圣、见义勇为、德法并行、天人协调等，都是中华优秀传统文化的基本精神。对于任何一个民族来说，她的脉和根都是传统文化。中华优秀传统文化就是我们这个民族的脉和根，是我们实施文化强国战略的最重要的思想文化资源。

---

　　①　毛泽东：《毛泽东选集》第 2 卷，人民出版社 1991 年版，第 534 页。
　　②　张岱年、程宜山：《中国文化论争》，中国人民大学出版社 2006 年版，第 15 页。

因此，我们要实施文化强国战略，建设社会主义文化强国，就必须广泛弘扬中华优秀传统文化，努力把文化建设奠基于优秀传统文化的坚实历史基础之上，在广泛弘扬中华优秀传统文化的同时，努力创造中国文化新的辉煌。

（二）努力建构融科技文化与人文文化于一体的现代化文化体系

人类创造了文化，文化滋养着人类赖以生存和发展的精神家园。文化不仅标志着人类的不断觉醒，也标志着社会的不断进步。在现代化持续推进的当今时代，社会现代化逻辑地包含着文化的现代化，甚至可以说，文化现代化是社会现代化的先导和灵魂。

文化现代化是一个非常重要的社会历史范畴。在文化的作用日益重要的今天，对于任何一个民族和国家来说，没有文化的现代化，其传统文化就难以在新时代焕发生机和活力，因而也就无所谓社会的现代化。所谓文化现代化，主要是指在传承优秀传统文化、吸纳当下优秀文化成果的基础上，努力建立适合现代社会所需要的新文化的过程。这种适合现代社会需要的新文化，既是民族的，又是世界的，它不仅能够充分体现时代精神，而且成功地融科技文化与人文文化于一体。笔者曾经撰文指出："对于科技文化相对匮乏的当代中国而言，文化现代化的实质是一个传统文化吸纳科技文化、弘扬科技文化的过程。因此，科技文化是中国社会现代化的必然选择，发展科技文化，弘扬科技文化，努力把科技文化有机地融入传统文化之中，是当代中国现代化建设提出的历史性课题。"[①]

现代化是一个过程，文化现代化也是一个过程。在这个过程中，传统文化不断地变革或变迁，变革或变迁的本质内涵就是要符合时代潮流、体现时代精神。有学者指出："中国文化的现代化是以'以夷为师'为历史

---

① 杨怀中、裴志刚：《科技文化：中国社会现代化的必然选择》，载《武汉理工大学学报》（社会科学版）2007年第3期，第297-301页。

起点的，虽然它在归根结底的意义上不能等同于西化，但中西文化客观上存在着的势差决定了中国文化的现代化必然与向西方学习相伴随。对于现代性的追求正是由此成为处在由传统向现代转型过程中的中国文化的基本思想主题。"①一般认为，自洋务运动开始以来，文化现代化的不断探索一直是贯穿中国现代化运动的一条中心线索。其中，学习西方文化，特别是学习西方的科技文化是重要内容之一。在这个过程中形成了一个基本共识：在我们的民族文化中，如果没有科技文化的渗入，就很难实现甚至根本谈不上文化的现代化。

为适应社会主义文化强国建设的需要，中国传统文化必须吸纳科技文化，努力建设具有中国文化传统、体现时代精神、融科技文化与人文文化于一体的现代化文化。"不可否认，中国是一个具有悠久文化传统的国家，中国传统文化确有值得我们自豪的丰富内涵，但这在逻辑上并不等于中国文化就一定优于西方文化，更不等于中国传统文化不需要吸纳科技文化。尤其是建立在近现代科学技术基础之上的科技文化，无疑是中国传统文化所缺乏的。"②今天，我们要实施文化强国战略，就要传承和弘扬我国的优秀传统文化，这是毋庸置疑的。但是，如果我们固守传统不去创新，不进行现代性转换，也是很难实现其目标的。因此，为适应社会主义文化强国建设的需要，中国传统文化必须实现创造性转换，充分吸纳科技文化，广泛弘扬科技文化。

（三）切实加强社会主义主流文化建设

随着中国全面深化改革的推进与现代化建设步伐的加快，现代化文化建设尤其是其中的社会主义主流文化建设的重要性和紧迫性越来越突出。所谓主流文化，按照法国阐释学家德里达的解释，就是一个民族、时代或

---

① 李翔海：《中国文化现代化历程的哲学省思》，载《中国社会科学》2002年第6期，第58-67页。
② 杨怀中：《科技文化的历史地位及当代价值》，载《自然辩证法研究》2007年第2期，第93-96页。

地域顺应历史发展和社会心理而形成的文化精神主流，是一个国家和民族所倡导的、表达社会主体意志的、具有主要影响的文化。当代中国的主流文化就是中国特色社会主义文化，这种主流文化"既是我国社会主义经济、政治在观念形态上的反映，又是对当代中国经济和政治的发展具有巨大促进作用的文化形态"①。

如今，文化已经成为国家现实政策和发展战略中的核心概念，日益成为能够决定一个国家前途和命运的重要因素，提高国家文化软实力已经成为时代的新课题。这种能够决定一个国家前途和命运的文化，也一定是代表这个国家文化力量的主流文化。毛泽东在谈及文化与政治、经济的关系时指出："一定的文化（当代观念形态的文化）是一定社会的政治和经济的反映，又给予伟大影响和作用于一定的社会政治和经济；而经济是基础，政治则是经济的集中表现。这是我们对于文化和政治、经济的关系及政治和经济的关系的基本观点。"②这对于我们正确理解主流文化的地位和作用是很有启发意义的。

作为当代中国的主流文化，中国特色社会主义文化形成于改革开放和社会主义市场经济的历史性实践中，充分吸收了中国传统文化和世界各民族文化的优秀成果，充分体现了当今时代文化发展的趋势和要求。中国特色社会主义文化是当代中国的根本价值观之所在，也是我国社会凝聚广大人民群众团结奋斗的力量源泉，因而成为中国特色社会主义事业总体布局的重要组成部分，当然也是我国全面建成小康社会的重要目标之一。

总之，加强社会主义主流文化建设，是实施文化强国战略、建设社会主义文化强国的必然要求。因为，"社会主义主流文化只有充分发挥其对人们思想的引领和启迪作用，丰富人们精神生活，规范人们道德行为，铸

---

① 邹广文：《当代中国的主流文化、精英文化与大众文化》，载《杭州师范学院学报》（社会科学版）2006 年第 2 期，第 12-16 页。

② 毛泽东：《毛泽东选集》第 2 卷，人民出版社 1991 年版，第 663-664 页。

牢全社会的共同思想文化基础，才能彰显其强大生命力和决定性作用"①。我们应该站在实施文化强国战略、建设社会主义文化强国的高度，认真梳理和反思主流文化该如何建设、如何发挥意识形态的引领作用、如何培育和践行社会主义核心价值观等这些问题。

第三节　科技文化、科技文化软实力与文化强国战略

科学技术具有鲜明的文化属性，科学技术本身就是一种文化。作为一种文化形式，科技文化是中国特色社会主义文化的主要内容；作为一种文化软实力，科技文化软实力是国家文化软实力的重要构成，在当代中国文化强国战略中具有重要的地位和作用，提升科技文化软实力以助推文化强国建设，应当成为我们的一种理论和实践自觉。

一、科技文化：社会主义文化大发展大繁荣的必然选择

司马云杰在分析文化诸现象时，把文化分为两大类，第一类文化包括智能文化和物质文化，第二类文化包括规范文化和精神文化，科学技术作为一种文化则属于第一类文化中的智能文化②。今天，随着现代社会的科学技术化，科学技术的文化本质日益凸显，作为文化大家族中的一支重要力量，科技文化自身也在不断地发展和完善，逐渐形成一个完整的体系，进而成为当今时代社会文化的主导形式。

首先，从科学技术与文化的关系的角度分析，文化的繁荣不是单凭文化的感召力就可以简单实现的，文化的发展和繁荣，往往会受到各种其他

① 陆岩：《当代社会主义主流文化的内涵特征及发展对策》，载《思想政治教育研究》2009 年第 5 期，第 6-8 页。
② 参见司马云杰：《文化社会学》，山东人民出版社 1987 年版，第 16 页。

相关因素的影响，其中，科学技术的影响尤为明显。当今时代，科学技术对文化发展的作用越来越重要，科技创新已经成为文化发展的原动力，文化与科技的融合及创新互动已经成为人类社会文明演进的主旋律。也就是说，文化自身的科学技术含量在不断提高，没有科学技术含量的文化是难以体现其凝聚力和竞争力的。正是在这种大背景下，全面贯彻党的十八大精神，加强文化建设，着力提高国家文化软实力，就必须清醒认识文化发展和创新的趋势，加快推进文化与科技的融合，不断增强文化的科学技术含量，以科技创新助力社会主义文化大发展大繁荣，促进国家文化软实力的不断提升。

其次，从科学技术的文化属性来看，文化是一个大系统，科学技术也是一种文化，而且是一种极具穿透力和震撼力的文化。关于科学技术的文化研究早已开展，这在弗兰西斯·培根的《新大西岛》和康帕内拉的《太阳城》中就有充分的体现，科学技术的文化力量也在这里得到了充分的论述。《新大西岛》和《太阳城》研究科技文化，旨在设计一种理想的社会，渴望人民生活幸福、物质财富充足。它们都非常重视科学技术的文化价值，重视科学技术的文化力量，特别是对"科学文化岛"或"科学文化城"美好图景的描绘，赞美的正是科技文化的价值和力量。今天，随着科学技术的发展和人类社会的进步，人们越来越意识到科学技术是一种文化，认为科学技术活动过程就是创造科技文化的过程，把科技文化看作是社会文化的重要组成部分。如此看来，既然科学技术也是一种文化现象，科技文化是社会文化的重要构成，科技文化具有重要的文化价值和力量，那么，社会主义文化大发展大繁荣就理所当然地、逻辑地包含着科技文化的发展和繁荣。

最后，从科技文化的历史发展来看，科技文化是人类文化系统的一个子系统，它生成于科学技术实践，又随着科学技术的发展而发展。如今，科技文化随着科学技术的发展而不断壮大，科技文化的价值和力量也日益凸显，逐步成为现代人类文明的基本要素和社会文化的主导形式。刘兵认为："在当今科学和技术的力量已经如此强大，如此无法回避其对社会的影响时，如何真正坚持以人为本，而不仅仅是被动地顺应科学和技术的发展而发展，就成为人们需要认真面对的严肃问题。其实，目前在社会上许多与科学和技术应用相关的争议，也正是与这方面的问题密切相关的。因而，我们在注意文化发展时，突出地关注科学文化的这一方面，对于社会、经济、精神和文明的可持续的和谐发展，显然是极其重要的。"[①]

综上所述，科学技术也是一种文化现象，科技文化是社会主义文化大发展大繁荣的必然选择。科技文化不仅作为人类社会文化的一个子系统而存在，更重要的，它还是当今时代人类社会文化的基本的、核心的部分，同时又以各种形式作用于所有的社会文化，成为丰富多彩的诸多民族文化、地域文化的共同载体和相互沟通的桥梁。

二、科技文化软实力：国家文化软实力的重要构成

文化是一种软实力，科技文化也是一种软实力，是国家文化软实力的重要构成。"软实力"这个概念，是由美国学者约瑟夫·奈（Joseph Nye）提出来的。对于一个国家来说，所谓软实力，指的是这个国家的文化和价值观念、社会制度、发展模式、生活方式、意识形态等的吸引力所体现出来的"实力"。按照约瑟夫·奈的理解，一个国家的综合国力，既包括由经济、科技、军事力量等所体现出来的"硬实力"，也包括以文化和价值观念、社会制度、意识形态及生活方式等的吸引力所体现出来的"软实力"，并认为"软实力"与"硬实力"同样重要[②]。在约瑟夫·奈看来，文化是一种"软实力"，而科学技术则是一种"硬实力"。"然而，不

---

① 刘兵：《在文化发展中应关注科学文化的重要性》，载《中国科学院院刊》2012 年第 1 期，第 97-98 页。

② 参见约瑟夫·奈著，郑志国译：《美国霸权的困惑：为什么美国不能独断专行》，世界知识出版社 2002 年版，第 9-18 页。

容否认的是，科学技术也是一种文化现象，科技文化作为一种在科学技术活动中积淀而成的独具特色的文化形式，当然也具有'软实力'的蕴涵与功能。"①概而言之，科技文化作为一种软实力，是国家文化软实力的重要构成。

作为一种文化形态和文化力量，科技文化表现为理论形态的科技文化和实践形态的科技文化。前者表现为人类认识世界、把握世界的思想成果，它以知识的形式存在于人们的头脑中，是对外部世界本质和规律的正确反映；后者则表现为人类改变、改造世界的科技实践活动，它是人类建立的属人世界存在方式中最具有人类学意义的实践活动。

历史的发展告诉我们，作为一种文化，"科学技术以它特殊的渗透功能，注入社会机体的每一个细胞，弥漫于整个人类世界，对人类的物质文明和精神文明的发展提供伟力，发挥着神奇的作用。一个不容忽视、无可逾越的历史规律是：世界各国各具特色的工业化和现代化过程，几乎都是以科技文化为启蒙与先导的"②。如今，科技文化的地位和作用越来越重要，科学技术作为"第一生产力"和"第一精神力量"，正在推动着现代化建设的深入发展，成为改变世界、开创未来的决定性力量。

"知识就是力量"是一句经典名言，这里的"知识"主要是指科学技术知识，它非常明确地指出了科学技术作为一种文化形态的伟大力量。事实正是如此，作为一种文化形态和文化力量，科技文化不仅极大地改善了人类的生存状况，增强了人类抗御自然灾害和影响自然的能力，而且，在人类文化发展中也发挥了显著的作用。笔者曾经指出："科技文化所体现的理性、规范、公平、宽容、批判、创新、效率、协作等科学精神，正是推动近代以来各国工业化、现代化进程中价值观念和行为规范变革的基本

① 杨怀中：《科技文化软实力及其实现路径》，载《自然辩证法研究》2011年第7期，第118-122页。

② 史健玲：《论科学技术的文化研究》，载《经济与社会发展》2003年第8期，第111-113页。

因素，也是促进现代社会健康、和谐发展的重要精神基础。"①科技文化的作用实在、巨大而深远。尤其是哥白尼开创时代的巨著《天体运行论》的出版，淋漓尽致地彰显了科技文化的思想文化价值，非常鲜明地体现了科技文化的伟大力量。正如克莱因（M. Kline）所称赞的那样："思想领域的这一成就，就其重要性、勇敢和宏伟的程度来说，远远超过了征服海洋的壮举。"②

爱因斯坦论及科技文化的价值和力量时指出，"科学对于人类事务的影响有两种方式。第一种方式是大家都熟悉的：科学直接地，并且在更大程度上间接地生产出完全改变了人类生活的工具。第二种方式是教育性质的——它作用于心灵。尽管草率看来，这种方式好像不大明显，但至少同第一种方式一样锐利"③。这对于我们正确认识和理解科学技术的力量，深入研究科技文化的软实力蕴涵，显然是十分有益的。

综上所述，科学技术作为一种文化启蒙、一种文化形式，本身就是一种力量，是文化软实力的重要构成。科技文化不仅推动着人类文化的发展，丰富和提高人类精神文化生活的质量和水平；同时也引导着人们不断地解放思想、破除迷信、创新思维，推动着人类文明的发展和进步。

三、以科技文化软实力助推文化强国建设

作为一种在科学技术实践中形成的独具特色的文化形式，科技文化具有文化软实力的蕴涵和功能，科技文化软实力在当代中国文化强国战略中具有重要的地位和作用。加强科技文化软实力建设，以科技文化软实力助推文化强国建设，有利于促进中国传统文化的现代化，有利于中国特色社

---

① 杨怀中：《科技文化是构建和谐社会的重要资源》，载《哲学研究》2006 年第 6 期，第 117-119 页。

② M. 克莱因著，张理京、张锦炎译：《古今数学思想》第 1 册，上海科学技术出版社 1979 年版，第 279 页。

③ 爱因斯坦著，许良英，等译：《爱因斯坦文集》第 3 卷，商务印书馆 1979 年版，第 135 页。

会主义文化建设，也有利于推动当代中国文化走向世界。

首先，加强科技文化软实力建设，以科技文化软实力助推文化强国建设，有利于培养高度的文化自觉和文化自信，促进中国传统文化的现代化，不断提高中国文化的凝聚力。当今时代，现代化浪潮席卷全球，不断向前推进。社会现代化的先导和灵魂则是文化的现代化，对于任何一个国家来说，离开了文化的现代化，就失去了社会现代化的生机和活力。当代中国的现代化建设，当然也需要文化现代化的引领，而中国文化现代化的实质也可以说是一个传统文化吸纳科技文化的过程。正是在这种意义上，科技文化是中国社会现代化的必然选择。

其次，加强科技文化软实力建设，以科技文化软实力助推文化强国建设，有利于中国特色社会主义文化建设，不断注入文化创新的生机和活力，永葆中国特色社会主义文化的先进性。先进文化是推动人类社会进步的精神动力、智力支持和思想保证，关注先进文化、建设先进文化是人类不断觉醒、走向文明的重要标志。从先进文化建设的角度讲，科技文化也是推进文化不断推陈出新、走向先进性的重要力量。甚至可以说，科技文化本身就是一种先进文化。今天，先进文化建设面临着前所未有的大好机遇，科技文化的崛起不仅丰富了先进文化的内涵，也拓展了先进文化的发展空间。由此可以说："科学技术作为第一生产力，不仅是经济发展的重要条件，对文化建设也具有巨大的推动作用。在科学技术突飞猛进的今天，我们党要始终代表先进文化的前进方向，就必须高度重视科学技术的进步与创新。"[①]

最后，加强科技文化软实力建设，以科技文化软实力助推文化强国建设，有利于推动当代中国文化走向世界，解放和发展文化生产力，不断增强中国文化的国际影响力。当今世界，社会主义中国正在崛起，而正在崛

---

① 杨怀中：《科技进步是先进文化建设的有力杠杆》，载《光明日报》2003年1月7日，理论版。

起的中国不只是追求经济实力的国家，更是一个追求卓越文化与软实力的
国家。中国文化要走向世界，中国文化正在走向世界。随着综合国力的提
升，中国应当在国际事务中承担更多的责任，为全人类的发展贡献更多的
力量。如果我们能够输出更多高质量的科学研究成果，那么我们就更容易
取得其他国家的尊重、认同和支持。应该说，从科技成果和科技工作者的
数量上看，当前我们已经成为位于世界前列的科技大国。但是，从科技成
果的影响力来看，我们离世界一流的科技强国还有一定距离。而实现这关
键一步的追赶和跨越，需要加强科技文化软实力建设，以科技文化软实力
建设提升中国文化的国际影响力。

第四节　本书的基本思路与框架

本书旨在总结近年来科技化研究的最新成果，深入研究科技文化进化
及现代蕴涵，揭示科技文化软实力在建设社会主义文化强国中的地位和作
用，探寻基于文化强国战略的科技文化软实力的实现路径。

一、本书的思路及主要内容

作为国家社会科学基金项目的研究成果，本书的基本思路是：从推动
社会主义文化大发展大繁荣、提高国家文化软实力、建设社会主义文化强
国的大背景出发，以马克思主义科技文化观为指导，通过分析文化与科技
融合发展、科技文化生成和演进的历史必然性，明确提出科技文化也是一
种软实力，在当代中国文化强国战略中具有重要地位和作用，进而提出基
于文化强国战略的科技文化软实力建设的对策与建议。本书内容除导论外
共分八个部分，主要包括以下八个部分。

（1）文化与科技融合：文化强国战略的必由之路。在人类社会文明演
进的历史进程中，文化与科技互动既是必然趋势，又是文明演进的主旋

律。在科学技术飞速发展的当今时代，文化的科技含量越来越高，文化与科技融合发展越来越重要。当代中国文化强国战略呼唤文化与科技融合，也为文化与科技融合发展提供了难得的机遇。实现文化与科技协同创新、共同提升和融合发展，对于实施文化强国战略、提高国家文化软实力意义重大。文化与科技深度融合，必然要求文化科技化、科技文化化、文化科技一体化。积极推进文化科技化、科技文化化、文化科技一体化，必然走向科技文化。

（2）科技文化的兴起与发展。科技文化的兴起源于科学技术实践，依托于一定的文化背景，根植于一定的文化土壤，有什么样的文化背景和文化土壤就会培育出什么样的科技文化。作为一个不断演进的概念，科技文化也像文化随着时间的推移而不断发展一样，一直稳定地沿着一些特定的、明确的方向进化着。科技文化的现代蕴涵主要包括科学技术价值观与思维方式、科学技术知识体系及其社会运用、科学技术政策法规与管理体制、科学技术传播及其运行机制、科学技术的社会建制和支持体系等多个方面。伴随着科学技术的生态化转向，生态科技文化随之兴起并迅速发展起来，逐步成为当今时代科技文化发展的新阶段、新样式。

（3）科技文化的多维度审视。准确把握科技文化现象及其本质应该是全方位的，不仅可以从哲学、伦理学、人类学、社会学等不同学科进行研究和诠释，而且也可以从科技文化与主流文化、科技文化与社会现代化、科技文化与生态文明建设，以及科技文化与经济发展方式转变等维度进行深入的分析和把握。第一，在我国，把科技文化融入主流文化，是坚持主流文化时代性的需要，是增强主流文化创新性的需要，也是突显主流文化先进性的需要。第二，社会现代化离不开文化现代化，对于科技文化相对匮乏的当代中国来说，文化现代化的实质是一个传统文化吸纳科技文化的过程。第三，作为两种既有联系又有区别的社会现象，科技文化与生态文明是辩证统一的，两者相互渗透，相互促进，共同推动着人类社会的持续健康发展。第四，科技文化是转变经济发展方式的重要支撑，加快经济发展方式根本性转变的关键，是要深入贯彻落实科学发展观，大力推进科学技术进步和创新，在全社会广泛弘扬科技文化。

（4）科技文化的软实力蕴涵。"软实力"这个概念是由美国学者约瑟夫·奈提出来的，一经提出就获得了人们的高度关注，世界上很多国家把它作为提升综合国力的重大问题进行研究，于是出现了各种各样的软实力理论。文化软实力是 20 世纪下半叶以来全球综合国力竞争中引起广泛关注的重大命题，提升文化软实力已经成为当今世界各国的战略选择。在我国，文化软实力作为一个完整的概念而得到学术性确立，始于党的十七大报告。"文化软实力"的提出，实际上已经从根本上区别于"软权力"，具有了"中国向度"。在科学技术飞速发展的当今时代，科技文化的力量日益强大，科技文化软实力在国家文化软实力构成中也越来越重要，科技文化软实力以人本为基础，遵循着自己的生成逻辑和发展方式。

（5）科技文化软实力的基本理念。科技文化软实力这个概念是从"软实力"，特别是"文化软实力"概念衍生出来的。科技文化软实力不同于一般软实力，也不同于一般文化软实力，它既有一般软实力和文化软实力的共同本质，又有自己特殊的质的规定性，如普适性与民族性的统一、传承性与创新性的统一、开放性与包容性的统一等。从科技文化特殊样式考察，其软实力构成主要包括科技文化价值观念的吸引力、科技文化制度体系的保障力、科技文化公共服务的亲和力、科技文化创新氛围的凝聚力，以及科技文化对外交流与合作的影响力等。科技文化软实力功能主要表现在引导功能、协调功能、增效功能、凝聚功能及激励功能等几个方面，其内在精神主要表现在理性精神、自由精神、创新精神及伦理精神等。

（6）科技文化软实力在文化强国战略中的地位和作用。科技文化软实力在文化强国战略中的地位和作用突出表现在永葆社会主义文化先进性的内在要求、增强文化整体实力的迫切需要，以及推动中国文化走向世界的强大动力等方面。科技文化本质上是一种先进文化，也是推进各种文化传统推陈出新、走向现代化、走向先进性的基础，永葆社会主义文化先进性必然要求加强科技文化软实力建设，在全社会广泛弘扬科技文化。作为国家建设和发展的重大战略任务，增强文化整体实力就要顺应经济社会发展的新趋势和当今时代文化发展的新要求，切实加强科技文化软实力建设。科技文化软实力在中国文化走向世界的伟大进程中担负着重要使命，是中国文化走向世界的必由之路、中国文化参与国际竞争的重要力量，也是增强中国文化影响力的重要支撑。

（7）当代中国科技文化软实力建设的现状及分析。根据调查数据，运用描述统计法、单变量频率分析法和双变量交互分析法，研究当前公众基于文化强国战略的科技文化软实力认知状况，探寻科技文化软实力建设的影响因素，分析公众科技文化软实力认知的多维度差异性、存在问题及其成因。总的来说，改革开放以来，特别是党的十六大以来，随着科学技术的进步、文化建设任务的提出和文化强国战略的实施，人们对科技文化及其软实力的认识逐步提高，国家科技文化软实力也在不断提升。但科技文化软实力状况与社会主义文化强国建设的要求还有一定的差距，主要表现在公众的科技文化及其软实力认知水平有待提高、国家对科技文化软实力建设缺乏顶层设计、学校科技文化素质教育体系需要加强和完善、社会科技文化创新环境有待改善和优化等。因此，站在文化强国战略的高度来审视科技文化软实力建设，我们就会有一种紧迫感和使命感：在全社会广泛弘扬科技文化，让科技文化软实力理念深入人心，科技文化软实力要"硬"起来。

（8）基于文化强国战略的科技文化软实力之实现路径。科技文化软实力作为国家之间文化竞争的新的"角力场",其地位和作用不容忽视。科技文化软实力建设是一种国家战略,必须立足于国家,从国家利益出发,其基本原则是彰显中国特色、整合文化资源、坚持以人为本、体现与时俱进。当前,我国科技文化软实力建设首要的问题是科技文化软实力资源的开发和利用,其基本思路是:立足本土优秀科技文化传统,吸纳世界科技文化精要,积极推进科技文化创新,努力构建中国特色现代科技文化体系。在社会动力系统建构上,要坚持政府主导和推动、科学技术共同体不懈努力及公众积极参与等多方面力量的共同作用。在具体运作上,要切实把提升国民科技文化素质作为科技文化软实力建设的基础性工程,着力提升国民科技文化素质。

二、基本观点

本书在认真梳理文献的基础上,综合运用多学科的理论与方法,坚持历史研究与现实研究相结合,注重理论分析和逻辑论证,凸显问题意识,着力综合研究,力求研究视角、观点等方面有所创新。基本观点如下。

(1)文化与科技融合是社会主义文化大发展大繁荣的必然要求。当今时代,科学技术与文化的关系日益密切,文化与科技的融合及创新互动已经成为人类社会文明演进的主旋律。在这种背景下,全面贯彻党中央关于实施文化强国战略、提高国家文化软实力的精神,就必须清醒认识文化发展和创新的趋势,加快推进文化与科技的融合发展,不断增强文化的科技含量,以科技创新助力社会主义文化大发展大繁荣。

(2)伴随着科学技术的飞速发展,科技文化逐步成为现代文明的基本要素和社会文化的主导形式。作为一种极具穿透力和震撼力的文化形式,科技文化正在成为当今时代诸多传统文化、民族文化及地域文化的共同载体;科技文化标志着人类社会进步和发展的水平,丰富和提升着人类社会历史发展的内容与形式，在人类文化发展和文明进步中发挥着越来越重要的作用。

（3）科技文化也是一种软实力，是国家文化软实力的重要组成部分。科技文化具有软实力蕴涵，其软实力功能突出表现为：引领科学技术发展及应用方向、推动人类社会文明进步的导向功能；协调科学技术与社会的关系、以科学技术可持续发展促进人类社会可持续发展的协调功能；合理配置科学技术资源、提高科学技术运行效率的增效功能；激励全社会特别是科学家、技术专家及广大科技工作者共同为科学技术发展而不懈努力的凝聚功能等。

（4）科技文化软实力不仅具有一般文化软实力的共同本质，也有不同于一般文化软实力的特质及构成。从科技文化特殊样式考察，科技文化软实力特质既包括普适性、基础性和整体性等静态特质，也包括发展性、创新性和开放性等动态特质。科技文化软实力构成则主要表现在：科技文化价值观念的吸引力、科技文化政策制度的保障力、科技文化公共服务的感召力、科技文化创新氛围的聚合力，以及科技文化对外交流与合作的影响力等。

（5）科技文化软实力在当代中国文化强国战略中具有重要的地位和作用。在当代中国文化强国战略中，科技文化软实力的重要地位和作用集中表现在"三个有利于"：有利于促进中国传统文化的现代化，培养高度的文化自觉和文化自信，提高中国文化的凝聚力；有利于推动当代中国文化走向世界，不断解放和发展文化生产力，增强中国文化的影响力；有利于中国特色社会主义文化建设，为中国特色社会主义文化发展不断注入生机和活力，永葆中国特色社会主义文化的先进性。

（6）加强科技文化软实力建设重在落实。贯彻文化强国战略部署，适应社会主义文化强国建设的战略要求，加强科技文化软实力建设，当务之急是努力构建具有中国文化传统的现代科技文化体系，不断增强全社会对科技文化软实力的认同感，着力提高全民族的科技文化素质，让科技文化的理念深深根植于广大人民群众的心中。

三、研究展望

当代中国，随着科学技术的飞速发展和广泛应用，科技文化理念悄悄兴起，科技文化研究渐成热潮，涌现了一大批科技文化研究成果。近年来，随着科技文化和文化软实力研究的逐步深入，科技文化软实力研究开始引起学术界的关注。如今，越来越多的人认识到，科学技术作为一种文化现象，同样具有软实力的蕴涵和功能，科技文化软实力是国家文化软实力的重要构成和支撑。因此，科技文化软实力研究不仅具有重要的理论意义和学术价值，对于提高国家文化软实力、推进社会主义文化强国建设也具有重要的现实意义和实践价值。

但总的来说，这些研究只是初步的，缺乏系统性，关于科技文化软实力的专题研究并不多有，而把科技文化软实力与文化强国战略结合起来的研究更是少见。因此，科技文化软实力在当代中国文化强国战略中究竟如何定位、基于文化强国战略的科技文化软实力实现机制究竟是什么，自然成为本书的重点。而难点则是从理论上阐释科技文化何以成为一种软实力，科技文化软实力的特质及构成是什么。从理论上厘清这些问题，在实践中解决这些问题，意义重大而深远。从理论上说，这既有利于丰富和深化文化强国建设理论，也有利于科学构建中国特色的科技文化体系。从实践上说，这不仅可以明确当代中国科技文化建设的方向和目标，同时也有助于拓展实施文化强国战略的空间和路径。

总结过去，科技文化研究在我国的兴起源于社会主义现代化建设的价值理想；展望未来，社会主义文化强国建设的伟大实践必将把科技文化及其软实力研究推向一个新阶段。实施文化强国战略、推进社会主义文化大发展大繁荣、提高国家文化软实力，是党中央在当时所面临的新形势下提出的新理念，也是谋划中国特色社会主义总体布局的重大战略决策。文化强国战略的实施为科技文化及其软实力研究展现了广阔的空间，随着文化强国建设实践的推进，科技文化及其软实力研究也必将进一步深入，科技文化及其软实力研究大有可为!

第二章
文化与科技融合：文化强国战略的必由之路

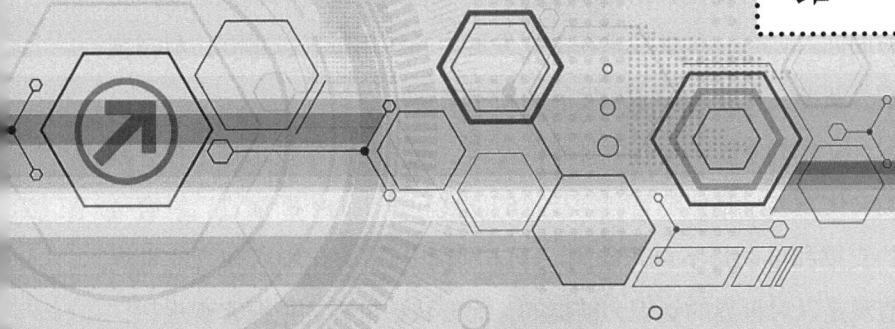

当今时代，科学技术飞速发展，文化的科技含量越来越高，文化与科技融合已经成为一种必然趋势。党的十八大对扎实推进社会主义文化强国建设做出了全面部署，明确提出了建设社会主义文化强国的大政方针和目标要求，为文化强国战略的实施指明了方向，其中特别强调了文化与科技的融合发展问题。实施文化强国战略呼唤文化与科技融合，又为文化与科技融合提供了难得的机遇。加快文化与科技融合发展，实现文化与科技协同创新和共同提升，对于推进社会主义文化强国建设意义重大而深远。

第一节　文化与科技的互动关系

正确认识文化与科技融合，首先应该准确把握文化与科技的关系。文化与科技作为人类对世界本体认识的两个侧面，既相互区别，又相辅相成、相互促进。在文化大发展大繁荣、科学技术飞速发展的今天，文化与科技的关系已然成为一个热点话题，文化与科技的融合及创新互动是人类社会文明演进的主旋律。

一、科技进步推动文化发展

当今时代是一个科学技术飞速发展的时代，飞速发展的科学技术给文化带来了翻天覆地的变化，由此产生的文化形态深刻地影响着人们生产生活的方方面面。如今，科学技术在文化发展中的作用越来越重要，科技创新正在成为新型文化业态形成和发展的新引擎。

第一，文化的发展需要科学技术的支撑。文化与科学技术是不可分割的，人类文化发展总是伴随着科学技术的发展和进步而不断演进，没有科学技术的支撑和推动是不可想象的。王志刚指出："文化中所包含的世界观、价值观是以对世界的认识为前提的，而要认识世界、把握客观规律，就必须依靠科学和技术。"①今天，科学技术的发展和进步不仅带来了社会生产方式、生活方式及交往方式等的重大变革，也深刻地影响、改变着人们的社会文化形式。特别是高新科学技术的兴起，催生了一大批新兴文化业态，极大地增强了文化的创造力。

第二，科技进步不断丰富文化的内涵和形式。科学技术的发展和进步极大地提高了人类认识自然、改造自然和利用自然的能力，同时也为文化的传播提供了新的平台和途径，为文化的发展和繁荣提供了强有力的技术支持，使得文化的内涵更加丰富，形式更加多彩。在王志刚看来："科学技术作为社会智力发展的一个方面，既是文化的重要内容，也是文化的重要体现形式和载体。科技创新在不断提高人类认识自然、顺应自然、改造自然和利用自然能力和水平的同时，也在不断完善人类的知识体系、创新人类的思维方式、丰富人类的精神世界，从而不断丰富文化的内涵。"②

第三，科技创新正在成为新型文化业态形成和发展的核心动力。文化离不开科学技术的支撑，文化产业更是离不开科学技术的支撑。文化产业的发展就是伴随着科学技术的发展和进步而不断向前演进的，历史上科学技术的每一次重大进步，都必然推动文化产业的大幅度跃升。如今，音响行业、电影产业、广播电视行业等文化行业之所以迅速发展并发生革命性变化，显然离不开电子技术、光纤通信，以及影音光碟（CD、VCD）、数字视频光盘（DVD）等高新技术的发明及其广泛应用。正是高新技术的快速发展和广泛应用所带来的这些革命性变化，充分印证了科学技术在文化发展中的伟大力量。

二、文化发展引领科技创新

在科技进步推动文化发展的同时，文化发展也引领着科学技术的发展

---

① 王志刚：《提升文化发展的科技含量》，载《光明日报》2012 年 5 月 21 日，第 011 版。

② 王志刚：《推进文化科技创新，加强文化与科技融合》，载《求是》2012 年第 2 期，第 54-56 页。

和进步，深刻影响着科学技术的传播和应用。历史的经验告诉我们：任何一个科技创新活跃的时代，都伴随着文化的发展和繁荣。

文化是科学技术发展和进步的母体，科学技术探索需要文化的启迪。文化是主导科学家、技术专家及广大科技工作者的价值取向，激发他们的创新力，提高他们的思维水平的关键力量。历史上，先秦诸子百家的学术争鸣，催生了两汉农业文明；意大利文艺复兴运动的兴起，孕育了近代科学技术革命；美国之所以成为 19 世纪世界科学技术的中心，正是得益于其多种文化交融的社会环境。

文化是科学技术发展和进步的思想基础，没有文化发展就无所谓科学技术的发展和进步。在科学技术的发展和进步过程中，文化的引领和促进作用突出地表现为：既为科学技术发展和进步提供精神动力及智力支持，也为科学技术发展和进步提供良好的环境及氛围。当今时代，正是各国之间文化层面的交流与合作，加快了科学技术在全球不同国家的流动速度，从而促进了科学技术的发展和进步。

文化不仅是科学技术发展和进步的思想基础，也是科学技术发展和进步的重要动力。这主要表现在两个方面：一是科学技术创新源于文化的发展，正是文化的发展和繁荣为科学技术提供了发展的土壤及应用的空间；二是文化发展所营造的环境氛围对科学技术的发展和进步也有着重要影响，任何一种科学技术开发和应用的背景、目的及过程，都是与一定的文化环境分不开的。当今时代，"高科技"正在崛起，正在崛起的"高科技"只有在"高文化"的支撑下才能快速发展，而"高科技"人才也只有通过"高文化"凝聚起来才能充分发挥其作用。

三、文化与科技关系的历史演进

文化与科技紧密相连，两者相辅相成、相互促进、共同发展。有学者指出："文化与科技作为人化自然取得的最具影响和成效的成果，是人类文明的共有结晶，二者相伴始终，贯穿于人类社会发展的各个阶段、领域，成为影响社会发展演变重要而关键的力量。"①文化与科技是密切相连的，但文化与科技融合发展在不同的历史阶段却包含着不同的内容。也就是说，文化与科技融合发展是具有必然脉络和演进轨迹的。

古时候，文化与科技具有朴素、直观、简单的共同特点，发展很不完善，没有具体的分化和显著的界限。总的来说，这个时期的文化与科技相互包含、混沌不分，科学与哲学、巫术混为一体。这些在中国古代《易经》中的阴阳学说、春秋战国时期的"五行相生相克"学说中，都有充分的反映，在古希腊的"原子"论中也能得到印证。

在近代，思想解放和文化繁荣推动了科学技术的发展和进步，没有思想解放和文化繁荣，科学技术的发展和进步就无从谈起。众所周知，人类进入近代社会是以文艺复兴为重要标志的，而文艺复兴作为一场思想文化运动，不仅意味着古典文化的复兴，也表征着近代科学技术的兴起。当然，近代科学技术的兴起又反过来促进了文化向更广阔的方向发展。

到了现代，文化与科技的相互作用、影响与渗透变得越加密切了。随着科学技术力量的日益强大，科学技术的影响也日益广泛，不仅渗透于现代社会的所有领域，为经济建设奠定了雄厚的物质基础和实践条件，也为文化发展提供了必要的理论支持与思维借鉴。今天，任何人都不会否认现代科学技术的发展和进步对人们的世界观、人生观、价值观及思维方式等所具有的定向与重构作用。现代科学技术不仅塑造着现代生活，同时也在塑造着现代文化，从而塑造了当今时代文化与科技融合发展的崭新形象。也就是说，科学技术对文化的影响力在增长，科技创新在文化变革中的牵引力在加强，科学技术发展和进步之于文化的作用越来越重要。

---

① 刘平中、李后卿：《文化与科技融合发展关系探讨》，载《社科纵横》2014 年第 9 期，第 50-53 页。

第二节　文化强国战略呼唤文化与科技融合

当代中国文化强国战略呼唤文化与科技融合，也为文化与科技融合提供了难得的机遇。所谓文化与科技融合，是指"通过将各类文化元素、内容、形式和服务，与科学技术的原理、理论、方法和手段的有机结合，提升文化产品的价值与品质，形成新的内容、形式、功能与服务，更好地满足人民物质文化需求的创新过程"①。文化与科技融合作为一个过程，既是手段又是目的，是目的与手段的统一。

一、文化与科技融合的重要意义

加快推进文化与科技融合具有十分重要的理论意义和现实意义：既是实施文化强国战略、不断提高国家文化软实力、建设社会主义文化强国的应有之义，也是实施创新驱动发展战略、建设创新型国家的必然要求。

（一）促进社会主义文化大发展大繁荣

一个民族的觉醒，首要的是文化上的觉醒；一个民族的复兴，首要的也是文化上的复兴。改革开放后的当今中国，经济腾飞、社会主义现代化建设各项事业全面发展，世界各国都在看着中国经济的崛起。崛起中的中国，必然要求文化的复兴和繁荣。在这种大背景下，我国适时提出了推进社会主义文化大发展大繁荣、建设社会主义文化强国的重大战略。而文化的复兴和繁荣不是单凭文化的感召力就可以简单实现的，文化受到各种其他相关因素的影响，其中，科学技术对文化的影响尤为明显。

加快推进文化与科技融合是促进社会主义文化大发展大繁荣、实现建设社会主义文化强国目标的必由之路。在当今中国，科学技术的发展和进

---

① 杨君：《2012年文化产业的主题词"文化与科技融合"》，载《光明日报》2012年12月27日。

步，特别是高新科学技术的迅猛发展，为社会主义文化大发展大繁荣提供了有力的物质条件。推进社会主义文化大发展大繁荣，必须运用科学技术的手段进行文化创新，努力体现时代性、把握规律性、富于创造性。否则，文化就难以延续传承，更难以实现大发展大繁荣。可以这样说，坚持文化与科技互动，促进文化与科技融合，就能够使文化生产的活力进一步激发、文化发展的手段进一步丰富、文化服务的质量进一步提升。

在当今社会，随着现代信息网络技术的迅猛发展，数字卫星电视、移动电视迅猛扩张，电子政务、电子商务不断普及，这极大地推动了文化传播方式的变革，网络文化迅速兴起。互联网作为影响最大的大众传媒，不断推进改革和创新，深刻影响着人们的生产方式、生活方式和思想观念。特别是以互联网为代表的现代高新科学技术，在文化的生产和传播方面都有很大的发展潜力，已经日益成为推进我国文化软实力提升的新引擎。因此，要促进社会主义文化大发展大繁荣，就必须高度重视并切实加强互联网的建设、运用和管理，大力发展中国特色网络文化。

（二）满足人民群众多样化文化需求

改革开放以来，我国物质贫乏的局面有较大改观，生活条件大大改善。但也毋庸讳言，我国目前文化发展的总体水平还不高，离社会主义文化强国的要求还有相当的差距，不能满足人民群众日益增长的精神文化需求，我们的"脑袋"和"口袋"并没有一起富起来。

我们是社会主义国家，社会主义条件下的文化需求是人民群众必须得到保障的基本文化权益，满足人民基本文化需求是社会主义文化建设的基本任务。正是从这种意义上说，加快推进文化与科技融合，切实增加文化创新的有效供给，满足人民群众日益增长的文化需求，应该成为文化建设服务于国家发展战略的时代担当。只有通过科技手段对优秀文化加以挖掘和积极引领，人民的精神世界才会丰富起来，全民族的精神力量才会充分发挥出来。

高新科学技术的大力发展和广泛应用，尤其是信息技术的全面普及，使文化传播的途径极大拓宽。影视传媒、网络下载、手机软件等文化样式的日益丰富，使人民群众的多样文化需求由量向质的方向转变，大大激发了全民文化的活力。因此，我们应当顺应这种文化发展的趋势，加强科学技术在文化领域的应用，增强文化的渗透力和感染力，以满足广大人民群众多层次、多方面、多样化的文化需求。

（三）更好地掌握国际文化竞争主动权

随着经济全球化的深入，文化也超越了国界，在全球范围内流动。在当今世界，国际文化交流日益频繁，西方国家尤其是美国利用其强势的经济、军事实力，除了在全世界极力推行资本主义制度外，还极力把本国的生活方式、价值观念及文化产品输出国外，这种传播或以追求商业利润为目标，或以征服世界为目的，大有"文化侵略"的意味。西方文化之所以能够轻易进入世界的每个角落，就是因为它们做到了用科技手段对文化加以包装和创新，凭借优越的经济实力，利用自身领先的科技传媒方式将"新"文化传播到世界各地。这足以可见文化与科技融合力量的强大。

当然，我们应当以一种开放的心态看待这种变化，因为西方好的文化还是非常值得我们学习的，但是有一个亘古不变的前提，那就是不能遗忘我们自己的文化。在全球经济一体化的背景下，国际文化竞争日趋白热化，各个国家正试图利用现代科学技术的力量在全球文化竞争中掌握主动，占据有利位置。从某种程度上说，科学技术发展的水平决定了一个国家或地区文化影响力的大小，谁能够更加快速地把文化与科技相互融合，谁就有可能拥有文化竞争的主动权。正因为如此，每个国家都很重视文化与科技的融合发展，也都有自己的行动策略。文化与科技融合势在必行，文化与科技融合也大有可为，只要我们真正做到文化与科技融合发展，就一定能够使中国文化走向世界，进而扩大中国文化的国际影响力。

中华民族具有悠久的传统文化和深厚的民族文化底蕴，当代中国科学技术力量也在迅猛提升，我们应当把握新时期文化发展的良好契机，认真做好顶层设计，科学谋划战略举措，切实促进文化与科技融合发展，全面提高文化科技创新能力。正如李长春所说："要充分认识科技进步对文化发展的重要作用，敏锐把握世界文化发展的新趋势，紧紧抓住信息化深入发展的历史机遇，加快文化与科技的融合，努力掌握文化发展和文化传播的主动权。"[①]

二、文化与科技融合何以可能

文化与科技融合不仅必要，而且可能。这种可能性就在于文化与科技互为支撑、互相影响和互相作用的密切关系。概括地说，人是文化与科技共同的主体，文化与科技都是人的活动及其成果，文化与科技互动既是文化与科技共同发展的客观规律，也是人类社会文明演进的主旋律。

（一）人是文化与科技共同的主体，文化与科技都是人的活动及其成果

文化的主体是人，科学技术的主体也是人，文化与科技都是人的活动及其成果。文化活动也好，科技活动也罢，其主体都是人，都是人的活动，也都起源于人进化的过程。人在科学技术发展和应用中不断创造着文化，文化反过来又引导着科学技术的发展和应用，人类社会就是这样不断地发展和进步的。也就是说，无论文化还是科学技术，都是从人出发再重新回到人的，能够改造人类社会，促进人类的进步。

就文化而言，文化实质上是人主动认识自然、改造自然的结果。人是能动的主体，这种主体性主要表现为自为性、能动性和创造性。其中，人

---

① 李长春：《正确认识和处理文化建设发展中的若干重大关系　努力探索中国特色社会主义文化发展道路》，载《求是》2010 年第 12 期，第 3-13 页。

的自为性是文化产生的根本源泉，人的能动性是文化发展的推动力量，而人的创造性则是文化超越的重要条件。概言之，文化的产生、发展和超越都是以人的存在和活动为起点、以人的发展为归宿的。人通过发挥主体性，去改造自然，发展人类文明，构建人类社会，营造一种民族认同的文化；文化同样会反作用于人，改造人、发展人、提高人的主体性。

从科学技术方面说，科学技术是人为的，也是为人的。科学技术以人为本，人是科学技术的主体。人通过发挥主观能动性，可以解放生产力，发展生产力，推动科学技术的发展和进步；科学技术同样会反作用于人，通过新的科学技术手段、新的媒介等结构性变量解放人，提高生产效率，进而提高人的能动性。

（二）文化与科技融合既是文化发展的需要，也是科技创新的需要

一方面，文化与科技融合是文化发展的需要。在全面深化改革、创新驱动发展的大潮中，文化是最需要改革和创新的领域。而文化的发展和变革离不开科学技术的推动，历史上大凡文化传播方式、表现形式和发展样式等发生革命性变化，都伴随着科学技术的历史性跨越。今天，实现文化与科技的有效和深度融合，是实现社会主义文化大发展大繁荣的必然要求。

另一方面，文化与科技融合也是科技发展的需要。人类社会发展的历史表明，科学技术之所以能够持续健康发展，离不开文化对其前进方向的把握。这主要表现在：其一，文化引领时代风气之先，也指引科技发展的价值走向，为科学技术的发展和进步提供目的性及方向性价值；其二，文化增添科学技术的人文因素，在科学技术不断发展进步的过程中发挥着不可替代的作用；其三，文化浓厚的科学技术的创新氛围，锻造科学技术的创新品质，使创新成为一种科学技术发展和进步的文化自觉。

从国家层面上看，加快推进文化与科技融合发展，既是文化发展的需要，开发和生产更多的高科技含量的文化产品；也是科技发展的需要，开发和创造更多的可以应用于文化领域的科学技术；更是一个从基础设施建设到人才培育、从制度设计到政策机制建构的系统工程。概言之，加快推进文化与科技的融合，旨在推进文化与科技的双向互动、协同创新、共同发展，目的是全面提高国家的综合实力。

（三）文化与科技融合发展是人类社会文明演进的主旋律

当今世界，科学技术飞速发展，科学技术的力量日益强大，文化与科技融合发展已经成为一种时代潮流。审时度势，把握机遇，实施文化强国战略，提高国家文化软实力，建设社会主义文化强国，就必须加快推进文化与科技的融合发展。

文化与科技历来如影随形，文化与科技互动是一种客观规律，人类的科技文化史证明，文化与科技融合发展是人类社会文明演进的主旋律。有学者指出："文化与科技融合的过程，是一个彼此互动、相互交融的过程。社会发展和进步对文化发展从广度和深度二个维度提出了前所未有的要求，而科技既为文化发展提供了重要的技术支撑，同时也为自身开辟了一个新的应用领域。"[①]可以这样说，没有对文化与科技互动规律的全面洞悉和深刻理解，忽视科学技术对文化发展的支撑作用，就不会有当代意义上的文化创造。

文化与科技是无法割裂的，文化与科技融合是人类社会文化发展的一个永恒命题，也是人类社会文明演进的主旋律。在经济全球化和文化多元化的当今时代，文化与科技融合发展已经进入一个新阶段，加快推进文化与科技融合发展已经成为当今时代文化建设的新引擎。

---

① 周一真：《创新机制促进文化与科技融合》，载《浙江经济》2013 年第 25 期，第 42-43 页。

三、文化与科技融合的关键问题

文化与科技融合发展是一种大趋势，融合的关键问题则是融合驱动的机制问题、融合发展的着力点问题、融合人才的素质问题，以及融合环境的营造问题等。认真处理和解决好这些问题，是实现文化与科技融合发展的基本前提。

第一，文化与科技融合驱动的机制问题。这个机制应该是一个产业驱动-市场驱动-政府驱动-民众驱动的多元驱动机制。建立健全融合驱动的机制，就是要平衡好产业驱动、市场驱动、政府驱动及民众驱动的关系，保证文化与科技融合发展进入常态化。其中，政府驱动是文化与科技融合成功与否的关键。政府应该在文化与科技的融合发展中发挥政策导向、政策引领作用，在政策制定、政策执行、政策评估中兼顾各方利益，从国家大局出发，积极营造文化与科技融合发展的良好政策环境，以保证文化与科技融合的顺利推进。

第二，文化与科技融合发展的着力点问题。文化与科技融合本身也是一种创新，反过来，创新又助推着文化与科技的进一步融合。文化与科技融合发展是一项复杂的系统工程，需要我们做的工作很多，其着力点在于文化科技创新。"在现代性语境中，文化科技创新不是单纯的科技创新，它强调科技创新的文化旨归，主张在高度自觉的文化关怀中，通过协调技术想象与历史想象、工具理性与交往理性间的张力，引导文化的繁荣与文明的建构。"[①]这就是说，文化科技创新不单单是科学技术的创新，也不单单是文化的创新，而是现代科技手段与文化目的深度融合意义上的创新，目的是最大限度地发挥科技创新对文化发展的支撑作用，提升文化事业的服务能力，以更好地满足广大人民群众的精神文化需求。

第三，文化与科技融合人才的素质问题。文化发展需要人才，科技进

---

① 杨凤、陈思：《论文化科技创新》，载《东北大学学报》（社会科学版）2013年第6期，第563-568页。

步也需要人才，人才不仅是加快推进文化与科技融合发展的原动力，也是加快推进文化与科技融合发展的关键所在。可以这样说，人才问题不解决，没有一大批文化科技复合型人才，文化与科技融合发展就只能是一句空话。文化与科技融合不是一个新命题，却是一个新问题，需要我们从根本上树立新的观念，制订新的战略，加快构建文化科技复合型人才的培养模式与机制，努力造就一支庞大的高素质文化科技复合型人才队伍。

第四，文化与科技融合环境的营造问题。文化与科技融合是一个过程，需要一个良好的环境。从一定意义来说，文化与科技融合发展的关键是人才，而出人才、用人才则主要靠环境。没有一个良好的融合环境，文化与科技融合发展也只能是纸上谈兵。因此，积极营造文化与科技融合发展的良好环境氛围，也是加快推进文化与科技融合发展的一个重要问题。当前，尤其重要的是要大力拓展宽广的国际视野，积极营造宽松的政策环境。

第三节　文化与科技融合的实践进路

当前，随着文化强国战略的稳步实施，文化与科技融合也在深入推进。但是，我们也必须清醒地看到，文化与科技融合进程中存在着这样或那样的问题，文化与科技融合发展面临着诸多的挑战，需要我们在认真总结成功经验的基础上，采取切实措施，加大工作力度予以应对和解决。

一、文化与科技融合面临的挑战

我们党历来重视文化建设和科技发展，特别是党的十六大以来，在积极推进文化体制改革的进程中，科学技术在文化建设和发展中发挥了突出的作用，文化建设和发展成就显著。但我们也应该清醒地认识到，与发达国家相比，目前，我国文化与科技的融合过程仍面临着严峻的形势，问题多多，挑战多多。

第一，思想层面上观念比较落后，文化与科技部门的行政分工导致相关业务疏离。在一定意义上说，文化与科技融合问题首先是一个现行体制与思想观念的融合问题。从思想层面上来说，一直以来，我们对文化与科技融合的重视是不够的，总认为文化是文化，科学技术是科学技术，文化与科学技术的关系不大。加之"在现有的体制下，文化部门和科技部门之间存在着明显的部门业务界限，部门间沟通较少，在制定各自部门发展计划时缺乏将对方纳入自己的总体发展计划中以形成有效对接的考量"①。正是观念和体制的因素，造成了文化与科技相互分离、脱节的现象，使得文化与科技融合发展面临重重困难。

第二，队伍建设未能引起足够重视，缺乏新型的文化科技复合型人才。如前所述，文化与科技融合发展的关键在于是否拥有一大批文化科技复合型人才。所谓文化科技复合型人才，指的是既懂科技又懂文化、能够将两者有机结合的人才。客观地说，在我国，随着文化建设和科技发展的持续深入，无论文化方面的还是科技方面的人才都达到了相当高的程度，但是既懂科技又懂文化的复合型人才还很少，并且在体制机制方面还存在着一定的壁垒，这就使得文化与科技融合难上加难。

第三，科学技术对文化发展的支撑不够，文化发展需求对科技创新的带动不足。从科学技术对文化发展支撑的角度来说，推进文化发展的科学技术支撑体系尚未真正形成，尤其突出的是文化产业中核心技术的国产化比例偏低。从文化发展需求对科技创新的带动方面来说，问题表现在文化领域的科技意识相对较弱，推进文化与科技融合的力度不够。特别是将科学技术单纯作为一种辅助文化传播工具的现象相当普遍，人们往往没有认识到科技创新本身也是一种文化的进步。

---

① 周一真：《创新机制促进文化与科技融合》，载《浙江经济》2013年第25期，第42-43页。

第四，文化与科技融合的运行机制有待完善。运行机制是推进文化与科技融合的关键性基础和保障条件。在我国，由于文化与科技分属于不同部门管理，文化领域的科技意识不强，科技领域对文化不够精通，文化与科技融合的运行机制尚未完全建立起来。这也是导致我国多年来文化与科技融合不够、效果不佳的重要原因之一。

当今时代，科学技术快速发展的态势持续高涨，科学技术对经济社会发展的促进作用越发重要。在这种形势下，能不能紧紧抓住科学技术快速发展的历史机遇，切切实实地把加快推进文化与科技融合发展问题落在实处，直接关系到文化强国战略能不能得到全面贯彻、能不能深入人心。因此，面临机遇和挑战，我们必须认清形势，振奋精神，真正把文化与科技融合摆在更加突出的位置上，以文化与科技融合发展促进我国文化整体实力和竞争力的不断增强。

二、文化与科技融合的基本模式

文化与科技融合有自身的规律，也遵循着一定的模式。根据文化与科技融合的特定含义，总结文化与科技融合的实践探索，可以将文化与科技的融合模式分为渗透融合、交叉融合及协同创新融合等几种类型。

（一）渗透融合模式

渗透融合既包括文化对科学技术的渗透，也包括科学技术对文化的渗透，但主要是科学技术对文化的渗透，即通过科学技术对文化的渗透实现文化与科技融合。所谓科学技术对文化的渗透，就是将科学技术融合到各种形态的文化要素中，并形成新的生产力结构，使文化产业结构合理化，资源配置更优化，经济效益不断提高。

科学技术对文化的渗透表现在多个方面，当前，"科技对文化产业的渗透融合主要表现为新兴文化业态的产生，创造出全新的文化产业，以数字技术、信息通讯技术、互联网技术为主要特征的现代科技与文化产业逐渐渗透融合，不断产生新的文化业态"①。其中，最典型的代表就是文化创意产业。它以文化为基础、以创意为核心、以科技为手段，旨在创造具有高附加值、高科技含量的文化创意产品。

今天，文化与科技的渗透融合模式被广为使用，甚至成为当前文化产业发展的突出特征和重要标志。正是这种渗透融合，催生了一系列新兴文化业态，预示着文化产业发展的未来方向。

（二）交叉融合模式

交叉融合，即通过文化与科技之间的优势互补和相互促进而实现的融合。作为人类实践的产物，文化与科技是同源的，也是密不可分的。文化中具有科学技术含量，科学技术中蕴含文化的因子，文化与科技之间具有互补性。

文化与科技的互补性突出地表现在两方面。一方面，文化与科技之间是相互影响的，文化影响着科学技术的生成、发展和传播，影响着科技创新的进程，也影响着科技成果的应用。科学技术不仅可以改进文化传播方式、丰富文化表现形式、创新文化发展方式，而且可以通过注入新的元素和功能，促进新的文化业态和样式的生成。另一方面，文化与科技之间也是可以相互作用、相互促进的。这种优势互补和相互促进，极大地提高了文化的科学技术含量，同时也增加了文化产品的附加值。不仅如此，这种优势互补和相互促进，还拓展了科学技术新的应用领域，提升了科技产品的文化内涵。近年来出现的"阿凡达"的轰动效应，就是一个很好的证明。

总之，文化与科技之间存在着天然且必然的联系，它们都具有服务于

---

① 韩平、李顺彬：《我国文化与科技融合机理研究——基于高新技术开发区视角》，载《产业经济评论》2014 年第 3 期，第 43-49 页。

人的出发点和归宿，交叉融合是各自发展的需要。有学者指出，"在世界大发展、大变革、大调整的新形势下和科技发展日新月异的时代里，文化和科技的发展都面临着重大的时代课题：对文化来说，如何利用科技更好地满足人民群众的精神文化需求，始终引领思想的前进方向；对科技来说，如何融入人文情怀更好地推动现代科技创新发展，始终坚守人本价值取向"[①]。面对新形势和新问题，我们当然要加强文化建设，促进文化繁荣发展；加强科技创新，占领科技发展新高地。但是，我们更要高度重视并切实推进文化与科技的融合发展，在文化与科技融合发展中创造新辉煌。

（三）协同创新融合模式

协同创新融合模式是一种将文化创新与科技创新有机统一，从而形成文化科技创新生态系统的融合模式。这种融合模式的最大特点，就是能够有效地缩短文化与科技融合的周期，统一协调文化与科技两方面的力量，提高文化与科技融合的效率。

"协同"这个概念的显著特点，就是强调通过各个子系统间的相互合作，实现单个个体所无法实现的新的结果和目标。从文化与科技融合的角度说，所谓相互合作，不仅仅是文化与科技的合作，还包括文化、科技内部各要素的合作。这里的创新，既包括文化与科技两方面的创新，也包括文化与科技结合方式的创新，特别是文化与科技的协调创新。创新是文化与科技融合发展的本质要求。其实，文化与科技融合本身就是一种创新，反过来，这种创新又助推着文化与科技的进一步融合。

协同创新融合模式的基本要求是建立文化与科技协同创新的生态系统。这个生态系统的良性运行重在建设，特别是其内在子系统的建设，要

---

① 黄辐宏：《文化与科技互动的历史形式和未来趋势》，载《贵阳学院学报》（社会科学版）2013年第 6 期，第 11-14 页。

努力使各个要素的存在方式、目标、功能等都能保持统一的整体性。协同创新的目的是建立创新的协同响应机制，亦即形成创新的动力机制与发生机制，在文化、科技等序参量的竞争合作下形成协同创新的良好氛围。

三、文化与科技融合的战略举措

相对于发达国家而言，我国的文化与科技融合发展是滞后的，在文化与科技融合发展过程中也还存在诸多的困难和问题，这使我们在面临发展机遇的同时也承担着巨大的发展压力。面对机遇和挑战，如何加快推进文化与科技的融合发展，需要我们从政策支撑体系、示范基地及产业集群、市场环境和复合型人才培育等几个层面同时采取措施，加大工作力度。

第一，构建良好的政策支撑体系。要全面促进文化与科技的深度融合，必须加快构建良好的政策支撑体系。国际经验告诉我们，加快推进文化与科技的融合发展，要做的工作很多，其中最重要的是建立和完善适宜文化与科技融合发展的政策支撑体系。当前，重要的是针对文化与科技融合所需的发展环境和内在要求，一要积极借鉴发达国家和地区的成功经验，出台相应的优惠政策并建立配套的政策支撑体系；二要加大投入力度，设立专项基金，确保对文化与科技融合的财政投入逐年增长；三要充分运用政策杠杆，把文化与科技深度融合的创新力量整合起来，从而促进各种组织之间的研究开发合作与创新活动。

第二，注重文化与科技融合示范基地和文化科技产业集群建设。文化与科技融合示范基地建设也是加快推进文化与科技融合发展的重要举措。加强文化与科技融合示范基地建设，可以有效地统筹文化与科技资源，实现政策、平台、人才等方面的对接和共享，以提升文化创新能力，培育文化产业新业态，用科学技术支撑文化事业发展、引领文化产业提升。从产业组织层面上说，要实现文化与科技的深度融合，核心问题是提升产业研发能力与创新水平，重构文化产业的价值链，推动文化产业的集群式发展。文化与科技融合示范基地建设的目的，就是要通过各类文化科技企业的集聚，整合资源，重构价值链，从而实现文化科技产业的规模化、集约化及专业化发展。很显然，产业集群具有综合竞争的巨大优势，如资源集聚优势、资本利用效率优势、交易成本优势、范围经济优势、区域品牌优势等，对文化与科技深度融合具有极大的促进作用。2012 年首批 16 个国家级文化与科技融合示范基地，正是通过这种集聚，实现了文化科技产业的规模化、集约化及专业化发展。

第三，积极营造文化与科技融合发展的良好市场环境，着力打造技术服务、活动展示、产权保护、成果交易、金融投资等各类平台。为此，一要充分发挥龙头文化科技企业的作用，为实现文化、科技成果与市场的对接，搭建产学研合作发展与科技成果应用转化平台；二要进一步完善国家知识产权保护体系，切实保障文化科技创新主体的合法权益；三要健全和完善文化市场中介服务体系，切实保障文化市场健康有序发展；四要整顿文化市场流通秩序，优化市场环境，切实保障文化市场的良性运行。

第四，加强人才队伍建设，努力造就一支庞大的兼具文化与科技素养的复合型人才队伍。客观地说，在我国文化与科技融合发展的进程中，同时熟悉文化与科技的通才是非常缺乏的，这个问题成为文化与科技深度融合的一大瓶颈。要解决这个问题，当务之急是突破人才培养体制机制的藩篱，破除思维上的"禁区"，整合优质教育培训资源，加快构建文化科技复合型人才培养模式和培养机制。同时，要积极为文化科技复合型人才创业搭好平台，充分激发文化与科技融合跨界人才的工作和创造热情。

第四节　文化与科技融合发展的必然走势

文化与科技融合发展已经成为一种时代潮流，促进文化与科技融合发展已经成为许多发达国家抢占文化先机的重要举措。在文化与科技融合发展的进程中，必然要求文化科技化、科技文化化、文化科技一体化，而积极推进文化科技化、科技文化化和文化科技一体化，必然走向科技文化。

一、文化科技化

文化与科技融合作为一种时代潮流，也是文化发展与繁荣的新引擎。强化文化科技自觉是促进文化与科技融合发展的必要前提，不断强化的文化科技自觉必然迎来文化科技化。

（一）文化与科技融合发展进程中的文化科技自觉

当今时代，文化发展与繁荣对科技进步的依赖程度越来越大。科学技术不仅创造了巨大的物质财富，给人们带来了实实在在的利益和福祉，而且也促进了与之相应的文化理念和文化模式的形成。我们必须站在建设社会主义文化强国的战略高度，充分认识并深刻把握科学技术在社会主义文化大发展大繁荣中的重要地位和作用，不断强化文化科技自觉，深入研究科技进步推动文化发展与繁荣的内在规律，积极推动文化与科技的深度融合。

就其根本而言，我们当前的文化改革与发展，其重点仍然是解放和发展文化生产力。李长春强调："党的十六大以来，各地区各部门认真贯彻中央决策部署，进一步解放思想、实事求是、与时俱进，牢固树立符合科学发展观要求的新的文化发展理念，积极推进文化体制改革，大力发展文化事业和文化产业，极大地解放和发展了文化生产力，开创了中国特色社会主义文化建设新局面。同时也要清醒地看到，与人民群众日益增长的精神文化需求、快速发展的现代传播手段、不断扩大的对外开放、推动我国经济社会又好又快发展的新形势相比，我国文化发展还不完全适应。"[①]显

---

① 李长春：《着力构建有利于文化科学发展的体制机制　推动文化建设又好又快发展》，载《党建》2010 年第 10 期，第 6 页。

然，强化文化科技自觉，积极推进文化与科技融合发展，正是基于我们对文化现状的自知之明，体现的是我们与当今发达国家的"文化优势"进行比照后的自我警醒。

在文化与科技融合发展的进程中，强化文化科技自觉的目的，就是要自觉运用知识创新和科技进步的成果，为文化发展与繁荣注入新的生机，建构新的平台，创造新的形式。为此，我们一定要深刻认识文化科技自觉的重要性和必要性，充分运用现代科技手段改造传统文化业态，以科技创新催生新兴文化业态，不断增强我国文化的整体实力和竞争力。

（二）文化科技化：文化科技自觉的必然趋势

不断强化的文化科技自觉必然迎来文化科技化。文化科技化强调的是科技进步的文化旨归，主张在高度自觉的文化关怀中通过科技进步引导文化的发展和繁荣。概言之，文化科技化在文化发展中起着科技支撑、智力支持和动力引擎的作用，因而也是提高文化创新能力、推动文化发展的一个重要途径。

在科学技术飞速发展的当今时代，文化对科技创新的诉求、对其发展方向与速度的作用都是不言而喻的，科学技术在文化生产与传播中所扮演的角色越来越重要。在社会主义文化强国建设的伟大实践中，文化科技化的趋势日益明显，并逐渐成为文化强国建设多轮驱动中的重要内驱力。文化科技化有利于促进文化强国战略目标的实现，深入研究文化强国战略下的文化科技化，具有重要的战略意义与前瞻性。

文化科技化是文化科技自觉的必然趋势。如今，文化科技化已经成为文化生产力发展的新引擎，通过文化科技化，促进文化生产力发展和体制改革、助力文化产业发展、催生新兴文化业态、提升文化服务水平、引领文化发展的未来方向，已经成为人们的共识。我们必须牢牢把握文化科技自觉的核心问题，切实把文化领域的科技创新与科技领域的文化创新结合起来，充分发挥文化科技化在文化发展中的重要作用，以文化科技化促进文化发展方式转变。

（三）积极推进文化强国战略下的文化科技化

文化科技化是文化与科技融合发展的必然，积极推进文化科技化具有重要的战略意义，有利于促进文化强国战略目标的实现。积极推进文化科技化，必须落脚到"实现中华民族伟大复兴的中国梦，就是要实现国家富强、民族振兴、人民幸福"①上。基于这种认识，积极推进文化强国战略下的文化科技化重在从以下几个方面着手。

第一，确立文化科技化在文化强国战略中的重要地位。在科学技术是第一生产力、科技力量日益彰显的今天，文化科技化已经成为文化发展和繁荣的基本要求，因而也是实施文化强国战略的必由之路。如前所述，文化科技化的核心要义就是以科学发展为主题、以加快转变经济发展方式为主线、以提高国家文化软实力为目标。这在客观上要求我们，必须确立文化科技化在文化强国战略中的重要地位，充分认识文化科技化在文化强国战略中的重要作用，以文化科技化助推社会主义文化大发展大繁荣。

第二，明确文化科技化必须服务于文化强国建设的原则要求。积极推进文化强国战略下的文化科技化，就要统筹规划，既立足当前，又放眼长远，在服务于文化强国建设上做文章。正如有学者所说："文化科技化要以长远需求为导向、持续应用为驱动，多做一些打基础、利长远、建机制、可持续的事情，真正解决当前和今后文化强国建设遇到的实际技术难点问题，实现当前经济效益与长远社会效益的有机统一。文化科技化要为发展文化生产力、促进经济发展转型、建设社会主义核心价值体系、发挥社会文明传承助推效应、培育文化人才、提升国家文化软实力等文化强国

---

① 习近平：《在十二届全国人大一次会议上的讲话》，中央政府门户网站，www.gov.cn，2013 年 03 月 17 日。

建设目标服务。"①

　　第三，坚持保障和改善文化民生的文化科技化方向。积极推进文化强国战略下的文化科技化，必须坚持以人为本，切实保障和改善文化民生。坚持以人为本，就是要始终坚持人民的主体地位，坚持从人民的需要出发来推进文化科技化；切实保障和改善文化民生，就是要始终坚持文化发展为了人民、文化发展成果由人民共享。

二、科技文化化

　　文化与科技融合发展的必然走势不仅表现在文化科技化方面，也表现在科技文化化上。

（一）科学技术的文化解读

　　文化是科技进步的母体，影响着科技发展的深度和方向，也影响着科技创新的进程和结果。从一定意义上说，科技发展本身就是一种文化过程。

　　科学技术总是在一定的文化环境中发展的。科学技术发展的环境问题，不仅是一个深刻的理论问题，也是一个紧迫的实践问题。为了实现科学技术的可持续发展，必须加强文化环境建设，努力营造有利于科技发展的环境氛围。不可否认，科技发展使得人们认识和把握世界的方式发生了根本的变化，由于对科技力量过于信任，人们很难从"科技迷信"的桎梏中解脱出来。但是，人在科学技术面前并不是无能为力的，因为科学技术是人为的活动，是人掌握科学技术而不是科学技术控制人，问题的关键在于人类在追求科学技术发展时不能失却文化上的方向感。

　　从科技创新的角度说，"科学技术中浸润着很丰富的文化内涵。无论何时，只要有科技的新突破，就有新的文化解读形式出现"②。文化是科

---

① 王资博：《文化强国战略下文化科技化的演进》，载《求索》2013 年第 7 期，第 229-231 页。
② 刘京：《科学技术的文化解读》，载《社会科学战线》2006 年第 3 期，第 317-319 页。

技创新的引导因素，为科技创新提供精神动力和智力支持。因此，文化不仅是科技创新的思想基础，也是主导科学家、技术专家和广大科技工作者价值取向、激发创新能力、提高思维水平的关键力量。

总之，科学技术具有文化的属性，只要它被人用语言表述出来，就同时被赋予了某种文化的底蕴，表征着人类获得了一种新的更强的发展能力。换言之，科学技术作为一种内驱力，在社会各领域发挥着不可替代的作用，科学技术发展本身就是一个文化过程，深刻认识科学技术的本质必须以文化为指导和参照系。

（二）科学技术发展的文化取向

科学技术发展具有鲜明的文化取向，主要表现在以下几个方面。

第一，科学技术发展的根本在于以人为本。科学技术是为人的，人类发展科学技术的根本目的就在于促进社会进步和人的全面发展。在科学技术的发展中，"'以人为本'的要义，就是让科技发展为了人、依靠人，让人民从科技、经济和社会发展中得到更多的实惠，把最广大人民群众的生存和发展作为发展的最高价值目标，实现人的全面发展"①。可以这样说，能否满足人的需要、为人的全面发展服务，是衡量科学技术价值的根本尺度。科学技术本质上是向善的，科学技术的每一次重大突破都可以使人类从必然王国的统治中获得新的解放，使人的尊严和价值得到新的提升。

第二，科学技术发展需要创新的文化氛围。创新是人类文化的本质，人类社会的发展史本质上就是一部人类文化不断创新的历史。创新也是科学技术的本质，科学技术的生命力就在于创新，科学技术发展和进步就是在不断地创新中实现的。对于任何一个国家或民族来说，科学技术能否发

---

① 王国领：《试论中国科技现代化的文化取向》，载《郑州大学学报》（哲学社会科学版）2007年第4期，第62-64页。

展，最终取决于其在竞争环境下的创新能力。在我国，我们之所以要致力于国家创新体系建设，目的就是要提高全社会的创新意识和国家创新能力。这需要我们大力发展创新文化，为科学技术发展营造创新的文化氛围，提供丰富的灵感源泉，最大限度地激励和激发全社会的创新积极性。

第三，科学技术发展的基础在教育。作为一个历史过程，科学技术发展具有可持续性，而可持续发展的科学技术基础在教育。只有加强教育，大力普及科学知识，传承科学精神，弘扬科学思想，推广科学方法，切实贯彻科教兴国战略，才能真正坚持以人为本，才能走出一条中国特色科学技术可持续发展之路。

（三）科技文化化：科学技术作为一种文化而存在

人类文化发展的历史告诉我们，科学技术从开始登上历史舞台的那一刻起就是一种文化存在，它与哲学一道确证着人的本体性。科学技术作为一种文化存在，其内涵和外延是十分丰富的，既表现为一种知识形态，也表现为一种实践活动。具体地说，科学技术作为一种文化存在主要包括以下几个方面。

第一，科学技术是一种社会现象。作为一种社会现象，一方面，科学技术活动总是人的活动，是在人类社会中进行的活动，是与人类的生存和发展相联系的活动；另一方面，科学技术是人创造的，它在人类实践的基础上产生，又反过来影响着人类社会。

第二，科学技术是一种精神现象。科学技术是人类最基本的精神活动和精神生产之一，它是人的脑力劳动的产物，以认识世界和改造世界为己任，以追求真理为最高目标，属于观念、智力和理论的范畴。在科学技术实践活动中，科学技术产品也往往是以精神产品的形式出现的，因此，科学技术生产力的性质也表现为精神生产力，而且首先是精神生产力。

第三，科学技术是一种历史现象。作为一种历史现象，科学技术是人类社会发展到一定阶段的产物，又随着人类社会的发展而发展。而且，在科学技术发展的不同历史阶段，其性质和特点也是不一样的，当然，人们对科学技术的认识也在不断深化。科学技术既是人类社会历史发展总过程的产物，又是推动人类社会历史进步的巨大动力。

三、文化科技一体化

随着文化与科技融合发展的持续推进，文化科技一体化被历史地提了出来，并很快得到了学术界、文化界及科技界的广泛认同。顺应时代潮流，明晰文化与科技融合发展趋势，积极推进文化科技一体化，就一定能够把社会主义文化大发展大繁荣推向一个新阶段。

（一）文化科技一体化及其要义

文化发展与科技进步的关系，是一种双向互动、协同创新的关系。正是这种双向互动、协同创新的关系使得文化与科技融合发展成为可能，并最终趋向文化科技一体化。

这里所说的文化科技一体化，"是指将文化、科技新的发展方向联系起来，在文化建设中充分发挥科技进步的驱动作用、支撑作用和提升作用，以文化的科技化、科技的文化化促进文化与科技的融合发展和融合创新"①。今天，文化科技一体化发展既是时势已至也是时势所趋。于平认为："'文化科技一体化'是当代发达国家发展文化的一个显著特征，这些国家的学者也大多倾向于把科技看成一种文化因素，特别是视其为文化发展中的驱动因素。"②在我国，随着文化与科技融合实践的持续推进，文化科技一体化的呼声越来越高，文化科技一体化已经成为大势所趋。

文化科技一体化的实质是文化与科技在双向互动、协同创新的基础上

---

① 钟荣丙：《文化科技一体化发展的实现途径研究》，载《科技进步与对策》2012年第17期，第11-14页。

② 于平：《文化与科技融合的创新驱动》，载《中国艺术报》2014年1月27日，第006版。

融合发展。这主要表现在两个方面：其一，在科学技术及其活动中，文化因素的渗入日益明显，科学技术发展和进步对文化关怀的呼声也越来越强烈；其二，文化建设需要科学技术的推动，科学技术通过增强文化的原创力和传播力，改进文化传播手段、丰富文化表达方式，也必将促进文化的发展与繁荣。在此基础上，通过文化与科技相互作用的机理，实现文化与科技的一体化发展。

（二）当代中国文化科技一体化的战略机遇

21 世纪的人类文化将会与科学技术进一步融合，文化与科技互为依存的关系将向更广更深的层面推进，进而形成相互融通、相互凭借的文化科技一体化模式。当代中国，文化科技一体化发展正逢其时。正如党的十七届六中全会《决定》所指出的："当代中国进入了全面建设小康社会的关键时期和深化改革开放、加快转变经济发展方式的攻坚时期，文化越来越成为民族凝聚力和创造力的重要源泉、越来越成为综合国力竞争的重要因素、越来越成为经济社会发展的重要支撑，丰富精神文化生活越来越成为我国人民的热切愿望。"[①]这无疑为文化科技一体化发展提供了良好的战略机遇，创造了充分的发展条件。

首先，加快转变经济发展方式是文化科技一体化发展的原动力。在我国，随着全面深化改革的积极推进，加快转变经济发展方式已经成为共识，而经济发展方式的转变，既需要科学技术的支撑，也需要文化软实力的驱动，客观上呼唤文化科技一体化发展。一方面，只有依靠科学技术的力量，把增强科技创新能力作为战略基点，着力突破制约我国产业升级的核心技术、关键技术及共性技术，才能保障经济发展方式的根本转变；另一方面，文化产业作为衡量经济社会发展程度的重要标志，也是我国加快

---

① 《中共中央关于深化文化体制改革　推动社会主义文化大发展大繁荣若干重大问题的决定》，载《求实》2011 年第 21 期，第 3-14 页。

转变经济发展方式最重要的支柱产业之一，大力发展文化产业有助于国家经济综合竞争力和可持续发展能力的提升。

其次，科学技术的全面跃升奠定了文化科技一体化发展的基础。党和国家高度重视科技事业发展，改革开放带来了科学的春天。今天，我国科学技术向纵深发展，知识创新日新月异，创新型国家建设取得显著成效，经济实力、科技实力、综合竞争力不断跃上新的台阶。正如习近平所说："经过多年努力，我国科技整体水平大幅提升，一些重要领域跻身世界先进行列，某些领域正由'跟跑者'向'并行者'、'领跑者'转变。"①科学技术的全面跃升，为文化科技一体化发展奠定了坚实的基础，我们完全有能力在新的起点上实现更大跨越。

最后，文化大发展大繁荣必将把文化科技一体化发展推向新阶段。改革开放以来，伴随着国家各项事业的发展，我国文化建设步伐加快、文化日益繁荣，人民群众的文化生活水平显著提高，走出了一条中国特色社会主义文化发展道路。党的十七届中央委员会第六次全体会议通过的《中共中央关于深化文化体制改革 推动社会主义文化大发展大繁荣若干重大问题的决定》，是我们党关于新形势下文化建设和发展的重大战略部署，既充分体现了我们党对文化建设的认识达到了一个崭新高度，也标志着我国文化发展进入了历史上的一个最好时期。社会主义文化的大发展大繁荣必将进一步推进文化科技一体化，掀起文化科技一体化发展的新高潮。

（三）积极推进文化科技一体化发展

文化科技一体化发展既是时势已至也是时势所趋，积极推进文化科技一体化发展的关键在于政策调控一体化、创新战略一体化及人才培育一体化。

---

① 习近平：《在中国科学院第十七次院士大会、中国工程院第十二次院士大会上的讲话》，载《当代劳模》2014年第6期，第14-17页。

1. 政策调控一体化

政策调控是指国家综合运用各种手段对文化科技一体化发展进行的调节和控制，其目的就是要保证文化与科技同发展、共繁荣。随着文化与科技融合发展的深入推进，如何实现文化与科技融合发展进程中的文化科技一体化问题，就成为当前政策调控亟待解决的一个重大问题。

文化科技一体化发展离不开国家政策的宏观调控。从严格意义上讲，文化科技一体化发展与国家宏观调控有着密切的关系，在文化科技一体化发展过程中，国家宏观调控起着至关重要的作用。在我国，公有制决定了社会各部门、各行各业及广大劳动者利益上的一致性，使国家能够集中力量办大事。国家政策是经济社会管理有形的手，只有综合运用各种宏观调控手段，统筹安排，才能真正实现文化科技一体化发展。

政策调控一体化必须坚持以下原则：一是统筹全局原则，坚持统筹全局原则，就是坚持从我国的基本国情出发、从我国的国家性质出发、从我国的整体战略目标出发来统筹调控科技文化政策；二是宏观指导原则，坚持宏观指导原则，就是中央政府的政策调控必须在宏观层面上对文化科技一体化发展予以规范和指导，但又要为地方的发展留有一定的空间；三是动态协调原则，坚持动态协调原则，就是随着国际化进程的不断加快、市场经济的飞速发展及科学技术的日益进步，动态协调文化科技一体化发展，以更加及时和有效地应对国际与国内所出现的各种状况及问题。

2. 创新战略一体化

创新战略一体化也是推进文化科技一体化发展的重要战略，其核心是文化创新与科技创新双轮驱动。坚持文化创新与科技创新"双轮驱动"，加快形成文化创新与科技创新"双轮驱动"的发展模式，就是要提高文化自觉、增强文化自信，把这两个"轮子"协调好，为文化科技一体化发展提供综合动力。当下，文化创新与科技创新双轮驱动，越来越成为文化科技一体化发展的"兴奋剂"。

诚然，文化创新驱动与科技创新驱动是两种不同的内在驱动机制，具有不同的定位。文化创新驱动主要体现在思想观念、产业发展和公共服务等三个维度上的创新，而科技创新驱动则主要从生产力发展层面出发，着重解决发展的条件和手段问题。可见，文化创新与科技创新是创新战略的两个方面，它们对发展的贡献各有侧重，只有将两者有机地组合起来，才能更好地解决发展的动力机制问题。

文化创新与科技创新双轮驱动更容易发挥协同效应。如前所述，文化创新与科技创新是相互渗透的，也是相互推进的，因此，强调文化创新与科技创新双轮驱动，当然可以从机制层面建构宏观的发展战略，但也不拘泥于具体的发展政策和措施。当然，作为一种理念，文化创新与科技创新双轮驱动无论在认识还是实践上都有待深入探索。这需要我们着力寻求文化创新和科技创新双轮驱动的突破口，进一步提高对文化与科技融合发展的认识，准确判断文化科技一体化发展的阶段性，系统制定文化科技一体化的中长期发展战略及实施方案和示范工程、考评指标体系、领导监管机制等。

3. 人才培育一体化

加快推进文化与科技融合发展的关键在人才，而人才成长的关键则是一体化培育，甚至可以说，人才培育一体化在文化科技一体化发展中起着决定性作用。而人才培育一体化的重点，则在于培养兼具文化素养与科技素养的文化科技复合型人才。

客观地说，在加快推进文化与科技融合发展的进程中，我们面临着人才匮乏的严峻形势，尤其是文化科技复合型人才匮乏问题更为突出。可以说，严重的人才匮乏已经成为制约文化科技一体化发展的一个短板。面对如此严峻的人才匮乏形势，为适应当前文化科技一体化发展的需要，我们必须着力构建一个多层次、开放式的一体化人才培育体系。可以相信，通过一体化的文化科技复合型人才培育，提高文化科技复合型人才的科技含量，运用科技手段增强文化科技复合型人才的创新能力，一定能够积极推进文化科技一体化发展。

总之，随着文化与科技融合发展对人才的新要求，传统的人才培养模式面临挑战，人才培育一体化势在必行。这在客观上要求政府必须从文化科技一体化发展的战略高度来谋划人才培育一体化模式，加快文化科技复合型人才的开发和培育。当务之急一是坚持政府推动与社会支持相结合，健全以高等院校为主阵地、以企业行业为主体的人才培育体系；二是围绕文化科技一体化发展的人才需求，完善多渠道、多形式培养文化科技复合型人才培育机制。

四、走向科技文化

文化科技化、科技文化化、文化科技一体化发展必然走向科技文化。让科学技术回归文化，实现科学技术的文化复兴，切实加强科技文化建设，必将推进科技文化在全社会的广泛弘扬。

（一）科学技术的文化复兴

科学技术作为一种文化现象，既是文化系统的重要组成部分，也是文化发展的主要因素。这对于今天的人们来说已经成为一种共识，特别是"20世纪以来，人们对科学技术的历史作用进行了全面而深刻地领悟和反思，领悟和反思的结果是人们越来越深刻地认识到科学技术是一种文化，科学技术活动的过程就是创造科学技术文化的过程"①。

历史地看，科学技术一开始就是一种文化存在，在不断的成长中播撒着人文的情怀。它"不仅表现为形式上与哲学、宗教、艺术的浑然一体，几乎每一个科学家同时都是思想家，更主要的是内容上与人的存在的统一，人始终都是科学的追求者，在古希腊人们的科学研究实际上都是关于

---

① 杨怀中：《科学技术进步与当代中国先进文化建设》，载《理论月刊》2003年第3期，第44-46页。

人的研究"①。科学技术中浸润着很丰富的文化内涵，纯而又纯、没有文化内涵的所谓的科学技术是根本不存在的。然而，不可否认的是，随着近代以来科学技术与人文的分裂和对立，科学技术开始"被看成为某种超出人类或高于人类的本质，成为一种自我存在的实体，或者被当作是一种脱离了它赖以产生和发展的人类的状况、需要和利益的母体的"②存在而实证化。

一直以来，人们总认为获得真理和知识的唯一合法来源在于科学技术，这使得科学技术发展面临诸多的危机，如人类生存环境恶化、科学技术负面效应凸显、科学技术预测和评估困难等。科技危机的出现，颠覆了科学技术在文化价值中的主体性地位。面对科学技术所带来的如此众多的、难以修复的负面影响，人们开始质疑并反思科学技术：怎样才能从根源上消除科技危机、走出科技危机呢？

科技危机是近代科技与人文分裂的产物，实质上是科学技术的文化危机，因此，走出危机的根本出路就在于科学技术的文化复兴。科学技术具有难以剥离的文化属性，它不仅是人类区别于动物生存方式的一个重要方面，也是推动人类远离自然生存状态的强大力量。当然，作为文化存在的科学技术是由多种文化共生所形成的，不能简单地归并到某一种文化之中。它是人类文明整体演进的结果，因而是一类综合的文化现象。

科学技术的文化复兴不是一项新课题，只是在科技危机日趋严重的今天，才显得更为迫切而已。呼唤科学技术的文化复兴始于20世纪60年代的美国科学哲学家库恩，他把科学技术纳入社会-文化的视野，从而再次确立了科学技术作为一种独特文化而存在的地位。如今，随着人类社会发展和文明进步，科学技术特有的文化意蕴日益彰显，它不仅拥有自己的文

---

① 胡存之：《科学的文化复兴》，载《自然辩证法研究》2000年第12期，第55-58页。
② 瓦托夫斯基著，范岱年，等译：《科学思想的概念基础——科学哲学导论》，求实出版社1982年版，第29页。

化规范，也沉淀了自己的文化精神，以自己独特的形式登上了历史舞台，成为文化大家族中的一支重要力量。

（二）科技文化：社会主义文化的应有之义

文化是一个大系统，科学技术也是一种文化。这种文化被称为科学技术文化（scientific and technological culture），简称科技文化。科技文化是社会主义文化的应有之义，建设社会主义文化，发展社会主义文化，理所当然地包含着科技文化的建设和发展。

在我国，关注科技文化始于 20 世纪 90 年代，早在 1995 年的全国科学技术大会上江泽民就使用了"科技文化"这个概念。在 2000 年的两院院士大会上，他再次强调："一个国家的科技文化水平，不仅要看其在世界先进水平上的成就，而且要看其全社会的科技文化水平。全社会科技文化水平不断得到提高，就可以为经济和科技事业的发展提供强大的后劲。"[①]

科技文化是社会主义文化的重要组成部分，在建设社会主义文化强国的宏大工程中，科技文化的功能和作用是无可替代的。正如有学者所说："作为人类在科技认识和变革自然活动中所获得的成果总和，科技文化以其独特的方式在（推动）科技进步和社会发展的同时，也为文化建设注入了新的活力，从内容到手段，从有形到无形，在先进文化建设的实践中，其功能和作用是无可替代的。"[②]社会主义文化是一种先进文化，科技文化作为一个社会亚文化系统，本身就是先进文化的重要组成部分，是先进文化的基石。这是因为，真正的先进文化一定是客观真实地反映人类对自然界和人类社会的真理性认识的文化，也一定是具有高科技含量、富有科学精神的文化。

---

① 江泽民：《论科学技术》，中央文献出版社 2001 年版，第 195 页。
② 俞丽君、余发良：《科学技术文化——社会主义文化发展的应有之义》，载《兰州学刊》2013年第 6 期，第 190-194 页。

作为一种独特的文化形式，科技文化不仅是不同类型、不同模式的文化得以沟通和交流的基础，也以其强大的支撑力量推动着各种不同类型、不同模式的文化持续发展并不断推陈出新。在科学技术突飞猛进的今天，推进社会主义文化大发展大繁荣，实现社会主义文化强国建设的宏伟目标，就必须高度重视科学技术的发展和进步，切实加强科技文化的建设和弘扬，努力构建中国特色的现代科技文化体系。

（三）新形势下科技文化建设的新要求

随着科学技术的迅猛发展，科技文化理念悄然兴起，科技文化逐渐成为当今时代社会文化的主导形式。在这样的大背景下，"我们党要始终代表中国先进文化的前进方向，就必须高度重视建设先进文化、发展先进文化，而要建设先进文化、发展先进文化，就必须高度重视科技文化建设，大力发展科学技术事业"①，让科技文化深深地根植于社会主义文化的沃土之中。

首先，科技文化建设必须坚持以新发展理念为引领。党的十八届五中全会提出的创新、协调、绿色、开放、共享的新发展理念，是我们党立足全局、面向未来做出的重大决策，也是关系我国发展全局的一场深刻变革，反映了我们党对中国特色社会主义和我国经济社会发展规律认识的不断深化。新发展理念具有战略性、纲领性、前瞻性和引领性，不仅管全局、管根本，而且管方向、管长远，为当代中国科技文化建设和发展提供了理论遵循及实践指南。

其次，科技文化建设必须服务于文化强国战略大目标。科技文化不仅是社会主义文化的重要组成部分，也是社会主义文化保持先进性的重要基石。可以这样说：科技文化作为人类文化发展的一个新阶段，凝聚了人类的普遍要求，积淀了人类的共同精神。今天，我们要建设社会主义文化，

---

① 杨怀中：《科技文化与当代中国和谐社会建构》，中国社会科学出版社 2008 年版，第 168 页。

推进社会主义文化大发展大繁荣，建设社会主义文化强国，没有科技文化的广泛弘扬是不可想象的[1]。实施文化强国战略需要加强科技文化建设，加强科技文化建设一定能够助力文化强国战略的顺利实施。

最后，科技文化建设必须立足于建设世界科技强国的新形势。在2016年同时召开的全国科技创新大会、两院院士大会、中国科协第九次全国代表大会上，习近平向全党全国发出了建设世界科技强国的伟大号召，吹响了建设世界科技强国的时代号角，并明确提出了建设世界科技强国的伟大目标，即"到新中国成立100年时使我国成为世界科技强国"。建设世界科技强国是实现我国现代化建设目标和民族复兴伟业的必然要求，也是当代中国13亿多人民的热切期盼，而科技文化建设是世界科技强国建设的重要组成部分，也是世界科技强国建设必需的良好氛围和深厚土壤。概言之，世界科技强国一定是世界科技文化强国，建设世界科技强国必然要求加强科技文化建设。

总之，从中国特色社会主义建设的全局出发，站在世界科技强国建设的战略高度，我们必须充分认识新形势下科技文化建设的重要意义，深刻把握科技文化在推动社会主义文化大发展大繁荣、实施文化强国战略、建设世界科技强国伟大实践中的战略价值，不断增强科技文化建设的主动性和自觉性，努力塑造符合新常态特点、满足经济社会发展要求、适应新形势需要的现代科技文化。

---

[1]　杨怀中：《科技文化与当代中国主流文化建设》，载《中原文化研究》2013年第6期，第59-64页。

第三章
科技文化的兴起与发展

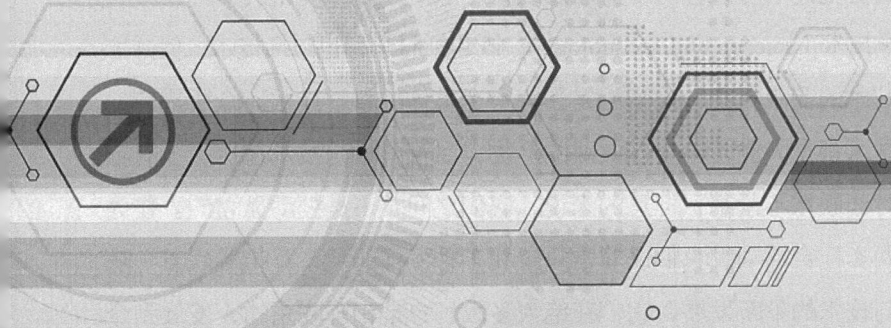

科学技术也是一种文化，科技文化的兴起和发展极大地推动了人类文化的发展与进步。随着科学技术的发展，科技文化也在不断进化，不断进化的科技文化越来越趋近和凸显人的本质，越来越符合人的需要。如今，伴随着生态科学技术的兴起和科学技术发展的生态化转向，生态科技文化也应运而生并迅速发展起来，逐步成为当今时代科技文化发展的新样式。

第一节　科技文化缘何兴起

当代中国，科技文化理念悄然兴起，科技文化研究渐成热潮。科技文化缘何兴起？为什么会有不同的科技文化理念？这是因为，科技文化是在科学技术的实践中兴起和发展的，而科学技术总是一定文化背景下的科学技术，根植于一定的文化土壤，有什么样的文化土壤就会培育出什么样的科技文化。

一、从科学技术到科技文化

科技文化与科学技术是两个不同的概念，既密切相关，又相互区别。科技文化生成于科学技术实践活动，以科学技术为基础。从科学技术到科技文化是一个科学技术不断向社会扩散的过程。在这个过程中，科学技术在为社会奠基的同时，也为自身的发展构建了良好的环境和氛围。

科学技术（science and technology），既包括科学，也包括技术，但并非科学与技术的简单相加，而指的是作为一个整体的科学技术。众所周知，科学与技术都是人类社会生产实践的产物，尽管科学与技术在历史上有很长一段时间联系不紧密，但总的来说，它们之间并不是被动孤立的。作为人类的两类社会活动，它们以非常复杂和多种多样的关系互相关联着。随着科学与技术的不断发展，它们在绝大多数场合是相互联系的，发展到今天，科学与技术已经密不可分地融为一体，科学技术化、技术科学化、科学技术一体化趋势日益明显。

　　当然，我们可以在学理上、在严格的意义上区分什么是科学、什么是技术，但是，我们却没有办法区别现实活动中的科学和技术。正是在这种大背景下，科学技术这个概念被广泛使用，虽然到目前为止还没有任何一个人给科学技术下的定义为世人所公认，但也没有任何一个人否认科学技术的合法性。

　　正是基于这种事实，才有了科学技术文化或科技文化这个概念。科学技术的合法性，决定了科技文化的合法性。所谓科技文化，就是指以科学技术发生发展为根据、生成于科学技术实践活动的一种文化形象。作为一种文化现象，科技文化以科学技术为载体，表征着科学技术及其共同体的精神气质，蕴含着科学技术的禀赋和秉性，是科学技术的文化标志。

　　吕乃基在论及从科学到科学文化时说："由科学扩展到文化之中形成科学文化，犹如中国画，水墨在宣纸上浸染开去，形成了比一开始的墨迹更大的印记。印记似有边缘，又消融在那张宣纸上。形象地说，这一更大的边界模糊的印记，就是科学文化。"①从科学技术到科技文化也适合这个形象的比喻。

二、科技文化起源的多元化

　　科学技术具有文化的属性，人们在从事科学技术活动的过程中，一方面对外在世界的认识会发生变化，另一方面也会对人类内在的世界有新的认识。由此可以说，人们从事科学技术活动的过程，就是创造科技文化的过程。今天，科学技术作为一种文化已经得到广泛的认可。

　　科技文化的历史发展告诉我们，任何科学技术成果的出现都依托于一定的文化背景，不同的文化背景孕育了不同的科技文化。客观地说，形态各异的各国传统文化虽然延续时间不一样，但它们都表征着一个国家的科

---

① 吕乃基：《从科学到科学文化》，载《中国高校科技》2013 年第 6 期，第 13-15 页。

学技术思想和能力，因而创造了自己的辉煌灿烂的科技文化。应该说，一定地域的人面对自己的生存困境而对自然进行可贵的探索，这种原初的科技文化都是合理的。因为它们都有自己的文化背景，都是建立在本土文化基础之上的。

纵观科技文化的兴起和发展，古代科技文化不可能在全球范围内交流，因而具有了鲜明的民族和地域特色。尤其是在被称为人类文化第一个"轴心时代"（公元前800～前200年，尤其是公元前600～前300年）的特殊时期，也是多元科技文化同时发展的重要时期，中国、印度、希腊等一些地区几乎同时出现了伟大的思想家和科学家群体。这些地区创建的具有鲜明民族和地域特色的科技文化，充分彰显了人类早期原初科技文化的多元性。

回望历史，公元前18世纪到公元前1世纪的古希腊，出现了一大批代表当时科学技术最高成就的理论，其中最为著名的有毕达哥拉斯的数学理论、托勒密的天文学理论、亚里士多德的形式逻辑、欧几里得的几何学等，科技文化成就举世公认。之后，在长达1500年的历史长河中，中国取得了一系列改变世界的科学技术成就，创造了辉煌的科技文化，其中最具代表性的就是"四大发明"。而当东方文化和西方文化都处于科学技术低潮的时候，融古印度和中国科技文化于一体的阿拉伯科技文化异军突起并迅速发展起来。它架设了东西方科技文化交流的桥梁，促进了欧洲文艺复兴之后近代科学技术和工业文化的发展。

近代意义上的科技文化生成于近代西方科学技术实践中。哥白尼《天体运行论》的出版（1543年）标志着近代科学技术的兴起，当然也表征着近代科技文化开始登上历史舞台。作为科技文化发展的新阶段，近代科技文化的最大特点就是它的单一地域性的减弱和起源的多元化。无论是阿拉伯科技文化体系的建立，还是欧洲近代科技文化的兴起和发展，都充分说明了这一点。

综上所述，科技文化的起源具有多元性，随着世界范围内文化之间的相互沟通和交流，不同特色的科技文化也逐渐突破地域限制，进而开始在全世界广泛传播。于是，具有新质的科技文化在多元科技文化的交流中不断生成，从而推动了世界科学技术的发展和进步。可以这样说，近现代科学技术革命的兴起都有着深刻的文化背景，本质上都是多元科技文化碰撞、交流和融合的结果。

三、科技文化理念的多样性

科技文化理念的多样性，源于多样化的文化历史背景和文化土壤。文化背景不同，科技文化就不一样，因而也就有不一样的科技文化理念。中西方有着不同的科学技术传统、不同的科学技术发展模式，体现于其中的正是科技文化理念的多样性。

首先，不同的价值观念。中西方科技文化传统不同首先表现在价值观念的不同。这种不同又主要表现在对待人与自然的关系上，中国科技文化重视人与自然之间的和谐统一，而西方科技文化则看重它们的对立关系。在古代中国，"天人合一"被看作是人与自然关系的最高境界，人们认为最有意义的活动就是探讨人与自然的关系，促进人与自然和谐相处是科技发展的终极目标，由此形成了中国传统科技文化独有的特点。而在西方国家，人们认为科学技术作用的对象是自然界，认识客体与认识主体是分离的，并认为这是科学技术存在的前提条件。西方文化中最早形成的系统的人与自然对立的思想，是古希腊人文主义者关于世界及人在世界中的角色的认识。不同的价值观念也表现在中国和西方对待科技文化的不同态度上，例如，在 15～17 世纪初，当西方的科技文化传入中国时，中国人往往不屑一顾；而当中国的科技文化传入西方时，西方人则表现出很乐意接受。这显然是对科技文化及其思想理念多样性的认识不足，而这种认识局限直接影响和制约了中国的科技文化发展。

其次，不同的思维方式。"传统思维决定了传统文化，"①不同的思维方式形成了不同的科技文化。思维方式是人们在长期的历史发展中形成的一种思维定势或思维惯性。在中国传统的思维方式中，直觉是人们最常用的，即强调思维的直觉性和意会性。在这种思维模式下，人们认识世界更多的是靠直觉和领悟去把握。这种思维方式表现在科学技术认识和实践中，"就基本模式及其方法而言，是经验综合型的整体辩证思维；就其基本程序和定式而言，则是意向性的直觉、意象思维和主体内向思维；两者的结合，体现了中国传统科学思维的基本面貌"②。正因为如此，中国科技文化具有了直觉性、整体性和模糊性等特点。而西方思维方式表现在科学技术认识和实践中，居于核心地位的则是逻辑分析传统，由此也铸就了西方科技文化具有的实证性、精确性和逻辑严密性等特点。

最后，不同的道路选择。在科技文化的发展过程中，中国与西方国家所走的道路是不同的。西方国家走的是一条科技自然主义的道路，而中国则走了一条科技伦理化的道路。张怡、瞿宝忠在《中西方传统科技文化的非线性比较》一文中，用非线性方法分析了中西方传统科技文化发展的不同轨迹。该文指出："中西方科技文化首先是人类统一科技文化的定态性质发生突然变化的结果，在突变过程中引发中西方科技文化各自发展的内禀随机性的生成条件不一样，对初始条件的敏感依赖性也不同，从而出现了适应性自稳和适应性重组两种不同的模式。"③从内禀随机性方面说，在西方的科技文化发展中，这种内禀随机性只有与希腊精神相吻合才能得到放大；而在中国的科技文化发展中，它只有与伦理文化相一致才能得以生

---

① 蒙培元：《中国传统思维方式的基本特征：中国思维偏向》，中国社会科学出版社 1991 年版，第 18 页。

② 张佳亮：《科技文化背景的多样性》，载《鞍山科技大学学报》2007 年第 6 期，第 627-630 页。

③ 张怡、瞿宝忠：《中西方传统科技文化的非线性比较》，载《自然辩证法研究》2003 年第 6 期，第 28-33 页。

成和发展。就科技文化初始条件的敏感依赖性而言，只有当科技认识被社会所认同，并且符合社会的主导文化时，科技文化才能得以发展。16世纪欧洲文艺复兴时期的科技文化就是这种情况。而就中国传统科技文化的发展而言，科技认识中的矛盾则对伦理问题具有敏感依赖性，其理论性的内容总是沿着伦理化的方向发展。

第二节　科技文化进化及其机制

科技文化作为一个不断演进的概念，就像文化随着时间的发展而不断发展一样，也一直稳定地沿着一些特定的明确的方向进化着。当我们把关注点从科技文化概念分析转移到科技文化的历史演进时，科技文化的特征、地位及价值等问题也就更加清晰地呈现了出来。

一、文化进化视角下的科技文化

所谓文化进化（cultural evolution），指的是人类普遍的文化模式内容的充实和发展，其过程具有持续性和累积性。达尔文进化论思想以自然选择为核心，第一次勾画出了生命由简单到复杂、由低级向高级发展的图式，对整个生物界的发生和发展做出了唯物的规律性的解释，为生命科学的研究奠定了科学的基础。进化论思想不仅仅是生物学领域的一场理论革命，它同样对文化研究产生了极其深远的影响。一些文化学家，诸如美国的摩尔根、英国的泰勒和德国的巴斯蒂安等，在达尔文生物进化论的影响下，积极主张用进化论的原理解释文化发展，从而形成了文化进化论。

在文化进化论者看来，人类文化是不断进化的，文化的进化也是由简单到复杂、由低级向高级发展的。爱德华·泰勒认为："文化的各种不同阶段，可以认为是发展或进化的不同阶段，而其中的每一阶段都是前一阶段的产物，并对将来的历史进程起着相当大的作用。"①历史地看，从泰勒的《原始文化》发表迄今 100 多年来，文化进化论的发展几经起伏。

牛津大学动物学家理查德·道金斯（Richard Dawkins）在探讨基因自我复制，以及相互竞争促进生物进化的基础上，首次提出了文化传递单位 meme（模因），旨在模仿生物传递单位 gene（基因）②，并以此为基本概念建立了一种基于达尔文进化论的观点解释文化进化规律的新理论——模因学（meme ties），或称模因论。这种新的文化进化论确证了文化作为人的本质的存在，把文化看作是对人的本质的表达。进一步分析，文化是人类的文化，文化与人类是统一的，人的进化决定了人类文化的进化。由此可以说，文化的进化是文化的内在特质，文化的进化既是文化发展的基石，也是文化得以展现其功能和特质的充要条件。

作为人类文化系统中的一种特殊形态和重要构成部分的科技文化，当然也是沿着一些特定的明确的方向进化的。李克特在其《科学是一种文化过程》一书中明确提出，科学技术作为文化过程的特征既是文化的，也是认识的和发展的③。哈贝马斯则进一步揭示了科技文化形成的过程，认为"科技文化的形成过程是追求具有审慎的和启蒙性的欧洲精神的形成过程，也是其欧洲精神追求的目标"④。

从文化进化的视角考察科技文化，科技文化作为文化的子系统，从它诞生的那一刻起"就秉承着不断进化的特质和禀赋，无论是其作为一种反应和表达人的本质存在的文化形态，还是作为映射科学技术的'意志'和'灵魂'的载体，科技文化都不是作为一种脱离'主体'而独立存在的文

① 爱德华·泰勒著，连树声译：《原始文化》，广西师范大学出版社 2005 年版，第 2 页。
② 参见王天华、杨宏：《模因论对社会文化进化的解释力》，载《哈尔滨工业大学学报》（社会科学版）2006 年第 6 期，第 128-130 页。
③ 李克特著，顾昕、张小兵译：《科学是一种文化过程》，生活·读书·新知三联书店 1989 年版，第 1-3 页。
④ 哈贝马斯著，李黎、郭官义译：《作为意识形态的技术与科学》，学林出版社 2002 年版，第 79 页。

化形态或载体，而是'依附'人和科学技术才能凸显其存在和自身价值与功能的文化。因此，科技文化不是一种形而上的、纯粹的、独立的没有'主体意志'的观念的东西，也不是实践和意志的简单组合产物。从雏形的潜在隐形的科技文化，到如今在科技界、哲学界尤其是科技哲学界大放异彩的科技文化，科技文化的这个发展进程，始终都没有离开过人类文化进化和科学技术发展进程这个大背景"①。

总之，从进化论的视角看，文化是一个过程，科技文化也是一个过程，是一个科学技术逐步趋近和凸显人的本质并不断趋近和符合人的需要的过程。不断进化的科技文化既是科学技术进步的动力所在，也是科学技术发展的生命力所在。

二、科技文化进化及其表现

一般认为，科技文化是一种以科学技术为载体的文化，它生成于科学技术实践活动，是对科学技术及其社会应用认知与反思的观念结晶。今天，科技文化正在广泛地渗透到人类生产生活的器物、制度和精神的各个方面，深刻而广泛地影响和改变着人类社会文明发展的进程②。从其结构层次来看，科技文化可以分为物质和器物层次的科技文化、制度和规范层次的科技文化，以及精神和观念层次的科技文化等三个层面。

物质和器物层次的科技文化体现在由科学技术进步所不断创造出来的一系列"人工自然"的物质成就中，它能直接被人们肉眼所见、接受和理解，与人类日常生产生活联系最密切。制度和规范层次的科技文化指的是科学技术在长期的历史发展过程中逐步形成的一套规范体系，它是一个包括伦理规范、法律规范、政策规范及组织规范在内的庞大系统。精神和观念层次的科技文化则集中地体现在科学技术发展及应用的精神世界与思想

① 邵继成：《科技文化进化的机理及向度诠释》，武汉理工大学硕士学位论文，2009年。
② 参见杨怀中：《科技文化与当代中国和谐社会建构》，中国社会科学出版社2008年版，第46-50页。

观念中，其中包括科技价值观念、科技知识体系、科学方法和科学精神及科技思维方式等，这些构成了科技文化的核心和精髓。

在科技文化的三个层面中，物质和器物层次的科技文化最明显，但却是浅表的；制度和规范层次的科技文化是基本的，但却是渐进的；而精神和观念层次的科技文化则是深层的，因而是最根本的。严格地讲，如同科技文化不完全等同于科学技术一样，科技文化进化也不完全等同于科学技术进化。因此，研究科技文化进化必须从科技文化构成体系出发。

科技文化是不断进化的，不断进化的科技文化的一个重要特征就是通过转移与扩散展开其文化谱系，于是，科技文化就具有了持续性和累积性特征。由此可以说，科技文化进化不同于生物学意义上的进化，也不单单是指科学技术的进化。因为，任何科学技术都有一个诞生、成长、成熟及衰退的过程，就一般规律而言，某些科学技术可能会因此而退出历史舞台，但科技文化却仍然在进化。那么，科技文化进化是何种意义上的进化呢？

第一，物质和器物层次的科技文化进化。物质和器物层次的科技文化进化是科技文化进化的前提和基石，其主要表现是新的科学技术的出现和原有科学技术的改进。在科学技术的历史发展进程中，"科学技术活动的成果，都是作为一种认识成果而出现的，都随着自然界矛盾的日益暴露和人类认识水平的提高而不断地发展。任何一种理论和技术手段都有自己发生、发展并为更高的新的理论和新技术手段所取代的历史"[1]。新的科学技术出现并淘汰旧的科学技术，是科学技术发展的必然规律。而原有科学技术的改进目的是使其更符合和满足人类的需要，因而也是科学技术发展的必然规律。值得注意的是，物质和器物层次的科技文化进化并非独立进行的，它往往与知识等系统的进化交互进行。

---

① 黎德杨、李怀忠主编：《科学技术的进化》，湖北教育出版社 1990 年版，第 18 页。

第二，制度和规范层次的科技文化进化。在科技文化进化的整个过程中，制度和规范层次的科技文化进化与物质和器物层次的科技文化进化并不是同时进行的，物质和器物层次的科技文化进化是先导，制度和规范层次的科技文化进化是载体。制度和规范层次的科技文化进化是科技文化进化及其价值和功能的直接表现，因而也是科技文化进化的重要环节。制度和规范层次的科技文化进化类似于自然界的进化，因而往往伴随着一种被选择和替代的竞争。这种竞争既表现为科学技术知识及产品的竞争，又表现为科学技术机制及体制的竞争，竞争导致的结果在自然界和人类社会中是同步的。

第三，精神和观念层次的科技文化进化。精神和观念层次的科技文化进化是科技文化进化的深层表现，因而比较而言，这方面的进化更为关键。在科技文化进化的整个过程中，精神和观念层次的科技文化进化，不断催生着新的科学技术知识、科学技术思想、科学技术理论及科学技术方法等，进而将其有机地融入科技文化的核心组成部分。由此可以说，精神和观念层次的科技文化进化是科技文化进化的最终目标，也是科技文化进化的真正意义之所在。

三、科技文化进化的向度分析

作为不断进化着的一种文化形态，科技文化在其进化、演进的历史和现实时空境遇中彰显了多元的进化向度。概括地说，科技文化进化的向度主要表现在科技文化的整体性演进、科技文化的个性化演进、科技文化的价值性演进，以及科技文化的认同性演进等方面。

（一）科技文化的整体性演进

科技文化的整体性演进是由科技文化的整体性决定的，主要表现为科技文化系统内部诸要素及其与外部环境之间的有机联系。正是由于这种整体性的演进，科技文化整合了其系统内外的各种要素，使它们通过碰撞、磨合、交融而走向整体化与系统化。

从科技文化的生成结构来看，它本身就是一个系统的整体的文化体系。这种整体性，首先表现在科技文化的物质和器物、制度和规范，以及精神和观念三个层次的有机统一。科技文化作为一个整体是由多种要素构成的。从理论上说，科技文化的构成要素可以被分析研究，但在实践中是很难分割的。这也从一个侧面告诉我们：科技文化在进化进程中，其生成结构是整体性地向前演进的。

就科技文化与外部环境的关系而言，科技文化的进化之所以沿着整体性前进，也在于科技文化系统的各个要素具有自我调节的能力和对外部环境的适应性。只有科技文化系统与外部环境之间保持着有机的联系，并形成一个统一的整体，科技文化的整体性演进才能得以实现，进而逐步达到最优化。

（二）科技文化的个性化演进

科技文化的个性化演进是科技文化进化的另外一个向度。这种个性化演进既源于科技文化自身的个性特质，又源于科技文化进化的外部环境和背景的差异。正是这种个性化演进，使得科技文化具有了不同于其他文化样式的独特的文化系统，具有了丰富多彩的时代特色、民族特色和地域特色。

科技文化的个性化演进首先源于科技文化自身的个性特征。与其他文化样式相比，科技文化拥有自己的自主性、个性化的概念框架。这种自主性、个性化的概念框架是由科技文化的生成结构的复杂性和有序性决定的。科技文化的个性特质，使它能够与其他文化形式相区别，并以其自身的能量、方式来理解和解释经验世界，从而发挥独特的社会预见功能和社会动力作用。

　　科技文化的个性化演进也源于科技文化进化的外部环境和背景的差异性。如前所述，任何科技文化的生成和发展都有一定的文化背景，都根植于一定的文化土壤。有学者分析说："中国古代的科技文化孕育于中国的传统文化，在发展中形成了具有独特风格的实用科学，但受传统文化的制约，中国现代科技文化在发展中，类似西方的那种转型却是举步维艰的，它是伴随着近现代西方科技的引入而逐渐发展起来的，直到 20 世纪初，才形成了自己发展的基础。"① 与之不同的是，西方人崇尚理性思维，从古希腊到古罗马时代，其共同特点就是各种不同哲学学派均属于自然哲学领域，正是这种对自然界探索与追求的思想萌发，孕育了西方科技文化的显著特质。

（三）科技文化的价值性演进

　　科技文化的价值性演进也是科技文化进化的重要向度之一。这里所说的价值性演进，指的是科技文化价值方面的演进，演进的方向是科技文化价值的增量和增值，即朝着价值增量和增值方向的演进。科学技术是负载价值的，生成于科学技术实践活动的科技文化当然也是负载价值的，科技文化进化在某种程度上也表现为科技文化价值增量和增值的过程。

　　科技文化从其形成之初就负载着多重价值，科技文化的价值是科技文化中真理的含量，是从质和量的统一上对具体真理的度量。科技文化的价值就体现在它关于科学技术实践活动理想、信念、精神、规范等的形成及社会作用上，也体现在它促进科学技术发展与社会进步，以及人类与自然和谐发展的过程中。在不断发展进化的过程中，科技文化总是伴随着其价值在原有的质与量上向新的质与量的不断转变。从一定程度上说，科技文化的价值性演进对科技文化进化的驱动力更具有决定性意义，它是科技文化进化的调节器，调整着科技文化进化的方向和力度，决定着科技文化进

---

　　① 潘建红：《中西科技文化比较观》，载《求索》2007 年第 7 期，第 121-123 页。

化的趋势和进程。

科技文化的价值性演进是科技文化自身所具有的功能、作用和目标的必然要求，它不仅是科技文化进化的动力和根源，也是科技文化价值生成和实现的必然途径。在科技文化的价值性演进过程中，科技文化不断扩充着自身价值的质与量，也不断丰富和发展着自己新的属性与功能，从而推动着科技文化向着更高的境界进化。

（四）科技文化的认同性演进

文化是多元的，也是各种各样的，但没有一种文化能够塑造具有普遍性的人。人是一种文化存在，人的文化存在必然是一种特殊存在，但这没有也不可能穷尽存在的内涵。因此，文化只是一种存在方式，文化对世界的解释和规范也只是一个视角。基于此，世界上任何一种文化的发展和传播，都必须得到社会的认同，认同的过程也就是文化不断演进的过程。

科技文化作为文化大家族中的一支重要力量，它必须把自己融入社会文化之中，得到社会大众的认同。科技文化的认同性演进，表现为一种整合的过程。其中，既表现为功能性整合，即合理分配资源，保证科学技术运行遵循客观经济规律和社会发展的要求；也表现为制度性整合，即运用各种政策、法规等对各种社会关系进行条理化和合法化梳理，把科学技术的发展和应用纳入统一管理与控制的轨道。这种整合是一种认同性整合，即通过社会认同化的过程为社会广为接受和一致认同。为了促进自身的发展和功能的发挥，科技文化必须进行认同性整合。只有通过认同性整合，不断提升自己的思想性整合和价值性整合的功能，才能使人们在社会的互动过程中达到认识上的一致，使社会公众真正理解和接受科技文化的理念和规范。

总之，科技文化要发展，就必须融入社会文化，而要融入社会文化就必须得到社会大众的认同。笔者曾指出："在我国，虽然科技文化已经渗透到人们日常生活的每一个角落，但并不一定为人们所'真知'，科技文化在我国社会主义现代化建设中并没有发挥出应有的重要作用。原因当然是多方面的，其中很重要的一点就是科技文化在我国尚未成为大众的文化，科技文化的理念尚未深入人心，尚未植根于我们的民族文化之中。"[①]因此，我们必须提高思想认识，站在文化强国战略的高度上，切实把握科技文化在我国文化发展中的重要地位和作用，不断增强全社会对科技文化的认同感，努力让科技文化的理念深深植根于广大民众的心中。

四、科技文化进化的一般机制

科技文化作为文化的子系统，与文化进化一样，秉承着不断进化的特质和禀赋。科技文化进化是一个科学技术逐步趋近和凸显人的本质、不断趋近和符合人的需要并内化为科学技术活动的行为准则的历史过程。科技文化进化的一般机制就表现在科技文化进化的自组织作用原理、科技文化进化的社会动力系统，以及科技文化进化的保障体系等几个方面。

（一）科技文化进化的自组织作用原理

自组织理论（self-organizing theory）是 20 世纪 60 年代末期建立并发展起来的一种系统理论。作为一种系统理论，自组织理论主要研究复杂自组织系统（如生命系统、社会系统）的形成和发展机制问题。自组织理论由三个部分组成，即耗散结构理论（dissipative structure）、协同学（synergertios）和突变论（calastrophe theory）。自组织理论的基本观点是：系统通过相互作用的内部机制，能够自动地由无序走向有序、由低级有序走向高级有序。

系统理论认为，所谓组织，指的是系统内有序结构或这种有序结构的形成过程。这个过程就其进化形式而言，一般可以分为他组织和自组织两

---

① 杨怀中：《科技文化软实力及其实现路径》，载《自然辩证法研究》2011 年第 7 期，第 118-121 页。

种形式。对于一个系统来说，如果它是靠外部指令形成有序结构的，就称为他组织；倘若它是按照相互默契的某种规则而自动地形成有序结构的，则称为自组织。自组织理论认为，自组织是自然界和人类社会普遍存在的一种现象。一般来说，无论自然界还是人类社会，一个系统的自组织功能越强，与之相应，该系统所具有的保持和产生新功能的能力就越强。

自组织理论为研究科技文化的进化机理提供了学理上的支撑。科技文化作为一种自组织系统，所包含的物质和器物层次、制度和规范层次、精神和观念层次通过系统内外各要素的相互依赖、相互渗透、相互作用，从而共同创造出科技文化进化的内在动力——科技文化进化的"自创生"和"自催化"。这种"自创生"和"自催化"是密切地联系在一起的，彼此相辅相成，相互作用，共同统一在复杂的科技文化系统中。科技文化作为一个开放的系统，当然也有其自身的运行机制，可以通过自组织实现其健康、协调、有序的发展。

首先，相对独立、开放是科技文化进化的重要前提。科技文化进化要正常运行，就必须具有独立性、开放性的特征，相对独立、开放是科技文化进化的重要前提。所谓相对独立，指的是科技文化系统各个要素相互联系，但不是一方决定另一方，而是彼此既保持一定程度上的相对性，同时又保持必要的张力。所谓开放系统，是指与外界环境有物质、能量和信息交换的系统。开放系统是保持有序性的前提条件。

其次，内部因素的非平衡性、非线性是科技文化进化的必要条件。一般来说，系统在平衡态或近平衡态是不会出现有序结构的。系统只有远离平衡时，才可能从无序走向有序，进而形成有序结构，而维持有序结构的前提条件则是不断地与外界进行物质和能量的交换。这就是说，处于非平衡状态是系统良性运行的必要条件。科技文化系统当然也不例外，只有当科技文化系统处于非平衡状态时才能良性运行。进一步分析，非线性也是科技文化进化的必要条件。这里说的非线性，指的是系统内部各个要素之间的相互作用不遵循简单线性关系，其鲜明特征就是它的非独立的相干性、时空中的非均匀性，以及多体间的不对称性等特性。对于科技文化系统来说也是如此。通常情况下，只有在非线性相互作用下，科技文化系统内部各个要素之间才会产生相干效应，从而促使科技文化系统从无序走向有序，进而形成自己的有序结构。

最后，涨落、正反馈、突变是科技文化进化的必经阶段。作为一个系统，科技文化系统同样具有动态性，科技文化进化就是在动态中得以体现的，科技文化系统动态控制和调节的重要特征是信息的连续性和有目的的方向性，具体表现为有序态──→ 涨落──→ 正反馈──→ 突变──→ 新有序态这样几个阶段。涨落是系统产生有序结构的必要条件和直接诱因。在科技文化进化过程中，如果系统内部各要素是非线性相互作用的，且具有开放性、远离平衡态，则这种涨落就有可能导致系统失稳，从而为新的高级有序结构的建立提供可能性。正反馈是系统涨落发生作用的重要机制，也是系统走向更加有序的必要条件，因而成为科技文化进化的一个重要阶段，它的突出作用就是使系统的变化加速、加剧和放大。在系统运行过程中，涨落通过正反馈得以放大，这种放大了的涨落产生质变，即越过产生新的有序结构的临界点，推动系统向着产生新的有序结构的方向发展。这种越过临界点的变化称为突变。

（二）科技文化进化的动力系统

如果说科技文化进化的自组织作用过程表现为一种内在动力的话，那么，社会需要的导引和科学技术进步的能量推动则表现为一种社会动力系统。

1. 社会需要的导引

科技文化是人类文化生态系统中的子系统，是人类文化的亚文化形态，因此，"科技文化进化是人类文化进化中的'亚物种进化'。因而，考察科技文化的发展，必须考察它与社会各种因素之间的关系"①。影响科技文化进化的因素是各种各样的，在各种各样的影响因素中社会需要无疑是最重要的。

需要是人的活动的动力源泉，人类任何活动都是由需要导引的，没有需要，人的活动就无从谈起。所谓社会需要，指的是以整个社会为单位而提出的需要，它的最大特点就是整体性。科技文化活动作为一种文化活动，是人类特有的社会活动，当然也是在这种社会需要的推动下发展的。只有满足了社会需要，科技文化活动才能充满生机和活力。

就整个社会而言，科技文化进化的根本动力来自社会需要，社会需要引导着科技文化进化的方向。从具体的科技文化活动来看，人们从事什么样的科技文化活动在很大程度上也是由社会需要决定的。也就是说，人们总是为了满足一定的社会需要才去从事某种科技文化活动，也只有当这种科技文化活动满足了社会需要才能得到社会的支持和鼓励，因而才能持续推进。恩格斯曾经指出："社会一旦有了技术上的需要，则这种需要就会比十所大学更能把科学推向前进。"②事实正是如此，人的需要是多种多样的，也是不断发展的，不断发展的需要推动着科学技术的不断发展和创新，从而推动着科技文化的不断演进。

2. 科学技术进步的能量推动

科技文化是生成于科学技术实践活动的文化，科学技术的不断革新、发展和进步无疑也是科技文化进化过程中的决定因素。因此，以科学技术进步为切入点来考察科技文化进化，也就是从科学技术在革新、发展和进步及如何发挥作用的过程中能量③的传递和积累来考察科技文化进化。

---

① 高建明、陈曼：《论科技文化发展机制》，载《武汉理工大学学报》（社会科学版）2011年第6期，第916-921页。
② 中共中央马克思恩格斯列宁斯大林著作编译局编译：《马克思恩格斯选集》第4卷，人民出版社1995年版，第505页。
③ 这里所说的"能量"不是纯粹的物理学上的概念，而是一个科学技术社会学意义上的概念，即能够被综合利用的推动科学技术革新、发展和进步的各种无形的、有形的资源的综合。

在人类历史上，科学技术的革新、发展和进步，诸如新的生存技巧或技能的产生、新工具的创造和应用等，都会导致科技文化的演变。可以这样说，科学技术一旦为人所利用，就把科学技术进步的能量向科学技术制度、组织及人的观念等层次传递和积累。作为反映人的本质的科技文化，也必然在科学技术能量的传递和积累的过程中发生进化与变迁。例如，在几次工业革命的历史进程中，科学技术就以其强大的力量推动着新的科学技术组织与制度的诞生、新的科学技术知识与观念的涌现、新的科学技术规范和科学精神的普及等，从而建构起与科学技术能量相适应的新的科技文化。

总之，科学技术进步的能量对科技文化进化的推动作用，集中反映在科学技术的革新、发展和进步对科技文化的观念、制度、组织及行为规范等层次的更新上。历史上，每一次科学技术革命的兴起都引起了人类对审美标准、价值标准、伦理标准的重新审视和对科学精神、科学技术共同体文化的重新认同。正是这种科学技术革新、发展和进步不断传递给科技文化以新能量，使科技文化自身负荷的能量不断增加，甚至发生能量转换，才使科技文化不断进化、不断更新、不断发展。

（三）科技文化进化的保障体系

科技文化进化需要多种社会因素的合力作用，也需要完善的保障体系的支撑。从科技文化系统正常运行的角度说，其保障体系至少包括人才保障、投入保障及制度保障等几个方面。

第一，人才保障。人才是科技文化发展中起决定作用的因素，因为一切创新、发明、科技成果都来源于人才的努力。科学技术是第一生产力，科技人才是第一资源，优化配置这一资源，把科技人才的创新能力转化为创新成果、把创新成果转化为核心竞争力是科技文化发展的关键。适应科技文化进化的要求，充分发挥科技人才在科学技术发展和应用中的作用，就要有健全的人才资源管理和开发体系，以及能够提高创新能力和创新效率的运行机制，最大限度地激发科技人才的创新激情和活力。有了这样一个体系和机制，科学技术进步和科技文化发展就有了源头活水。

第二，投入保障。历史的经验证明，科技文化的发展需要一定的人力、物力、财力投入的支撑。当今时代，科学技术日益成为一项耗资巨大的事业，没有强大的人力、物力、财力的投入，科学技术的革新、发展和进步是不可想象的。因此，当今世界，各个国家都把科技投入作为重要的战略性投资，逐步建立并不断完善具有本土特色的多元化科技投入体系。

第三，制度保障。科技文化的发展不仅取决于社会需要和科学技术进步的能量推动，从保障机制的角度说，也取决于制度对科技文化的接纳和支持。所谓制度保障，包括科技法律法规、科技体制和科技政策等方面的保障。科技法律即国家对科学技术活动所产生的各种社会关系进行调整的法律规范。通过法律来引导、协调、保障和促进科学技术进步和科技文化发展，是当今世界科技发达国家的基本共识。科技体制表征的是科技系统各构成要素相互关系的动态模式，包括科学技术活动的组织方式、制度安排、组织体系和运行机制等。科技政策是国家为实现一定历史时期的科学技术任务而规定的基本行动准则，科技政策正确与否，直接决定着科学技术本身的进步，因而也决定着科技文化的发展。其中，法律是最具权威的制度保障，它规定着国家发展科学技术事业的基本方针和基本政策，也规定着推进科学技术进步和科技文化发展的主要制度，对科技文化发展有着巨大的推动和促进作用。

第三节　科技文化的现代蕴涵

一般认为，科技文化包括科学文化与技术文化，但不是科学文化与技术文化的简单相加，如同科学技术不是科学与技术的简单相加一样，它以科学技术为对象，是关于科学技术的文化。作为一种在科学技术实践活动中积淀而成的独具特色的文化形态，科技文化的现代蕴涵主要包括科学技术价值观念与思维方式、科学技术政策法规与管理体制、科学技术社会建制与支持体系、科学技术知识体系及其社会应用，以及科学技术传播及其运行机制等多个方面。

一、科学技术价值观念与思维方式

当今时代，科学技术具有了更深刻的内在本质，其价值也发生了深刻的变化，这种变化必然反映在科技文化的深层结构中。因此，科技文化的现代蕴涵首先表现在科学技术的价值观念与思维方式上，即要求我们必须树立正确的科学技术价值观，坚持科学的科学技术思维方式。

（一）科学技术价值观念

价值观念的变化既是社会变革的前提，又是社会变革的必然结果。价值观念是指人们"在某种世界观的基础上对各种事物、行为以及可能做出的选择等进行评价的标准和据此采取的某种行为的态度及倾向"①。价值观念是现实生活中经常使用的一个概念，那些维系人类社会运行的各种规范，都是特定的价值观念的具体体现。作为一种主观意识，价值观是由价值观念发展而来的，是价值观念的高级形式。一般来说，人们在对某种事物或行为进行选择时，他的价值观念一开始可能是零碎的、不完整的，然后才逐步走向理论性、系统化，此时他就形成了自己的价值观。所谓科学技术价值观，就是"人们对科学技术的评价标准和价值取向的基本看法，是科学技术客体对社会主体的效应和功能，是人们对科技地位作用和社会

---

① 中国大百科全书总编辑委员会：《中国大百科全书》第4卷，中国大百科全书出版社2004年版，第2572页。

功能的根本观点，是科学技术同人类社会的价值关系的观念系统"①。

马克思、恩格斯认为，科学技术价值观是社会历史观、价值观和科技观的统一。马克思主义科技价值观是马克思、恩格斯用唯物辩证法概括和总结当时的科学技术发展及其给社会带来的深刻变革而创立的，因而它是科学的科技价值观。马克思主义科技价值观强调正确认识科学技术的地位和作用，认为科学技术的价值就在于：科学技术不仅是生产力，而且是第一生产力。进入 21 世纪以来，科学技术的价值发生了深刻的变化。在这种背景下，人类的科学技术实践活动必须在正确的价值观指导下进行，坚持用明确的道德律令来约束自己的科学技术活动，这样才能确保科学技术持续健康地发展。

中西方科技文化的不同，也深刻地表现在科学技术价值观的不同。当今时代，科学技术在生产力中的地位和作用越来越重要。邓小平及时把握科学技术发展的新形势，以及现代科学技术对经济社会发展的巨大价值和作用，明确提出了"科学技术是第一生产力"的科学论断，创造性地发展了马克思"生产力包括科学""科学是生产力"的科技思想，成为我国发展科学技术最重要的价值选择。为此，我们必须站在科教兴国战略和创新驱动发展战略的高度，充分认识科学技术的价值和作用，切实把科学技术发展和进步放在我国经济建设的重要战略地位。

（二）科学技术思维方式

作为一种动态性的思维结构，思维方式是在科学技术实践的基础上形成和发展起来的，反过来又影响着科学技术的发展和进步，尤其是科学技术活动中特有的思维方式，往往会间接地、变通地、灵活地适应和引导科学技术，使思维方式与科学技术之间达到一种和谐状态。人类社会发展的历史表明，科学技术与思维方式之间有着内在的、必然的联系，科学技术

---

① 姜晓秋：《论马克思主义科技价值观》，载《社会科学辑刊》2005 年第 4 期，第32-36 页。

的发展必然带来思维方式的变革和创新，而思维方式的变革和创新又必然推动科学技术的发展和进步。

回望科学技术发展的历史，古代中国科学技术与西方科学技术之所以有不同的发展道路，其中一个很重要的原因就是思维方式的不同。高建明、孙兆刚认为："中国传统的科学思维方式以注解、考据为主要思维形式，同时也包含一些在现代科学思维方式仍占有重要地位、对现代科学发展仍有重要影响的一些思维方法。如整体辩证思维、直觉思维和类比思维等。"①正是这样的思维方式，铸就了中国传统科技文化的特色和秉性。

众所周知，西方传统科技思维方式是一种以形式逻辑为主要推导方法的思维方式。这种思维方式开始于苏格拉底，成熟于亚里士多德，直到近代实验科学诞生，始终占据着主导地位，起着决定性作用。在此基础上形成的近代西方实验科学思维方式，则孕育出整个现代实验科学的思想方法体系。

应该说，中国和西方的科技思维方式各有特色，对各自科学技术的发展也都产生过重要影响，发挥过重要作用。但相比之下，特别是与西方近代实验科学思维方式相比，中国传统科技思维方式具有明显的不足。令人欣慰的是，在不断地学习和吸收过程中，中国逐渐建构起与现代科学技术发展相适应的现代科技思维方式，并形成了自己的特色。

二、科学技术政策法规与管理体制

随着科学技术的发展和社会的进步，科技政策法规和管理体制已经成为一种制度事实，制度干预对科学技术发展及社会应用越来越重要。正是基于这样的事实，世界各国都把健全、完善科技政策法规和管理体制作为科技文化建设的重要环节，充分发挥科技政策法规和管理体制引导科学技

---

① 高建明、孙兆刚：《型塑与创新：中国特色科技文化的建构》，湖北人民出版社 2013 年版，第9 页。

术发展及社会应用、协调科技与经济社会共同发展的决定和保证作用。

（一）科学技术政策法规

科学技术政策法规是国家在一定历史时期的总目标下，为确定科学技术发展方向，完成科学技术任务，进而推动经济社会发展，而制定的激励、引导和规范科学技术发展的基本原则、主要措施及法律规则等。

一般说来，科学技术政策法规的制定者是国家，体现的是国家的意志和目标，其功能是对科学技术活动从整体上进行引导、干预和控制，调整科技资源，激励科技活动，开发科技人才。如今，科学技术政策法规的作用越来越重要，正在成为一个国家发展和利用科学技术促进经济社会发展的重要保障，因而成为政府有效的管理措施和公共政策的重要组成部分。

当今世界，科学技术发展的现实和趋势要求加快科技政策法规体系建设，科学技术实践活动需要完整、科学的政策法规体系来指导，科技事业发展和经济建设都需要创造一个良好的政策及法制环境。

不可否认，改革开放以来，我国科学技术政策法规运行情况良好，先后出台了一大批科技法律、法规和条例，基本上形成了科学研究、技术市场、科技成果保护、科技成果转化、科技成果奖励、国际交流与合作等科学技术政策法规体系。但总的来说，仍然存在着科学技术法律法规不健全的现象，还不能适应科学技术飞速发展的需要。因此，科学技术政策法规体系建设任重道远。

与此同时，我国还要进一步加强科学技术政策法规运行的监督，健全科学技术政策法规运行中的监督机制，努力把各种形式的监督有机地结合起来、统一起来，形成合力，使之共同作用于科学技术政策法规的健康运行。

（二）科学技术管理体制

所谓科学技术管理体制，指的是科学技术活动的组织结构、管理体系及制度安排的总称。科学技术管理体制是否合理关系到科学技术工作的全局，关系到科技文化的健康运行。

科学技术管理是一个包含了科技能力的规划、发展和执行，并据此对整个社会科学技术活动进行有效调节与控制的活动。科技管理的过程与贯彻科技政策法规、发挥科研潜力、实现科技规划等方面都具有重要关系。对于一个国家和政府来说，科技管理的目的在于鼓励科技创新，促进科学技术持续健康地发展，使科学技术最大限度地造福人类。从一定意义上说，一个国家的科学技术管理体制是否健全，直接决定着这个国家的科学技术发展水平。

在我们国家，科学技术管理体制的基本结构经历了一个不断发展、革新和完善的过程，从运行情况看，成效显著，但问题也不少。正如有学者所说："从 1949 年 11 月中国科学院成立起，中国政府就开始探索和建立新的科技管理体制，经历过数次机构的变迁与领导职责的转移，在 1958 年形成了以科学技术委员会为领导核心的新型科技管理体制。这一体制是根据我国科技发展的现实情况逐步探索和建立起来的，对于促进科技事业的快速发展起到了十分重要的作用，但同时也存在着一些问题和不足。直到现在，这种管理模式依然是我国现行科技体制的主要内容。"[1]关于这个问题，学术界多有研究，仁者见仁，智者见智。

改革开放以来，我国科技管理体制的改革也逐渐提上了日程，改革的重点是如何促进科学技术与经济的结合，充分发挥科学技术的第一生产力功能，加速科学技术成果向现实生产力的转化。应该说，我国的科技管理体制发展到今天，成就巨大，有目共睹。但不容否认的是，在我国的科技管理体制中仍有许多深层次的问题需要解决。例如，顶层体制设计有待优化、科技管理难以满足市场需求、科技投入及其使用效率有待提高等。对

---

① 钱斌：《新中国科技管理体制的形成》，载《当代中国史研究》2010 年第 3 期，第 44-51 页。

此，我们必须有一个清醒的认识。

在综合国力竞争日趋激烈的当今世界，竞争的成败越来越取决于科技竞争的实力，因此，各个国家都在努力构建自己的国家科技创新体系，以不断提升自己的竞争力。科技管理体制作为国家科技创新体系的基础和保证，对于促进我国科学技术的发展和进步、提高国家核心竞争力起着决定性的作用。因此，进一步改革和创新科技管理体制，就成为摆在我们面前亟待解决的重大理论与现实问题。一个符合中国国情、适合社会主义市场经济体制要求的科技管理体制的建立和不断完善，是确保我国科学技术持续健康发展的必然基础。

三、科学技术社会建制与支持体系

科学技术的社会建制与支持体系也是科技文化的主要蕴涵。从一定意义上说，科技文化是一种伴随着科学技术建制化发展和支持体系不断完善而发展起来的，直至今天成为社会所接受的文化形态。由此可以说，科学技术的建制化发展和支持体系也是科技文化现代蕴涵的重要构成。

（一）科学技术社会建制

科学技术社会建制作为现代科学技术的重要社会形态，逻辑地蕴含于科技文化之中。这是因为，科学技术社会建制化不可逆转、是大势所趋，它不仅是科学技术发展和应用制度化的必然结果，也是科学技术持续健康发展的组织条件和制度保证。科技文化伴随着科学技术的建制化发展而逐步形成和发展，又反过来强化了科学技术社会建制的合理性。

所谓社会建制（social institution），指的是"围绕着一个或一组价值而发展的实践和社会角色的组织体系，及旨在调整实践和管理规划的机构"①。人类文化的发展离不开一定的社会建制的支撑，科技文化生成和

---

① 亚历克斯·英克尔斯著，陈观胜、李培珠译：《社会学是什么》，中国社会科学出版社 1981 年版，第 99 页。

发展也是这样，更进一步说，科学技术社会建制本身就是科技文化的重要构成。作为现代科学技术发展的内在要求和显著特点，科学技术社会建制化的核心要义，"就是科学技术被确立为一种社会体制的过程，是科学技术成为一个相对独立的社会部门和职业部门，成为一个国家或团体内的特定的编制、系统或体制，乃至成为一个国家或社会的重要事业的过程，是科学技术成为一种重要的，与政治、经济、教育等相类似的社会力量的过程"①。在科学技术活动逐步演化成一种社会体制的过程中，科学技术的社会建制化显现出生成的地域性与转移的无疆域性、价值的独特性、影响的扩散性等基本特征。

科技文化的生成和发展与科学技术的建制化过程是同步的。离开了科学技术的建制化，科技文化的生成和发展就失去了社会化的、组织化的制度依托。在我国，科学技术建制从无到有、从小到大、从零散到规范，一步一步走向成熟。在这个过程中，中国特色科技文化也随之迅速发展起来。中国特色科技文化的发展不仅对当代中国的文化发展产生了深刻影响，改变了当代中国文化的基本结构；同时，也极大地强化了科学技术建制化在中国的合理性，促进了当代中国科学技术的建制化发展。

（二）科学技术支持体系

科学技术支持体系是一个由科技投入、科技活动和科技产出组成的有机系统。对于一个国家来说，有学者认为："科技能力强弱与科技资源投入数量和科技活动主体运行效率密切相关。一般而言，科技资源投入数量越大，科技活动主体运行效率越高，科技能力越强；因此，增强科技能力，既需要加大科技资源投入，又需要优化科技活动主体运行效率，更需

---

① 杨维：《浅析科学技术社会建制化的涵义与特征》，载《辽宁行政学院学报》2011 年第 6 期，第 165-173 页。

要外界力量的有力支持，即加强科技支持体系建设。"①

在科技文化视域中，科学技术支持体系主要包括科学技术活动的组织构成及其相互联系，它所体现的是科学技术支持主体支持科学技术活动主体的各种行为的集合。一般说来，科学技术活动主体主要包括企业、高校和科研院所等，而科学技术支持主体则主要包括政府、市场、中介组织等。辩证地看，科学技术活动的实施和推进主要由科学技术活动主体来完成，但科学技术活动的实施和推进又离不开科学技术支持主体的支持与保障作用。

在科学技术活动中，政府、市场、中介组织是作为支持主体而存在的，其中，政府的作用最为重要。政府的作用主要是通过投入和配置科技资源、提供政策环境和基础设施等来实现的，主要包括引导、激励、协调和管理等方面。市场体制作为促进科学技术发展的一种有效模式，主要是发挥资源配置的基础性作用。而中介组织作为联系科学技术活动主体与科学技术要素市场的桥梁和纽带，作为市场经济体制下推动知识和技术转移、扩散的重要渠道，其作用主要是充分利用专业知识和专门技能、通过资源整合为科学技术活动主体提供服务。

当今世界，科技创新及其产业化发展对经济发展至关重要，只有建立在科技创新基础上的经济发展才可能具有长久的可持续性。这也是发达国家经济发展的成功经验。鉴于此，中国要维持经济持续健康发展的良好态势，就必须从战略高度重视科学技术的发展和进步，努力提高科技创新能力，形成强大的竞争优势。很显然，这一切都离不开健全的科学技术支持体系。

四、科学技术知识体系及其社会应用

科学技术知识是科学技术理论和实践的系统总结，科学技术知识体系

---

① 刘希宋、于雪霞：《基于政府、市场、中介的科技支持体系构建》，载《哈尔滨商业大学学报》（社会科学版）2006 年第 2 期，第 91-93 页。

及其社会应用是科技文化的重要构成。众所周知，知识的价值体现在知识对自然和人类社会的认识、改造和创造的伟大实践中，不付诸实践，没有应用的过程，知识就只能仅仅是知识而已。潘蒂·西丹曼拉卡指出："知识本身并不重要，它必须在应用中实现其自身的价值。知识可以是借来的，可以是新的，也可以是旧的，它的来源并不重要，真正重要的是：知识能够容易地被获取并能够被应用。"①创造科学技术知识，建构科学技术知识体系，目的在于应用，在于认识世界和改变世界。在人类社会的发展历史中，每一次科学技术新知识的获得，都增强了人类认识世界和改造世界的能力；而科学技术知识的广泛应用，则有力地推动了人类社会的发展和进步。今天，人类应用科学技术已经达到有史以来空前广泛而深入的程度。

当今时代，科学技术飞速发展，其基本态势是学科划分越来越细，综合学科、交叉学科、横断学科不断涌现，从而形成了一个门类繁多、纵横交错、互相渗透、彼此联系的庞大的科学技术知识体系。笔者认为："科学技术作为一种知识体系，其理论形成和发展并不是知识量的简单积累和堆砌，而是按照一定的格局组织起来的有特定结构的知识系统。"②我国著名科学家钱学森经过全局考察，把科学技术知识体系概括为哲学、基础科学、技术科学和工程技术四个层次的有机组合，如图3-1所示。

第一层次：哲学。它对各类科学具有世界观和方法论的指导意义，由此可以说，哲学是最高层次的科学。

第二层次：基础科学。它与哲学之间都有一门桥梁科学相联系，如自然科学以自然辩证法（科学技术哲学）作为桥梁而与哲学相联系，社会科学则以历史辩证法（历史唯物主义）为桥梁而与哲学相联系。

---

① 潘蒂·西丹曼拉卡著，艾菲、孟立慧译：《智慧型组织：绩效、能力、知识一体化管理》，上海交通大学出版社2003年版，第142页。

② 杨怀中：《科技伦理学》（修订本），武汉工业大学出版社1991年版，第325页。

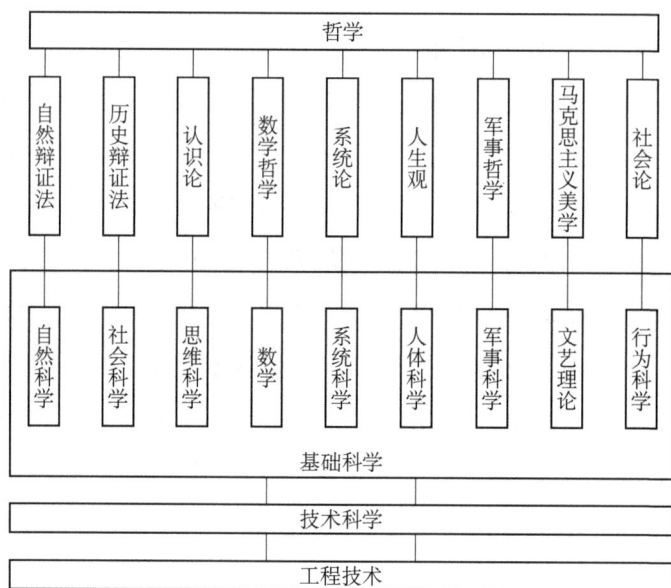

图 3-1 科学技术知识体系总体框架

第三层次：技术科学。它以基础科学为指导，着重研究应用技术的基础科学理论，从而把基础科学同工程技术联系起来，具有中介性和应用性两个显著特征。技术科学包括农业科学、计算机科学、工程力学、空间科学等。

第四层次：工程技术。它是综合应用基础科学、技术科学的理论成果，直接改造客观世界的一大批具体技术，是生产力的直接体现者。工程技术包括农业技术、交通技术、通信技术、航天技术等。

值得注意的是，科学技术作为一种知识体系，其理论形成和发展并不是知识量的简单积累和堆砌，而是按照一定的格局组织起来的有特定结构的知识体系。

今天，人类社会已经进入一个崭新的时代，这个时代的最大特点就是科学技术主导全球竞争。在这个时代，科学技术特别是高新科学技术已经成为改变世界、开创未来的决定性力量。科学技术知识的增长突飞猛进，科学技术知识广泛应用的结果是当今时代物质的极大丰富，从而为我们建设现代化奠定了雄厚的物质基础。

五、科学技术传播及其运行机制

所谓科学技术传播（the transmission of science and technology），即科学技术信息的沟通、交流和分享的过程或行为。从一定意义上说，科学技术的力量也在于传播，科学技术能不能被传播、传播的结果怎么样，直接关系到科学技术力量的发挥、关系到科学技术社会价值的彰显，而科学技术社会价值本身就是一种重要的科技文化内涵。从这个意义上说，科学技术传播的实质就是科技文化的传播，科学技术传播及其运行机制因而成为科技文化的重要组成部分。

科学技术不仅是生产力的重要因素，而且本身就是一种生产力，并且是第一生产力。但它只有被广大群众所掌握、所拥有，才能发挥其应有的功能。众所周知，科学技术总是最先被少数的科学家、技术专家和科技工作者所掌握，它要进一步发展，就必须靠全社会的力量；要充分发挥自己的功能，同样必须借助于社会的力量。而要达到这个目的，就必须通过科学技术传播，变科学技术由少数人掌握为多数人掌握。从科学技术自身发展的角度来说，科学技术传播与科学技术创新同样重要。

科学技术是人为的，是为解决某个问题或某些方面的问题而产生的，它只有变成现实的武器，才能实现解决问题的目的。今天，科学技术传播正在以其巨大的力量进入人们生产、生活的各个方面，推动着人类文化和经济社会的进步及发展。不仅如此，随着科学技术生产力作用的日益彰显，科学技术传播的功能和价值也日益突出，科学技术传播的速度与质量已经成为一个民族知识拥有及其社会运用的基础性环节。科学技术的传播主体是政府、科学家和科技工作者等。

政府必须担当起科学技术传播的重任，采取切实措施，努力"建立政府投资为主、市场调节为辅的科学技术传播体制，尽可能地实现社会全覆盖。对涉及国家前瞻性战略、惠及民生的科学技术，政府购买，并以尽可能大的覆盖范围和受众为目的，进行持续和高频次的传播；对其他的科学技术，政府应引导和鼓励企业，以市场导向为主，以市场化的手段运作，进行有效传播"[①]。但就目前的情况来看，我国科学技术传播事业的管理体制与运行机制有待进一步完善，科学技术传播社会化工作格局需要进一步推进，有关部门在制定出台科学技术传播政策时，要注意更多地利用政策手段激励和调动社会力量开展科学技术传播工作的积极性。

第四节　科技文化的必然走向：生态科技文化

科技文化生成于科学技术实践，而科学技术是不断发展的，科技文化也必将随着科学技术的发展而发展。如今，科学技术发展正在走向生态化，伴随着科学技术生态化转向和生态文化观念转变，生态科技文化逐步成为当今时代科技文化发展的新阶段。

一、何谓生态科技文化

在近年来的科技文化研究中，关于生态科技文化研究也有不少成果。概括地说，关于生态科技文化的理解，大致有两个方面，即生态科技的文化和生态的科技文化。本书所理解的生态科技文化，主要是指适应经济发展方式转变要求、以生态科学技术实践为载体、以生态文明为归依的科技文化。生态科技文化作为科技时代文化发展的一种特殊样式，既是生态文化的重要组成部分，也是科技文化发展的新阶段。

---

① 张建胜：《科学技术传播的社会学研究视角》，载《科技传播》2014年第1期（下），第245-246页。

（一）文化的特殊样式：生态文化与科技文化

文化是人类思想史上一个最富诱惑性的概念，从不同的历史语境、话语系统、认知模式出发，对文化的理解也就不一样。文化是不断进化的，生态文化与科技文化都是人类文化发展的新样式。

文化总是人的文化，人的文化与自然、生态有着不可分离的联系。从一定意义上说，文化就是人类适应自然生态环境的特殊方式，是律动着的人类生命之流。生态文化作为人类的一种新文化，是一种有利于生态环境和自然资源可持续发展的人类生存方式。陈寿朋、杨立新指出："在当今人类面对生态危机而寻求可持续发展之路的时候，也使文化的转型成为必然，""生态文化是人类向生态文明过渡的文化铺垫，也是自然科学与哲学社会科学在当代相互融合的文化发展趋势。"[①]

文化是一个大系统，科学技术也是一种文化，是人类文化的一个子系统。科技文化的实质"是人类将自身自然对象化，即人把自身投射到自然对象上，在自然对象上实现人的价值，这既是一个人化对象世界的过程，也是一个对象世界又作用于人而化人的过程，也就是说，科技文化的形成是人把自然世界塑造成人的世界，同时人按照自然环境塑造自身世界的结果"[②]。需要特别指出的是，今天我们所说的科技文化主要是指近代意义上的科技文化，它是伴随着近代科学技术的兴起而生成的，由此也可以认为，科技文化在人类文化大家族中是一支新军，也是人类文化发展的新样式。

（二）生态科技文化是生态文化的重要构成

生态文化是主张人与自然和谐发展的文化，它的内容十分广泛，其中包括生态科技文化。作为生态文化的一个子系统，生态科技文化是生态文

① 陈寿朋、杨立新：《论生态文化及其价值观基础》，载《道德与文明》2005年第2期，第76-79页。

② 高建明、陈曼：《论科技文化发展机制》，载《武汉理工大学学报》（社会科学版）2011年第6期，第916-921页。

化的重要构成，旨在确立科学技术发展的生态意识，明确科学技术发展的生态保护方向。

20 世纪 90 年代以来，在生态环境问题日益突出的大背景下，学术界提出了一个新的学术概念——"生态文化"，并从两种学术理路对之进行了阐释：一是把生态文化看作一种新的文化形态，二是将生态文化视为文化的有机构成。尽管人们对生态文化的认识和理解并不完全一致，但不可否认的是，人们关于生态文化的研究都基于对生态环境问题的高度关注。从这个意义上说，生态文化概念的提出反映了当代人类的一种文化自觉，生态文化研究也因此成为当下文化研究的一个热点课题和前沿领域。

当今时代，科学技术正在以文化的方式渗透于人类生产、生活和交往的一切领域和各个方面。对此，有学者指出："面对人类社会与自然环境里各种源于科技而生的诸多问题，我们以何种文化价值观引导科技与自然、科技与人类生存的关系，以何种科技文化理念去创新科技，将是衡量科技进步的思考源点。"①在这种背景下，科学技术的发展及应用必须重新认识和思考人与自然环境的关系，自觉承担维护人类生存环境的义务和责任。于是，关注人与自然环境关系的新文化——生态科技文化便出场了。

（三）生态科技文化也是科技文化发展的新阶段

文化是不断进化的，进化是文化的内在特质，也是文化发展的基石，更是文化得以展现其特质和功能的充要条件。科技文化也是不断进化的，从科技文化进化的视角分析，作为人与自然关系的一种新的文化价值取向，生态科技文化的兴起标志着科技文化发展进入一个新阶段。

如前所述，科技文化作为文化的子系统，同样秉承着不断进化、演进的特质和禀赋。科技文化以科学技术为载体，科技文化的进化或演进是随

---

① 程宏燕：《生态科技文化：生态文明视域下科技文化的必然走向》，载《武汉理工大学学报》（社会科学版）2014 年第 6 期，第 971-976 页。

着科学技术的发展而向前推进的。正是在当今时代走出生态危机和科学技术生态化转向的进程中,生态科技文化也随之兴起和发展起来了。这是科技文化发展的历史必然。

生态科技文化是科技文化发展的新阶段,由科技文化与生态文明融合而生、生态科技精神与生态理性价值观念构筑而成,本质上是科技文化实践的认识论转向。也就是说,生态科技文化既是科技文化建设的明智选择,也是科技文化发展的必然走向。因此,加强生态科技文化建设,大力发展生态科技文化,让生态科技文化真正成为当代中国科技文化的主旋律,具有重要的现实意义和深远的历史意义。

二、生态科技文化的生成逻辑

当今时代,人类正面临着日益严重的生态危机。生态危机实际上是人类文化的危机,是不合理的文化观念指导下的恶果。走出危机就必须转变文化观念,而文化观念上的转变必然引领科学技术的生态化转向,科学技术的生态化转向又必将催生科技文化的生态化,最终达成从传统科技文化走向生态科技文化。概言之,生态科技文化的兴起源于现代化进程中生态危机的加剧和科学技术的生态化转向。

(一)当今时代的生态危机实质上是人的文化危机

生存问题是人类最重要的问题,也是人类最为关注的问题。人类生活在自然界中,生态环境是人类赖以生存的物质基础,人与自然应和谐相处。然而,自从工业革命以来,人类遭遇了日益严重的生态危机,并逐渐演化成为一个世界性难题。面对日益严重的生态危机,无论是有远见卓识的政治家和人文学者,还是具有道德良知的科学家和技术专家,都在孜孜不倦地探寻生态危机的根源和走出生态危机的路径。

生态危机的突现具有深刻的文化根源,生态危机归根结底是人的危机，是人的文化危机，是不合理的文化观念指导下的恶果。有学者指出："生态危机是由人对自然不合理的开发利用所造成的，具体有社会制度方面的原因，有发展方式不正确的因素，有科学技术滥用的原因，但更本源的原因在于文化方面。"①如人类中心主义、主客二分的世界观、科学主义及唯发展主义文化观念等，因此，走出生态危机必须立足于对文化的反思。

之所以强调从文化批判的角度来反思生态危机，是因为生态危机是人自己造成的，人造成生态危机的行为是在一定的价值观指导下进行的，"而价值观既是文化的产物，又是文化的核心内容，所以有什么样的文化就有什么样的追求无限的方式和方向，并造成不同的文化后果"②。因此，为了人类自身的永续发展，为了人类文明的不断进步，我们必须转变自己的文化观念。

（二）文化观念上的转变必然引领科学技术的生态化转向

走出生态危机就要转变我们的文化观念，而文化观念上的转变必然引领科学技术的生态化转向，走科学技术绿色发展之路。科学技术生态化作为一种经济与生态深层次结合的方式，它的发展所带来的多方面效益是传统方式不可比拟的。

在人们传统的文化观念中，"自然是为人而存在的"，因而它只是被索取的，被动地为人类服务。正是在这种文化观念的指导下，人迷失了方向，开始借助科学技术手段对自然界进行疯狂掠夺、肆意践踏、榨取性地利用。结果，遭到了自然界的报复。面对如此困境，为了生存，人类必须在文化观念上实现深刻转换。有学者指出："对于人类赖以生存的家园，人们曾经错误地把它当成了一座能够为人类服务的、取之不尽的天然宝

---

① 段守博：《生态危机的文化根源》，载《理论参考》2012 年第 5 期，第 58-59 页。
② 杨志华：《生态危机是文化危机》，载《伦理学研究》2004 年第 5 期，第 111-112 页。

库，人类利用先进的高新技术不断加大对大自然的索取，随着家园不断地被自己破坏，人类已经感到生存危机的彻骨之痛后，人们逐渐认识到：当人类砍倒天然林中第一棵大树的时候，文明就宣告开始了；当人类砍倒最后一棵大树的时候，文明便宣告结束了。"①事实正是如此，这种认识上、观念上的转变，带来了科学技术的生态化转向。

科学技术生态化转向，就是"用生态学整体性观点看待科学技术发展，把从世界整体分离出去的科学技术，重新放回'人—社会—自然'有机整体中，运用生态学观点和生态学思维于科学技术的发展中，对科学技术发展提出生态保护和生态建设的目标，主要包括科学价值观的变革、科学世界观的变革、科学观的变革"②。在当代中国，促进科学技术生态化转向，既是生态文明建设的内在要求，也是科学技术持续健康发展的必然选择。

（三）科学技术生态化转向必将催生生态科技文化

作为生态文明建设的重要力量，科学技术贯穿并主导着人类认识自然、改造自然的整个过程。在这个过程中，科学技术不应该仅仅是经济发展的手段，更重要的还是推动社会全面发展的动力源。科学技术生态化把生态价值观引入科学技术实践，坚持科学技术发展和应用既要有利于广大人民的福祉与利益，又要有利于保护自然生态环境，从而彰显了社会幸福生存意义的实践文化，保障了人类的幸福生活之根，提供了社会持续发展的核心价值观，催生了科技文化的生态化转向——从传统科技文化走向生态科技文化。

在当代中国，我们正在积极推进生态文明建设。生态文明建设要求人们用生态价值观来评价科学技术的发展和应用，大力发展生态科学技术，

---

① 杨立新：《论生态科技文化发展》，载《环渤海经济瞭望》2008 年第 8 期，第 46-49 页。

② 余谋昌：《生态哲学》，陕西人民教育出版社 2000 年版，第 131 页。

科学技术生态化已经成为科学技术发展的主流。随着生态文明建设的持续推进和科学技术的生态化发展，生态科技文化也在深入发展，而生态科技文化的发展必将进一步引领科学技术的生态化发展。

总之，生态文明要求科学技术生态化，而科学技术生态化必将催生科技文化的生态化。生态科技文化作为人与自然关系的一种新的文化价值取向，必然要求与生态科技文化相辅相成。生态科技文化的建设和发展，必将影响甚至决定人类文化和文明发展的未来，推动人类文明从工业文明向生态文明的过渡，促进人类社会生产方式、生活方式及交往方式的生态化转向，从而实现人类文明的持续进步。

三、建设生态科技文化：当代中国科技文化成长的明智选择

加快推进生态科技文化的建设和发展，既是当代中国生态文明建设的内在需要，也是提高国家文化软实力的迫切要求，更是当代中国科技文化成长和发展的明智选择。而要加快推进生态科技文化的建设和发展，就必须立足于当代中国的生态文明建设，坚持以马克思主义科技文化观为指导，强化以人为本的基本理念，引领科学技术的生态化发展，以生态科技文化建设助力人类文明的持续进步。

（一）立足于当代中国生态文明建设

我们党一直以来高度重视生态文明建设，把生态文明建设作为中国特色社会主义建设的重要组成部分。党的十七大把"建设生态文明"写入政治报告，党的十八大进一步明确地将生态文明建设纳入中国特色社会主义建设"五位一体"总体布局。陶良虎指出，"党的十八大以来，习近平总书记对生态文明建设和生态环境保护提出了一系列新思想新论断新要求，主要包括：深刻揭示了生态决定文明兴衰的客观规律，提出了生态文明是实现中华民族伟大复兴中国梦重要内容的科学论断，阐述了生态环境就是

生产力的战略思想，提出了生态环境就是民生福祉的科学论断，强调了节约资源是保护生态环境根本之策的科学观点，提出了法治是生态文明建设根本保障的科学论断"①。

中共中央、国务院印发的《关于加快推进生态文明建设的意见》明确指出："生态文明建设是中国特色社会主义事业的重要内容，关系人民福祉，关乎民族未来，事关'两个一百年'奋斗目标和中华民族伟大复兴中国梦的实现。"②加快推进生态文明建设是我们党领导人民进行中国特色社会主义建设的重大战略决策，是中央对生态文明建设的全面部署。应当看到，建设社会主义生态文明作为一项伟大的开创性实践，虽然取得了一系列重要成就，但仍有大量挑战性问题亟待回答，其中包括生态文明应该建立在什么样的文化基础之上。

在人类社会发展的历史进程中，文明与文化是不可分割的，生态文明与生态文化特别是生态科技文化当然也是不可分割的，生态文明一定是建立在生态科技文化基础之上的文明形态。生态科技文化作为一种人与自然关系的新的文化价值取向，它的神圣使命就是要引领社会生产方式和生活方式生态化转向、推动人类文明从工业文明向生态文明过渡，从而实现人类文明的持续进步。基于此，我们必须把生态科技文化与生态文明结合起来进行谋划：既要从生态文明的视角研究和谋划科技文化发展，不断提高生态科技文化发展的质量和水平；又要从生态科技文化的视角研究和谋划生态文明建设，夯实生态文明建设的文化基础。

（二）坚持以马克思主义科技文化观为指导

马克思主义科技文化观本质上就是一种生态文明的科技文化观，坚持

---

① 陶良虎：《建设生态文明，打造美丽中国——学习习近平总书记关于生态文明建设的重要论述》，载《理论探索》2014 年第 2 期，第 10-12 页。

② 中共中央、国务院：《关于加快推进生态文明建设的意见》，载《中国环保产业》2015 年第 6 期，第 4-10 页。

以马克思主义科技文化观为指导是生态科技文化建设必须贯彻的基本原则。马克思主义科技文化观也是科技文化生态化的重要理论来源，对生态科技文化的建设和弘扬具有重要的理论意义与实践价值。只有坚持以马克思主义科技文化观为指导，才能保证生态科技文化的正确方向，坚定不移地走人与自然和谐发展的道路。

作为一种生态文明的科技文化观，马克思主义科技文化观着眼于人与自然的和谐发展，镌刻着对科学技术发展和应用的人本思想及人文情怀。这就是说，在科学技术发展及其对社会的作用上，马克思主义科技文化观与生态科技文化的根本宗旨是一致的。在马克思主义科技文化观看来，人本思想、人文情怀应该贯穿于科学技术发展和应用的始终，因为"科学技术源起于人的求知欲望和追求自由之心。人类借助知识尽可能地摆脱自然界的束缚，去创造物质富裕的生活以及适宜的环境；去发展自己的个性，提升自己的精神境界和自由。在这个意义上，科学技术并不与人文对立，相反是内在地蕴含着人文精神的"①。

在文化地位和作用日益重要的当今时代，科学技术具有了更深刻的内在本质，科技文化的价值也发生了深刻的变化，生态科技文化已经成为科技文化的主旋律。这在客观上要求我们必须坚定不移地坚持和践行马克思主义科技文化观，正确和合理地开发及利用科学技术，负责和慎重地全面估价科学技术的环境后果，切实把握生态科技文化的发展方向。

（三）强化以人为本的基本理念

以人为本是生态科技文化的基本理念，也是生态科技文化建设和发展必须坚持的基本原则。我们知道，人类生活的这个世界是由自然、社会和人三个部分构成的。坚持人与自然、人与社会、人与人之间的和谐发展，

---

① 杨怀中、程宏燕：《马克思和恩格斯的科技文化观》，载《哲学研究》2009 年第 9 期，第 119-125 页。

最终达成全人类的解放和人的全面发展，是以人为本的根本宗旨，当然也是生态科技文化基本的价值取向。

科学技术从来就不是"价值悬搁"或"价值中立"的，它是成就人、提升人、服从并服务于人的。由此可以说，服从并服务于人的生存和幸福，是科学技术存在的根本价值。有学者强调说："文化植根于人民，存在于亿万人民的日常生活中。人民根据自己的感受和需求不断创造新的文化，这是文化得以世世代代生生不息、日益繁荣壮大的最为深厚的基础和动力。接受一种什么样的文化，是人民的选择，人民有权选择，谁也不能代替，违背了这个规律，就会出现历史的悲剧，我们应当深刻汲取过去的教训。"①在我国，建设生态科技文化、发展生态科技文化之所以必要，体现的正是广大人民群众的选择。它把科学技术的人本情怀充分显示出来，实实在在地揭示了人们认识自然、改造自然的真正目的。

综上，以人为本作为生态科技文化的基本理念，体现的是科学技术发展的必然要求。有学者指出："在科技广泛渗透并影响于人类生活一切方面的今天，以人为本，使科技实践活动向人回归、向善回归，已经成为当今人类社会所面临的最为紧迫的任务之一。"②坚持以人为本的基本理念，就是要坚持"一切为了人民、一切依靠人民、让科学技术造福于人民"，让生态科技文化发展的积极成果惠及全体人民，积极建构人与自然、人与社会、人与人之间的和谐关系，最终实现全人类的解放和人的全面发展。

---

① 都志远：《坚持以人为本，推动文化发展》载《生产力研究》2012 年第 10 期，第 1-3 页。

② 刘高岑：《论科学技术和以人为本的内在统一性》，载《郑州大学学报》（哲学社会科学版）2007 年第 6 期，第 5-7 页。

第四章
科技文化的多维度审视

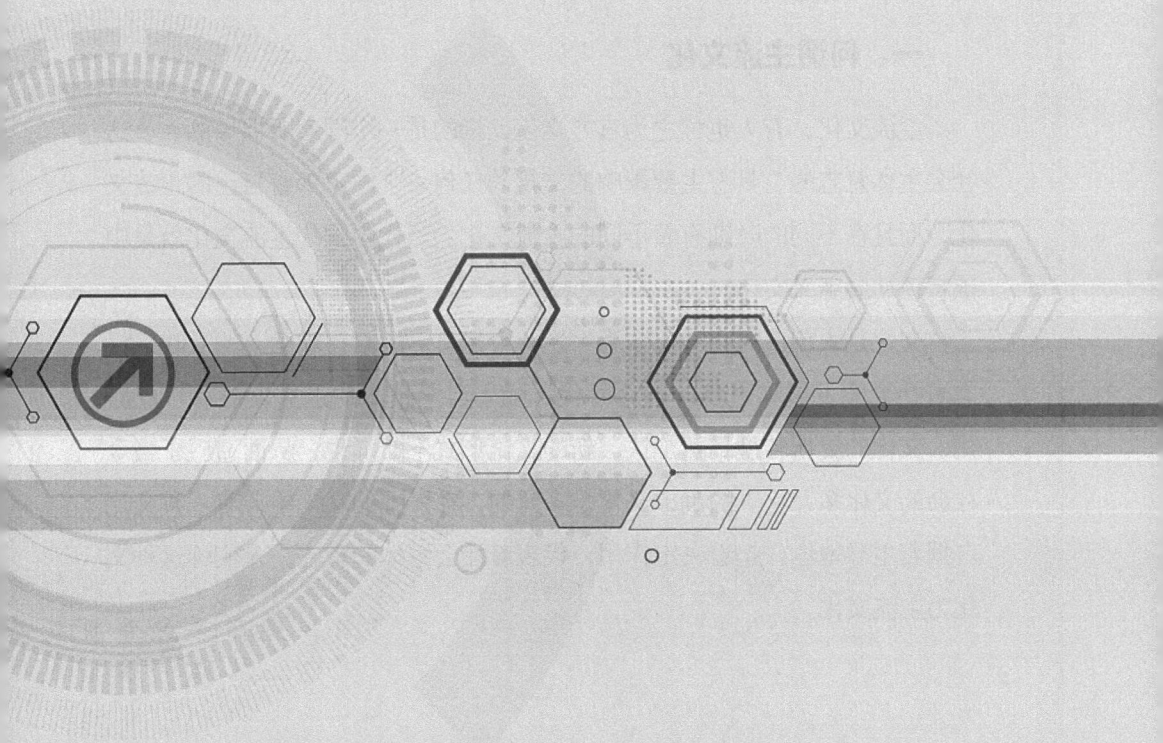

科学技术具有文化的属性，科学技术也是一种文化，科技文化是科学技术在认识世界和改造世界的过程中形成的文化成果，在人类文化构成中占有重要地位。作为一种文化现象，我们不仅可以从哲学、伦理学、人类学、社会学等不同学科进行研究和诠释，而且也可以从科技文化与主流文化、社会现代化、生态文明建设，以及经济发展方式转变的关系维度进行深入的分析和把握。

第一节　科技文化与主流文化

实施文化强国战略，建设社会主义文化强国，必须高度重视并切实加强主流文化建设。随着科学技术力量的日益强大，科技文化逐渐成为当今时代社会文化的主导形式，因而理应融入主流文化。在我国，如何把科技文化融入社会主义文化，已经成为当前和今后一个时期实施文化强国战略的一项战略任务。

一、何谓主流文化

主流文化，有人也称之为官方文化，指的是一个国家所倡导的、表达社会主体意志的、具有主要影响的文化。任何一个国家都有自己的主流文化，而且在不同的时期有着不同的主流文化。当代中国的主流文化就是中国特色社会主义文化。

文化是人创造的，文化作为一定社会经济、政治在观念上的反映，标志着社会的发展和进步。当今时代，随着科学技术的迅猛发展和广泛应用，文化的更新转型日益加快，新的文化形式不断涌现，从而造就了当今社会的文化多元化。的确，文化是多元的，在多元的文化中，有一种文化占据着主导地位，起着决定作用，代表着社会主体的意志，人们称这种文化为主流文化。

今天，"我们正进入一个文化比任何时候更重要的时期"①，文化在综合国力竞争中的作用日益重要，文化建设已经成为国家发展战略中的核心要素，文化发展决定着一个国家和民族的前途和命运，加强文化建设、提高国家文化软实力，已经成为当今时代的新课题。可以这样说，这种能够决定一个国家和民族前途及命运的文化，也一定是代表这个国家和民族文化力量的主流文化。

最早提出主流文化这个概念的是法国阐释学家德里，他认为，作为调控一个国家所有文化形态的主导力量，主流文化是任何一个时代都有的。有学者指出："任何时代的主流文化都必然是占统治地位的经济与政治的价值反映。封建主义时代的主流文化是对封建主义土地和人身依附关系的印证。在标榜自由和多元化的资本主义时代，主流文化比封建主义时代有着更为强势的统治地位。资本的世界性扩张是资本主义主流文化强权所向披靡的根本支撑。而在社会主义历史阶段，社会主义主流文化的强势地位也必须与社会主义的经济、政治的强势地位相互支撑。社会主义主流文化不仅是社会主义经济与政治的权力辩护和意识形态屏障，其范导作用最终也必须通过经济与政治的权力而得到展现。"②

当代中国的主流文化，就是中国特色社会主义文化，加强主流文化建设，就是要加强中国特色社会主义文化建设。作为一种先进文化，中国特色社会主义文化在当代中国的社会发展中居于核心的、总揽全局的重要位置，其基本要求是：一要坚持以马克思主义、毛泽东思想和中国特色社会主义理论为指导；二要坚持以中国特色社会主义共同理想为主题；三要主张唱响民族精神和时代精神主旋律；四要强调社会主义荣辱观在全社会的大力弘扬。总之，实施文化强国战略，使我国在 21 世纪从文化古国、文

<hr/>

① 阿尔温·托夫勒著，粟旺，等译：《预测与前提——托夫勒未来对话录》，国际文化出版公司1984年版，第160页。

② 杨桂青：《略论主流文化的实践性与利益旨归》，载《哲学研究》2006年第3期，第101-108页。

化大国走向文化强国，就必须高度重视并切实加强主流文化建设，不断提升国家文化软实力。

二、科技文化融入当代中国主流文化的必要性

实施文化强国战略，建设社会主义文化强国，迫切要求我们加强主流文化建设。在科学技术飞速发展的当今时代，这种主流文化一定是融科技文化与人文文化于一体的社会主义先进文化，把科技文化融入当代中国主流文化是一种历史必然。

客观地说，改革开放以来，我国经济迅猛发展，物质财富极大增长，文化发展获得了长足的进步，形成了文化建设广泛的社会基础和认同标准。但是，我们也应该清醒地认识到，"当代中国，经济改革和社会转型带来的利益格局变化，使大多数社会矛盾都具有利益冲突的诱因，但时空压缩下的文化价值冲突，正在成为未来社会矛盾的深层影响因素，社会主义主流文化建设面临前所未有的冲击和挑战"[①]。

的确，我国的文化建设和发展面临诸多问题，文化生态乱象丛生，主流文化在引导社会大众方面越来越显得乏力。正如有学者所分析的："过度的市场化导向和利益驱动使得大众文化走向了精神价值的消解、道德底线的模糊和审美观念的异化。其承载的错误价值信息通过各种途径和方式在社会大众中发酵，导致了人们思想混乱、价值错位、文化迷失和信仰危机，甚至这种文化的失序会消释民族文化的向心力、降低对核心价值的认同，并带来民族整体文化品位的下降，给中国的文化生态造成极大的破坏作用。"[②]之所以出现这种状况，原因是多方面的，市场经济发展导致的人性异化与商业利益的最大化追求固然是其中的主要原因，但与主流文化的引导力弱化也不无关系。甚至可以说，正是主流文化的缺失与弱化导致了

---

① 陆岩：《当代社会主义主流文化的内涵特征及发展对策》，载《思想政治教育研究》2009 年第 5 期，第 6-8 页。

② 邓玉琼：《从当前的文化生态反思主流文化建设》，载《实事求是》2011 年第 5 期，第 77-79 页。

整个社会文化生态的失衡和紊乱。

进一步分析我们发现，主流文化弱化的原因也是多方面的，其中一个很重要的原因，就是科技文化匮乏、国民科技文化素质偏低。诚然，近代意义上的科技文化是伴随着西方近现代科学技术的兴起和发展而逐步生成的，近代科学技术落后的中国科技文化匮乏自然也是情理之中的。不可否认，随着科学技术的发展与进步，特别是随着科技文化在人们日常生活中的多方面渗透，科技文化这个词虽然耳熟能详，但不一定被真正理解，更谈不上自觉地把科技文化融入主流文化、充分发挥科技文化在文化建设和发展中的作用。

人类文化发展的历史经验告诉我们："文化以历史为基础，以现实为立足点，以未来为指向，生生不息，与时俱进。文化的走向，本身就是一个动态的、开放的、不断演进乃至变革的过程。科技文化作为人类文化发展的一个新阶段，凝聚了人类的普遍要求，积淀了人类的共同精神。今天，我们要建设社会主义主流文化，建设社会主义文化强国，没有科技文化的广泛弘扬是不可想象的。"①随着当代中国文化强国战略的实施，我们越来越感到，在我国的传统文化中，科技文化非常匮乏，正如有学者所说："在社会主义先进文化体系中，最缺乏的恰恰是科学技术文化。其他文化又不能替代科学技术文化。当前我们特别需要的是下大力气发展科学技术文化，真正补救我国社会文化结构中科学技术文化不足的缺陷。这才是真正从我国国情出发，强基固本，从基础上下功夫去建设有中国特色的社会主义文化的切实的道路。"②

正因为如此，我们更应该高度重视科技文化建设，努力构建与市场经济相适应、体现时代精神的现代科技文化体系，并切实把科技文化融入中

---

① 杨怀中：《科技文化与当代中国主流文化建设》，载《中原文化研究》2013年第5期，第59-64页。

② 龚时中：《科技文化的中国特色》，载《武汉理工大学学报》（社会科学版）2006年第1期，第46-49页。

国特色社会主义主流文化，以适应社会主义主流文化建设的要求，不断增强社会主义主流文化的凝聚力、吸引力和感召力。

三、科技文化融入当代中国主流文化的重要性

加强科技文化建设，让科技文化融入当代中国主流文化，不仅必要，而且可能。概言之，把科技文化融入主流文化，以科技文化助力主流文化，既是坚持主流文化时代性的需要，也是突显主流文化创新性和先进性的需要。只有把科技文化真正融入主流文化之中，才能彰显其强大的生命力。

（一）坚持主流文化时代性的需要

主流文化具有时代性，不同的时代有不同的主流文化。主流文化本质上是一种体现时代精神、反映时代要求的文化。主流文化必须紧跟时代步伐，体现时代特征，不断吐故纳新，只有这样，才能充分发挥自己强大的生命力和无限的创造力。

我们正处在科学技术飞速发展的时代，这是一个科学技术主导全球竞争的时代，科学技术在日趋激烈的国际竞争中的地位越来越重要。作为一种文化形式，科技文化是随着科学技术的发展而生成的，其力量也在随着科学技术的发展而日益强大，逐渐成为当今社会文化的主导形式，成为改变世界、开创未来的决定性力量。

的确，科技文化的力量是巨大的。何亚平指出："人类创造了科技文化，科技文化成为现代化社会的文化基频以后，又在塑造现代人的世界观、价值观方面发挥着独特功能。"[1]正是近现代科技文化的兴起和发展开创了人类文化发展的新纪元，极大地改变了延续几千年的人类文化进程，并以其不可阻挡之势覆盖了人类文明发展的全部领域。在这样一种背景

---

[1] 何亚平：《科技文化——现代化社会的文化基频》，载《科学学研究》1997年第4期，第11-17页。

下，我们要加强社会主义主流文化建设，就必须加强科技文化建设，并努力把科技文化有效地融入主流文化之中，不断提高主流文化的科学技术含量，让主流文化充分体现时代的精神和要求。

总之，中国特色科技文化理应成为当代中国主流文化的中坚力量，因为它立足于中国文化传统、适合中国国情、满足时代要求，有利于中华民族的伟大复兴。在科学技术飞速发展的当今时代，社会主义主流文化建设的一项很重要的任务就是要在发扬光大中国优秀传统文化的基础上，充分吸纳世界文化精粹，加快构建中国特色现代科技文化体系，在全社会广泛弘扬科技文化。

（二）增强主流文化创新性的需要

当今时代是一个创新的时代，创新时代需要文化的创新。创新是文化之魂，也是文化发展与繁荣固有的本性和不竭动力。主流文化具有创新性，具有与时俱进的品质，只有不断创新，才能引领文化发展的方向。主流文化的这种与时俱进、不断创新的品质，客观上要求科技文化的融入。

科学技术的生命力在于创新，生成于科学技术实践的科技文化本质上是一种创新文化，科技文化走向创新文化是一种历史的必然。创新文化是一种与创新相关的文化，是能够最大限度地激励或激发人们去创新的文化，因而也是最能够集中体现时代精神的文化。创新文化的发展有赖于具有创新特质的科技文化，有赖于科学技术创新实践。任何一个科技创新活跃的时代，都无一例外地伴随着创新文化的引领；任何一个国家创新发展战略的提出，都无一例外地肇始于科学技术创新。

文化是一个复杂的概念，也是一个发展的概念，理解和把握文化的关键在于抓住文化之魂，理解和把握科技文化当然也不例外。我们之所以把科技文化看作是一种创新文化，正是因为它具有创新文化之魂。所谓创新文化之魂，孟建伟指出："创新文化之魂是科学之魂和人文之魂的融合，即科学精神与人文精神的融合。在创新文化的各个层面（精神理念和价值层面、制度层面、外部环境层面）都应当充分体现二者的融合。"①这就是说，科学精神与人文精神的融合就是创新文化要体现的文化之魂。而科学精神是科技文化中最深刻、最本质的东西，因而也是科技文化的精髓所在，理所当然地成为科技文化之魂。从这种意义上说，科技文化就是一种创新文化。

创新文化是社会主义主流文化建设的重要元素，也是推动社会主义主流文化发展的重要抓手。而要把创新文化的特质注入社会主义主流文化，就必须在文化建设中积极吸纳现代先进的科学技术和新科技革命的成果，特别是知识经济、网络经济、信息经济、生态经济范围内具有先进水平的科学技术成果。创新是文化的生命，创新也是文化发展的动力所在，"随着科学技术的迅猛发展，要求我们把带有广泛色彩的人文文化提炼升华，从科学文化的层次来培育、指导我们向着科学、文明、健康的方向发展"②。因此，建设创新文化、培育创新精神、营造创新环境、完善创新体系就成为我国主流文化建设的重要任务。

（三）突显主流文化先进性的需要

我们要建设的主流文化是中国特色社会主义文化，而中国特色社会主义文化本质上就是一种先进文化。这种先进性突出地表现在它是以马克思主义为指导思想的文化，马克思主义的先进性决定了以它为指导思想的中国特色社会主义文化的先进性。众所周知，马克思主义具有与时俱进的理论品质，开辟了人类思想史的新纪元，在中国的发展取得了令世界瞩目的辉煌成就。在科学技术突飞猛进、科技文化力量日益强大的今天，我们党要始终代表中国先进文化的前进方向，加强中国特色社会主义先进文化建

---

① 孟建伟：《论创新文化之魂》，载《新视野》2005年第4期，第57-60页。
② 孙国际：《创新文化》，载《科学学与科学技术管理》2002年第6期，第50-52页。

设，就必须在坚持马克思主义指导地位的同时，高度重视科学技术在文化发展中的重要作用，大力发展科学技术，切实加强科技文化建设，在全社会弘扬科技文化。

科技文化是人类文化的一种高级形式，本身就具有先进性，因而是先进文化的重要组成部分。先进文化作为人类文明进步的结晶，内在地包含着科技文化的因子，尤其是科学技术实践中铸就的求真求实品格和科学精神，无疑是先进文化的重要内容。因此我们说，没有科技文化的融入，就难以体现文化的先进性，甚至就无所谓什么先进文化。

科技文化不仅是先进文化的重要构成和支撑，也是先进文化体系中的基础和先导。科技文化的真理性、开拓性、开放性和人文性等品质，正是社会主义先进文化建设所应有的境界。实施文化强国战略，突显社会主义主流文化的先进性，建设社会主义文化强国，要求我们充分认识先进文化建设面临的大好机遇，推进科技进步和创新，加强科技文化建设，在全社会弘扬科技文化，以新的发明丰富其内涵，以新的创造拓展其空间。

总之，科技文化本质上是一种先进文化，在建设社会主义文化强国的伟大进程中，要突显社会主义主流文化的先进性，就要充分发挥科技文化的作用。汤洪高指出："作为先进文化重要组成部分的科学文化已经渗入到我们生活的方方面面，每时每刻都在影响着我们每个人，它有力地促进了人类社会生产的发展和社会的进步。因此，可以说，代表着先进文化前进方向的科学文化，将成为推动人类社会发展的强大动力。"[1]我们必须站在社会主义文化强国建设的战略高度，从社会主义主流文化建设的大局出发，高度重视并切实加强科技文化建设，让科技文化鼓起先进文化的风帆，推进社会主义主流文化的建设和发展。

---

[1] 汤洪高：《让科学文化鼓起先进文化的风帆》，载《求是》2002年第18期，第43-45页。

第二节　科技文化与社会现代化

现代化是当今时代最重要的社会历史范畴，也是人们使用频率最高的词汇之一。现代化的内涵广泛，涉及诸多领域，其中包括文化的现代化。从一定意义上说，没有文化的现代化，社会现代化就无从谈起。毋庸讳言，当代中国科技文化相对匮乏，吸纳科技文化、弘扬科技文化理应成为文化现代化的必由之路。因此，加强科技文化建设，大力发展科技文化，以科技文化助力文化现代化，就成为当代中国现代化建设提出的一个历史性课题。

一、社会现代化内在地包含着文化的现代化

所谓现代化，罗荣渠指出："广义的现代化主要是指工业革命以来现代生产力导致社会生产方式的大变革，引起世界经济加速发展和社会适应性变化的大趋势，具体地说，就是以现代工业、科学和技术革命为推动力，实现传统的农业社会向现代工业社会的大转变，是工业渗透到经济、政治、文化、思想各个领域，并引起社会组织与社会行为深刻变革的过程。"①这就是说，现代化包括经济、政治、思想、道德、科技、人及其生活方式的现代化等诸多方面，文化现代化既是社会现代化的重要组成部分，也是社会现代化的先导和灵魂。

现代化内在地包含着文化的现代化。现代化是一个过程，在这个过程中，文化现代化是至关重要的，例如，现代化的精神状态、现代化的思想方法、现代化的价值观念等，都是不可忽视的。现代化的历史进程表明，只注重"物"的现代化，忽视人及其文化的现代化，就有可能导致人与物、经济与文化的对立和冲突，影响现代化的深入推进，甚至会导致现代

---

① 罗荣渠：《现代化新论——世界与中国的现代化过程》，北京大学出版社 1993 年版，第 16-17 页。

化的失败。这就是说，社会现代化与文化现代化是不可分割的，离开了文化现代化的推进，社会现代化就难以持续深入和全面完成。文化现代化的实质是在传承优秀传统文化、吸收世界优秀文化成果的基础上，建立适合现代社会所需要的新文化的过程。今天，对于任何一个国家来说，文化现代化都是社会现代化的重要前提，只有实现了文化的现代化，才能让传统文化在新时代焕发生机和活力，才能从根本上实现社会现代化的目标。

文化现代化在综合国力中所发挥的独特作用是任何力量都无法替代的，从一定意义上说，文化现代化决定着一个国家现代化程度的高低。在现代化进程中，文化现代化的特征突出地表现在传统与现代的接轨上，文化现代化意味着必须着眼于适应未来社会潮流的大背景、从内部改造传统的文化价值体系，把文化放在与经济、政治平行的地位予以审视和建设。有学者指出："它一方面表现为接受新事物时的活跃性，另一方面又表现出顽固的'惰性'，或者说是对抗性。文化是人们的精神灵魂，因此，文化的现代化往往最突出地体现出变革的震撼性，同时也表现在传统对变化的抗拒性。"①在文化现代化进程中，传统文化将发生一系列的变革或变迁，其中最重要、最关键的就是改变与时代不相适应的文化传统，使其更加符合时代的要求和潮流。

文化现代化是对传统文化的转换和再生，更是对传统文化的延续和发展。一般认为，中国的现代化运动始于洋务运动，从那时起，对文化现代化的选择、推进和不断探索就一直是贯穿其中的一条中心线索。对此，至少有三点是值得总结的。

第一，从时间维度来看，中国文化现代化体现为文化的民族性与时代性的矛盾运动过程。文化是民族的，也是世界的，更是与时俱进的。一个民族要振兴、一个国家要发展，就要提高文化自觉，提升民族意识，在文

---

① 张蕴岭：《亚洲现代化透视》，社会科学文献出版社 2001 年版，第 8-9 页。

化发展的过程中既要继承本民族的优秀文化传统，也要面向世界广泛吸取一切民族先进的文明成果。正如有学者所说："中国的文化现代化建设要在继承民族文化优良传统的同时，准确地把握时代特点，做到'既不割断历史、又不迷失方向，既不落后于时代、又不超越阶段'，走批判继承、综合创新之路。"①在这个进程中，科技文化的确立和发展起着重要的先导和支撑作用。

第二，从空间维度来看，中国文化现代化体现为文化的本土化与全球化的矛盾运动过程。今天，我们正处于一个全球化的时代，全球化浪潮在深刻改变人类经济发展进程的同时，对人类的文化生活也产生了巨大影响。任何一个国家的文化现代化，都是在这样的全球化背景下进行的。我们既不能否认文化的普遍性，也不能取消本土文化的特殊性，因为那样不仅无助于实现本国的文化现代化，也可能损害全球文化的多样性，所以是不明智的。正因为如此，中国文化现代化建设必须立足中国，放眼世界，面向未来，坚持走"引进来"与"走出去"、自主性与开放性相统一的中国特色文化现代化道路。

第三，从价值维度来看，中国文化现代化体现为坚持马克思主义指导地位与承认文化价值取向多样性相统一的过程。我们知道，文化是多元的，每一种文化都有它自己发展的独立性，也都有其存在的合理性。在今天的社会文化生活中，人们的价值取向是多元的，但价值导向必须是一元的。也就是说，在我国的文化现代化建设过程中，我们承认文化价值取向的多样性，但必须毫不动摇地坚持文化现代化建设的正确方向，坚持马克思主义在文化现代化建设中的指导地位，坚持用中国特色社会主义共同理想凝聚人心。这些既是中国文化现代化最基本的特征，也是中国文化现代化建设必须坚持的基本原则。

---

① 张静、周三胜：《中国文化现代化的特征》，载《社会科学》2005 年第 10 期，第 117-122 页。

综上所述，文化现代化是社会现代化的前提和基础，也是文化发展的大趋势，问题的关键在于我们要构建什么样的文化现代化。笔者认为，在中国社会现代化进程中，文化现代化模式的构建只有在不断地探索中才能最终得以解决。因此，加快推进文化现代化，需要我们在积极参与全球化的进程中，努力做好两个方面的工作：其一，既要努力完成全球化初级阶段工业化、市场化的任务，又要奋力赶追信息化、民主化的浪潮；其二，既要传承和发展中华民族优秀文化传统，又要善于兼容和博采世界各国优秀文化成果，努力建设中国特色的社会主义先进文化。这也是我国文化现代化建设的基本特点和走向。

二、文化现代化的实质是一个中国传统文化吸纳科技文化的过程

中国文化的现代化是以"以夷为师"、学习西方文化为起点的。学习西方文化，最重要的就是学习西方的科技文化。从这种意义上说，中国文化现代化的过程也是一个中国传统文化不断吸纳科技文化的过程。

科技文化生成于科学技术实践，是人类通过科学技术在认识世界和改造世界的过程中形成的文化成果。科学技术是不断发展的，科技文化因而也是不断发展的。近代意义上的科技文化就是伴随着西方近代科学技术的产生和发展而逐步形成及发展起来的。这就是说，科技文化有其西方文化的历史渊源，西方文化面向自然、追求真理的理性传统是近代科技文化形成的重要思想基础，而西方近代科学技术的兴起则是近代科技文化形成的重要载体。

科技文化生成于科学技术实践，一旦生成，又成为科学技术发展的思想理论武器，引领着科学技术的发展和进步，进而成为促进人类社会健康、协调发展的重要精神基础。近代以来的历史发展证明，科技文化是推动世界各国工业化、现代化进程中价值观念和行为规范变革最基本的因

素。当今世界，科技文化正在成为改变世界的决定性力量，对人类生产、生活及交往的方方面面都产生了难以估量的影响。

中国是一个具有悠久文化历史的国家，中国古代曾取得过辉煌的科学技术成就，这当然令每个中国人深感自豪。但是，我们不能因此而否认近代中国科学技术落后和科技文化匮乏的事实。的确，从春秋战国到宋元明初，我国的科学技术始终保持着持续、快速的发展，遥遥领先于欧洲。然而，不可否认的是，从16世纪中后期开始，中国渐渐失去了她作为世界科学技术中心的地位，科技文化也因此走向衰落。今天，我国科学技术的快速发展为科技文化的成长奠定了基础。为适应文化现代化建设的需要，中国传统文化必须吸纳科技文化，且也有能力和条件吸纳科技文化，努力建设具有中国文化传统的融科技文化与人文文化于一体的现代化文化。

其实，早在中国文化现代化提出之初，我们就已经走上一条学习、引进、吸纳西方科技文化的道路。有学者指出："中国文化的现代化是以'以夷为师'为历史起点的，虽然它在归根结底的意义上不能等同于西化，但中西文化客观上存在着的势差决定了中国文化的现代化必然与向西方学习相伴随。对于现代性的追求正是由此成为处在由传统向现代转型过程中的中国文化的基本思想主题。"①当然，这种学习、引进和吸纳强调的是具体技术层面的东西，对于那些有着内在逻辑和理论规范的科学原理及方法尤其是科学精神并不重视。五四运动期间，通过新文化的启蒙宣传，国人开始把科学技术看作一种普遍的文化价值取向，而不再局限于器物和技术层面，这才使科技文化得以形成、科技文化精神得以独立。之后，科学技术建制迅速发展，科学家逐步走向职业化，科技工作者队伍不断壮大，科技文化因而得到进一步发展和广泛传播。

综上所述，科学技术是第一生产力，科技文化是第一文化，科学技术

---

① 李翔海：《中国文化现代化历程的哲学省思》，载《中国社会科学》2002年第6期，第58-67页。

进步和科技文化弘扬是经济社会发展及文明进步的决定性因素。为适应现代化建设特别是文化现代化建设的需要，我们必须大力发展科学技术事业，切实加强科技文化建设，努力把科学技术发展和科技文化建设放在经济社会发展及文明进步的关键地位。钱学森说过："建设中国式的社会主义现代化国家，我们首先要坚持四项基本原则，要贯彻执行党中央为我们国家制定的新的历史时期的路线、方针和任务。但要具体办事，当然要靠科学技术。"[1]钱学森的这个论断很有启示意义，无论从中国的过去和现在来看，还是从当今全球竞争的严峻形势来看，都是非常有道理的。由此可以说，没有科学技术的长足进步和科技文化的广泛弘扬，文化现代化就是一句空话，社会现代化也将无从谈起。

三、中国社会现代化建设呼唤科技文化的广泛弘扬

在深入推进现代化建设的今日中国，面对科技文化未能真正融入主流文化、未能深深根植于民族文化之中的严峻现实，我们必须从国家发展的战略高度出发，充分认识科技文化建设的重要性，努力在全社会广泛弘扬科技文化。

（一）创新文化观念：坚持科技文化与人文文化融合发展

改革开放以来，随着文化生活的渐趋繁荣和文化研究的影响逐步扩大，学术界对于文化理论的研究热情也持续高涨。20 世纪 90 年代以来，"文化研究"[2]被译介进入中国学术界，并很快得到学者们的响应。它给中国学术界特别是文化理论界以巨大的影响，带来了文化理论在思想资源、知识依据、阐释技术等方面的革命性变化。研究的热情高涨了、研究的视

---

① 钱学森：《关于新技术革命的若干基本认识问题》，载《迎接新的技术革命》（上册），湖南科学技术出版社 1984 年版，第 1 页。

② "文化研究"思潮由威廉斯、霍加特等学者所开启，该派学者将文化理解为"整体的人类生活方式"，强调对文化进行历史主义的或"文化唯物主义"的观察，以大众文化为研究对象，将一种普遍联系的概念赋予文化和社会。

域拓展了、研究的论题也扩大了，文化理论界展现出一种学术创新的极大激情。也就是在这种形势下，科学技术文化研究渐成热潮，科技文化观念悄悄兴起。

科技文化观念在科学技术发展中起着无形的但却十分重要的作用，对于我国科学技术现代化和文化现代化都有着十分重要的现实意义。众所周知，近现代科学技术在中国的发展是在中西文化交融和冲突的时代背景下进行的，其过程是很艰难的。中国传统的与自然经济相适应的科技文化观念，在西方的与市场经济相适应的科技文化观念冲击下，虽然逐渐失去了其明显的主导地位，但却在潜移默化地发挥着作用。

从根本上说，创新文化观念的深刻意义在于实现中华民族伟大复兴的中国梦，让中国文化以一种新的姿态再度屹立于世界的东方。所谓创新文化观念，就是要适应文化发展的需要，遵循文化发展的规律，努力树立一种将继承与发展、吸收与创新有机结合的文化观。在科学技术飞速发展的今天，创新文化观念的一个很重要的内容，就是坚持科技文化与人文文化融合发展。这是一种积极的、与时俱进的文化观念，它能唤起民族文化自觉和自信，使我们既不妄自菲薄，也不盲目自大，强调在文化建设中自觉接受科学技术成果，并以科学技术进步促进文化自身的发展。在积极推进现代化建设的伟大征程中，科学技术"第一生产力"和科技文化"第一精神力量"功能的发挥，正是通过改变人们的思想观念、培育人们科学理性的思维方式、充实和武装人们的头脑而实现的。

作为人类文化的一种特殊样式，科技文化是一种具有科学技术含量的文化；作为一种生成于科学技术实践的文化，科技文化又是合乎文化自身发展规律、能与经济政治协调发展的文化。从社会文化的发展来看，科技文化的发展和壮大是伴随着近代科学技术的兴起和发展而实现的，尽管历经艰难曲折，但却以其普适性、基础性和极富创造性的鲜明特色，逐步成为当今社会文化的主导形式。科技文化在人类文化发展和文明进步中发挥着越来越重要的作用，"科学技术是第一生产力"的思想逻辑地蕴含着"科技文化是第一文化"的理念。如今，科技文化更加根深叶茂，已经成为世界各国诸多民族文化、地域文化之间相互沟通、交流和互动的桥梁。科技文化的融入及其作用的发挥，既增强了诸多民族文化、地域文化的科学技术基础，又促进了世界各国传统文化、地域文化的推陈出新，从而把人类文化推向了一个发展和繁荣的新阶段。

（二）增强文化自觉：在全社会广泛弘扬科技文化

当今世界，各个民族都面临着一个文化自觉的问题，即如何认识本民族文化的问题。正是基于这样一个思考背景，费孝通提出了"文化自觉"这个概念。他指出："文化自觉只是指生活在一定文化中的人对其文化有'自知之明'，明白它的来历，形成过程，所具的特色和它发展的趋向，不带任何'文化回归'的意思，不是要'复旧'，同时也不主张'全盘西化'或'全盘他化'。自知之明是为了加强对文化转型的自主能力，取得决定适应新环境、新时代文化选择的自主地位。"①简单地说，所谓文化自觉，就是文化的自我觉醒、自我反省和自我创建。

当今时代，"文化自觉"越来越成为一个民族文化发展道路上必然遇到的重要问题。对于任何一个民族来说，怎样认识自己的文化，怎样认识本土文化与外来文化的关系，都将是一个关乎民族文化持续健康发展的大问题，当然也关乎世界文化生态如何保持平衡发展。可以这样说：一个民族的觉醒，首先是文化上的觉醒；一个民族的振兴，首先是文化上的振兴。因此，唤起全民族的文化自觉意识，使文化切实成为凝聚全民族价值认同的方式，在综合国力竞争日益激烈的今天显得尤为重要。

从文化哲学的角度来看，文化自觉是一种文化认知方式，强调文化自

---

① 费孝通：《反思、对话、文化自觉》，载《北京大学学报》（哲学社会科学版）1997年第3期，第16-22页。

觉既是文化发展的内在要求，也是走出文化危机的逻辑基础，更是对文化内在矛盾与张力的理论表达，对于推动文化持续健康发展具有十分重大的意义。站在文化自觉的高度，我们要积极推进社会主义文化建设，就必须牢牢把握文化的特性和发展规律，切实找准文化发展和繁荣的着力点及切入点。

我国目前还是一个发展中国家，以经济建设为中心仍是兴国之要，发展依然是解决一切问题的关键，要真正实现社会主义现代化还需要经历一个相当长的历史阶段。就科学技术发展而言，虽然我们已经取得了世人瞩目的成就，但总的来说，与世界先进水平相比还有很大的差距，科学技术的整体实力远不能适应建设社会主义现代化国家的需要。这就是我们的国情，对此，我们必须有清醒的认识。现代化建设需要科技创新的推动，科技创新呼唤科技文化的振兴，科技创新的深入进行依赖于科技文化提供和营造的强大精神动力及文化氛围。因此，为适应社会主义现代化建设的需要，必须坚定不移、丝毫不能动摇地实施科教兴国和创新驱动发展战略，科学技术的地位只能加强而不能削弱，建设和弘扬科技文化势在必行。

在科技竞争日趋激烈的当今时代，一个国家和民族能否充分把握自己的命运而立于不败之地，关键取决于两个方面：一是科学家、技术专家和广大科技工作者在科学技术上的不断攀登及所取得的成就；二是全社会对科学技术的理解和支持，特别是国民的科技文化素质状况。客观地说，我国国民科技文化素质的总体状况并不乐观，种种不能令人满意的现象时有发生，愚昧和迷信还有一定的市场，披着科学外衣的伪科学也时有泛起。这显然是有悖于现代化要求的。因此，我们必须站在社会主义现代化建设的高度，在全社会广泛弘扬科技文化，努力让科技文化实实在在地走进广大民众的现实生活世界，走进广大民众的心中。

（三）提升文化自信：科技文化必须本土化

文化自信是一个民族对自身文化体系和文化价值的肯定、坚持与弘扬。有学者指出："文化自信是一个民族或国家在时代变革中既能保持自我又能面对世界的标识，一方面对自身文化的价值和历史传统有充分的肯定，另一方面对当前的文化状态有清晰的认知，对自身文化的未来发展有坚定的信心。"①我国是一个发展中国家，也是世界上最大的发展中国家，我们要发展，要强大，要屹立于世界民族之林，就必须树立高度的文化自信，高扬自己的文化理想，坚定不移地走中国特色文化发展道路。

与历史上任何文化融合时期相比，当代中国都处在一个外来文化最为多样、最为复杂的时期。提升文化自信，就是要营造一种健康向上、繁荣兴旺的文化生态环境。这种文化自信既包括对中华优秀传统文化的自信、对当代中国文化建设马克思主义指导思想的自信、对社会主义核心价值体系及社会主义核心价值观的自信，当然也包括对外来文化"为我所用"的自信。

就科技文化发展而言，我们强调文化自信，并不否认近代意义上的科技文化有其西方文化的历史渊源，也不否认吸纳和借鉴现代西方科技文化的重要性。在科技文化建设和发展的历史进程中，我们承认中国近现代科学技术落后、科技文化匮乏的事实，也一直主张学习西方近代科技文化，努力把西方近代科技文化有机地融入中国传统文化，建设具有中国文化传统、体现时代精神、融科技文化与人文文化于一体的现代化文化。

但是，我们主张学习西方科技文化，主张中国传统文化必须吸纳科技文化，并不意味着要照搬西方的科技文化模式。中国的科技文化建设必须走自己的路，科技文化必须本土化，必须打造中国特色，铸就中国风格。不难想象，如果我们不加选择地照搬西方的科技文化模式，势必会丧失中

---

① 张雷声：《文化自觉、文化自信与社会主义核心价值体系》，载《思想理论教育导刊》2012年第1期，第8-9页。

国文化的独特传统，中国文化的建设和发展因而将会失去根基。正因为如此，我们主张学习西方科技文化、中国传统文化必须吸纳科技文化是有条件的，即必须建立在将中国优秀文化传统发扬光大的基础之上，目的在于寻找新文化得以破土而出的"种子"，期望在中国文化的沃土中生长出新的具有中国特色的科技文化。

总之，中国文化现代化实质上是一个传统文化吸纳科技文化的过程，中国传统文化吸纳科技文化不仅必要，而且可能。历史的经验告诉我们，科学技术的精神之花不可能完全独立生长，它必须根植于文化的沃土之中，通过各种文化形式的碰撞和交融，才能生根、发芽、开花、结果。正因为这样，我们主张把科技文化有机地融入我们的传统文化，用科技文化"改造"我们的传统文化，在融入和改造中创造出具有中国特色的科技文化。概言之，我们有理由对中华民族文化的顽强生命力充满自信，对科技文化的吸纳、兼容和再造充满自信：科技文化必须本土化，科技文化也完全能够本土化。

第三节　科技文化与生态文明建设

文化与文明是辩证统一的，文化是文明的外在形式，文明是文化的内在价值，两者共同统一于人类的社会实践。科技文化与生态文明也是辩证统一的，科技文化是生态文明的基础，生态文明导引科技文化的发展方向，两者相互渗透，相互促进。科技文化与生态文明协调发展实质上是一个双向互动的过程，在这个过程中，科技文化发展必须以生态文明为归依，在全社会广泛弘扬科技文化是生态文明建设的首要任务。

一、"五位一体"总体布局中的生态文明

党的十八大从全面建成小康社会、实现中华民族伟大复兴的宏大目标

出发，明确提出了建设中国特色社会主义的"五位一体"总体布局。所谓"五位一体"，即经济建设、政治建设、文化建设、社会建设和生态文明建设"五位一体"。"五位一体"总体布局作为一个新的战略部署，它的提出代表了广大人民群众的根本利益和共同愿望，为中国特色社会主义伟大事业开辟了更加广阔的发展前景。

把生态文明建设纳入"五位一体"总体布局、努力建设美丽中国、为人民创造良好的生产生活环境，必将为我国全面建成小康社会目标的实现提供强有力的保障。党的十八大报告指出："建设生态文明，是关系人民福祉、关乎民族未来的长远大计。面对资源约束趋紧、环境污染严重、生态系统退化的严峻形势，必须树立尊重自然、顺应自然、保护自然的生态文明理念，把生态文明建设放在突出地位，融入经济建设、政治建设、文化建设、社会建设各方面和全过程，努力建设美丽中国，实现中华民族永续发展。"[①]"五位一体"总体布局是一个有机整体，把握"五位一体"总体布局就要深刻认识五项建设的丰富内涵及其关系。在"五位一体"总体布局中，五项建设是环环相扣、息息相关的，其中，经济建设是根本、政治建设是保障、文化建设是灵魂、社会建设是条件、生态文明建设是基础，它们共同统一于中国特色社会主义建设的伟大实践。

"五位一体"总体布局的提出标志着中国特色社会主义建设进入一个新的历史阶段，具有十分重要的理论意义和深远的历史意义。从"两个文明"建设到"三位一体"，到"四位一体"，再到现在的"五位一体"，充分体现了我们党对中国特色社会主义事业总体布局认识的不断深化。牢牢把握"五位一体"总体布局，全面推进"五位一体"的协调发展，就一定能够推动当代中国的全面发展，夺取中国特色社会主义建设的新胜利，创造中华民族更加美好的未来。

---

① 胡锦涛：《坚定不移沿着中国特色社会主义道路前进　为全面建成小康社会而奋斗——在中国共产党第十八次全国代表大会上的报告》，载《求是》2012 年第 22 期，第 3-25 页。

生态文明是人类文明的一种形式。所谓生态文明，指的是以人、社会、自然和谐共生、协调发展为基本宗旨的文明，是以尊重和维护生态环境为主旨、以未来人类的持续发展为着眼点的文明。建设生态文明在"五位一体"总体布局中占有重要地位、具有重要意义，它是中国特色社会主义事业的基础。因此，把生态文明建设纳入"五位一体"总体布局之中，是我们党对当代全球性环境问题的积极回应，也是对我国社会发展道路的进一步规范，表明我们党从全局和战略高度应对中国严重的生态矛盾、推进可持续发展的决心和信心。

综上所述，生态文明的崛起是一场世界性革命，必将带来人类生产生活各个领域全方位的变革。面对日益严重的当代全球性环境问题，中国作为一个敢于承担责任的大国，非常明确地将建设生态文明定为全面建成小康社会的一项重要目标，坚定不移地把建设生态文明纳入中国特色社会主义事业的总体布局。站在国家发展战略的高度，我们必须充分认识和深刻把握生态文明建设在"五位一体"总体布局中的重要地位，更加自觉地将生态文明建设融入中国特色社会主义事业的各方面和全过程，从根本任务和基本国策的高度推进生态文明建设。

二、科技文化与生态文明的辩证关系

科技文化与生态文明具有不可分割的关系。作为一种生成于科学技术实践活动的文化形态，科技文化是生态文明崛起的前提条件；作为一种建立在科学发展观基础上的社会生产方式和生活方式，生态文明是科技文化建设和发展的价值目标。正是基于这种关系，科技文化与生态文明协调发展问题作为一个重要的理论与现实问题便凸显了出来，生态文明建设呼唤科技文化在全社会的广泛弘扬。

当今时代，随着科学技术的飞速发展，科技文化的力量日益增长，与之相应，科技文化所担负的责任也在不断凸显。对此，有学者指出："科技的发展已经使风险成为内在于现代科技中的构成要素。科学并不能因此而成为意识形态和一切价值的标准。科学并不能独自完成真理，科技文化也不具有无限的'合理性'。"①在这种背景下，科学把握科技文化与生态文明的辩证关系，深入研究基于生态文明的科技文化发展规律，在理论与实践的结合上解决科技文化适应生态文明要求的问题，就成为一个非常重要且迫切的现实课题。

在现代西方的各种生态文明理论中，对我国学术界影响较大的当是自然价值论和人类中心论，但它们都有自己的局限性。生态学马克思主义克服了自然价值论和人类中心论拘泥于哲学价值观来探讨生态危机及其解决途径的缺陷，形成了较为系统和独具特色的生态文明思想。它给我们的启示是：我国的生态文明理论建设必须重视对马克思主义生态理论资源的系统挖掘和整理，努力实现生态文明理论的本土化。

近年来，随着全球生态环境问题的日益恶化，生态文明日益成为人们关注的焦点，党的十八大把生态文明建设摆在"五位一体"总体布局的高度来论述，更是把生态文明研究推向了深入。关于生态文明的内涵，一种观点把生态文明作为一种与原始文明、农业文明和工业文明前后相继的新的社会文明形态，强调经济、社会、自然环境的可持续发展；另一种观点则把生态文明理解为社会形态内部某个领域与物质文明、精神文明、政治文明相对应的文明，强调人与自然的和谐相处与协调发展；还有一种观点则认为，生态文明也是一种社会意识形态，它是一种社会主义所追求的且只能属于社会主义的文明。这些关于生态文明的不同理解，在立论的基点上有一个普遍的共性：将人与自然的和谐统一作为其定义的基础和核心。这就内在地蕴含着一个前提：正确认识和处理人与自然的关系，把科学技术发展和科技文化弘扬作为生态文明建设的首要任务。

---

①　蒋学杰、刘辉：《科技文化的"合理性"及其界限——兼论科学创新中的计划主义》，载《黑龙江史志》2009年第22期，第22-23页。

三、科技文化与生态文明协调发展及其实质

把生态建设上升到文明的高度，并纳入"五位一体"总体布局，强调生态文明建设的战略意义，是我们党对中国特色社会主义和经济社会发展规律的科学把握，也是对人类文明趋势认识的不断深化。而科技文化则标志着人类社会发展和进步的水平，日益成为推进各种文化传统推陈出新、走向现代化、走向先进性的基础。由此可以说，科技文化与生态文明协调发展不仅是必要的，而且也是可能的。我们的使命就是要揭示科技文化与生态文明协调发展的实质，建构科技文化与生态文明协调发展的运行原则。

（一）科技文化与生态文明协调发展何以可能

科技文化与生态文明都是人类对自身探索自然、进行社会实践、社会创造意识和行为的归纳及描述，两者具有共同的本质规定。正是这种共同的本质规定为科技文化与生态文明的协调发展提供了可能。

如前所述，作为一种比工业文明更先进、更高级的文明形态，生态文明有赖于科学技术的发展和进步，有赖于科技文化的广泛弘扬。有学者指出："在保护环境与发展经济两者之间面临一种两难境地，而走出这种两难境地的途径，科技进步或许是最富有希望带来根本性转机的一条道路。"[①]科学技术的发展和科技文化的弘扬，不仅是经济社会和文化发展的重要源泉，也是走出生态危机、建设美丽中国的重要手段。问题的关键在于我们对待科技文化的态度。为了科技文化的健康发展，最大限度地凝聚科技文化的正能量，我们必须按照生态文明的要求发展科学技术，避免科学技术在工业文明中产生的种种问题，尽力消除科学技术应用的负效应。

今天，科技文化作为一种支撑生态文明的重要力量，已经渗透到生态

---

① 张坤民：《可持续发展论》，中国环境科学出版社 1997 年版，第 231 页。

文明生成和发展的整个过程及各个环节。这在客观上要求我们，要正确认识科学技术在人与自然、人与社会、人与人的关系中所扮演的角色，切实解决科技文化的价值定位问题，强化全社会对科技文化的认同感。特别是在现代科学技术发展使得人类交往实践日渐复杂、科学技术活动后果的深远性日益凸显的今天，我们更要放弃盲目的科学技术乐观主义，勇敢地担当起主体活动的历史责任，切实加强科学技术的人文关怀，牢固树立生态文明的科技文化观。

就其本质而言，科技文化就是人类与科学技术的互动关系及其产物，是人类对科学技术的认识、研究和应用及其所创造的文明生活的反映。随着科学技术的迅猛发展，科技文化不仅自身在迅速壮大，不断地完善着自己的理论形态，而且深刻广泛地影响和改变着文化及文明的发展进程，逐渐成为社会文化的主导形式。在这样的大背景下，科技文化与生态文明更加紧密地结合在一起，生态文明建设更加依赖科学技术的发展和进步，更加依赖科技文化的建设和弘扬。

（二）科技文化与生态文明协调发展的实质

要科学构建科技文化与生态文明的良性互动系统，促进科技文化与生态文明的协调发展，就必须正确认识和把握科技文化与生态文明协调发展的实质。这是因为："科技文化与生态文明是辩证统一的，科技文化与生态文明协调发展实质上是一个双向互动的过程。科技文化是生态文明的基础，渗透于生态文明的各个环节，支撑着生态文明的发展；生态文明规范和制衡科学技术的应用，导引着科技文化的发展方向，促使科技文化更好地为生态文明建设服务。"[1]

首先，弘扬科技文化是生态文明建设的首要任务。生态文明的实质在

---

[1] 杨怀中：《科技文化与生态文明协调发展及其走向》，载《江汉论坛》2013 年第 10 期，第 126-129 页。

于如何正确认识和处理人与自然之间的关系，通过破解人类面临的生态环境问题，实现经济、社会和自然环境的可持续发展。而要达到这个目的，就必须以科技文化为支撑，在全社会广泛弘扬科技文化。这是因为，科技文化的使命就是要达成人与自然的和谐共处和协调发展，它一开始就是并始终是人类正确认识和处理人与自然关系的重要工具。

其次，实现生态文明目标是科技文化最基本的价值追求。科技文化的现实意义和时代蕴涵就在于它以生态文明为归依，着力于科学技术合理化的制度设计与安排，坚持把实现生态文明建设的目标作为自己最基本的价值追求。这是科技文化的重要使命，也是科技文化协调人与自然关系的前提所在。只有在这个前提下，科技文化的发展和弘扬才能具有明确的方向，才能真正焕发科技文化的生机和活力。

最后，促进可持续发展是科技文化发展与生态文明建设的共同主题。科技文化与生态文明都是人的社会实践活动，两者之所以能够协调发展，很重要的一点在于它们都肩负着促进人类社会可持续发展的历史使命。促进可持续发展，既是科技文化发展与生态文明建设的共同主题，也是科技文化发展与生态文明建设的共同旨趣。把可持续发展理念引入科技文化与生态文明协调发展的运行机制之中，坚持把促进可持续发展作为科技文化发展与生态文明建设的共同主题，对于科技文化发展和生态文明建设来说无疑是双赢的，不仅具有理论意义，也具有实践价值。

（三）科技文化与生态文明协调发展的基本要求

从系统论的角度讲，科技文化与生态文明协调发展也是一个系统，系统的良性运行关键在于建设，其基本要求有以下三点。

第一，立足社会和谐。人类生活的世界是由自然、社会和人三个部分构成的，从根本上说，科技文化与生态文明协调发展就是要立足于人类社会发展大系统，努力寻求人与自然、人与社会、人与人之间关系的和谐发展。只有把科技文化与生态文明协调发展放在人类社会和谐发展大系统中进行谋划，以构建人与自然、人与社会、人与人之间的和谐关系为前提条件，才能保证科技文化与生态文明协调发展，并以科技文化与生态文明协调发展促进人类社会的可持续发展。

第二，彰显中国特色。在科技文化与生态文明协调发展的进程中，所谓彰显中国特色，就是要从当代中国国情出发，坚持科技文化与生态文明协调发展的正确方向，突出科技文化的本土特色，明晰生态文明的社会主义性质。今天，科技文化与生态文明协调发展的中国特色集中表现在两个方面：其一，科技文化发展与生态文明建设的积极成果必须惠及全体人民；其二，着力于提升全体社会成员的科技文化素质，充分调动广大人民参与科技文化发展与生态文明建设的积极性和创造性。

第三，促进双向互动。科技文化与生态文明协调发展实质上是一个双向互动的过程，互动的目标指向人类社会的发展进步。这个目标能否实现，关键在于二者能否有效地互动起来。所谓双向互动，主要表现在两个方面：一是科技文化与生态文明的相互渗透，科技文化发展以生态文明目标的实现为价值追求，生态文明建设以大力弘扬科技文化为首要任务；二是科技文化与生态文明的相互促进，建设生态文明以引领科技文化发展，弘扬科技文化以支撑生态文明建设。

第四节　科技文化与经济发展方式转变

在全面推进中国特色社会主义现代化事业的伟大进程中，加快转变经济发展方式被看作是决定现代化成败和经济社会发展全局的重大抉择。转变经济发展方式离不开科技文化的推动和支撑作用，科技文化是转变经济发展方式的重要保障。正确认识和处理科技文化与经济发展方式转变的关系，充分发挥科技文化对经济发展方式转变的推动和支撑作用，是当前乃至今后我国经济又好又快发展的重中之重。

一、经济发展方式转变迫在眉睫

当代中国，以经济建设为中心是兴国之要，发展仍是解决一切问题的关键。但是，我们强调的发展是科学发展，走的是一条中国特色的发展道路。坚持科学发展、走中国特色发展道路，就要加快转变经济发展方式。

加快转变经济发展方式，就其本质而言，就是要"促进经济发展由主要依靠投资、出口拉动向依靠消费、投资、出口协调拉动转变，由主要依靠第二产业带动向依靠第一、第二、第三产业协同带动转变，由主要依靠增加物质资源消耗向主要依靠科技进步、劳动者素质提高、管理创新转变。这三大转变也就是需求结构、产业结构和要素结构的转变"①。由此看来，加快转变经济发展方式，既是一个重大的理论问题，也是一个迫切需要解决的现实问题。

当今时代，抢占科学技术和产业发展制高点的竞争比以往任何时候都更加激烈，世界各国特别是主要发达国家都在谋求新的经济发展方式。应该看到，近年来，我国经济发展的外部环境和内部条件都发生了很大变化，新形势新任务迫切要求我们加快转变经济发展方式。对此，白春礼强调指出："随着经济规模的不断扩大，发展中不平衡、不协调、不可持续的问题日益显现，资源环境约束强化，产业结构不合理，劳动力资源结构性短缺，传统的经济发展方式难以为继。加快转变经济发展方式，推进经济结构战略性调整，已成为十分重大而紧迫的任务。"②

长期以来，基于经济发展所处的历史阶段及整体科技水平的限制，我

---

① 董晓辉、傅婉娟：《关于科技创新驱动经济发展方式转变的再思考》，载《甘肃理论学刊》2014年第2期，第161-165页。
② 白春礼：《不断提升科技创新能力，加快转变经济发展方式》，载《中国科技奖励》2011年第8期，第6页。

国的经济发展主要建立在资源、环境、劳动力等所谓的比较优势基础之上，通过增加生产要素的投入和物质消耗的粗放型增长方式来实现。从一定意义上说，我国经济发展的成就正是得益于此，当然，发展中的许多问题也根源于此，如创新能力不足、缺少核心技术、资源浪费严重、生态环境代价过高、内需严重不足等。

改革开放以来，中国特色社会主义建设取得了举世公认的伟大成就，国民经济长足发展，人民生活水平显著提高，综合国力进一步增强。但是，我们应该清醒地认识到，我国经济发展方式比较粗放，在经济快速增长的同时付出的代价也是很大的。在对待经济发展问题上，我们过去强调的是发展的速度和总量，而现在应当更加重视发展的质量了。由此可以说，经济发展方式的转变，标志着我国经济发展层次的提高，标志着我国经济发展进入了一个新的历史起点。

加快转变经济发展方式，是关系我国积极推进社会主义现代化建设全局的战略部署，因而也是当前和今后一个时期我国经济工作的重中之重。因此，我们要进一步提高对加快转变经济发展方式的重要性和紧迫性的认识，把加快转变经济发展方式置于现代化建设和经济社会发展全局加以考量；深入研究加快转变经济发展方式的理论和实践问题，努力把加快转变经济发展方式的观念和行动贯彻于经济社会发展的全过程及各领域。正如胡锦涛所说："当前，人和自然的关系日益密切和复杂，寻求科学的发展理念和可持续的发展方式已成为世界各国共同关注的重大问题。我们必须把握机遇，审时度势，科学谋划，顺势而为，加快转变经济发展方式，使我国发展质量越来越高、发展空间越来越大、发展道路越走越宽，在激烈的国际竞争中赢得主动。"①

---

① 胡锦涛：《在中国科学院第十五次院士大会、中国工程院第十次院士大会上的讲话》，载《科技管理研究》2010 年第 13 期，第 1-4 页。

二、科技文化是经济发展方式转变的重要支撑

人类社会步入知识经济时代以来，作为一种文化力的科学技术越来越凸显出在经济社会发展中的巨大作用。科学技术是推动历史前进的革命力量，知识经济实质上就是以科学技术为第一生产力的经济。由此可以说，科技文化是转变经济发展方式的重要支撑，经济发展方式转变的关键是要大力推进科学技术进步和创新，在全社会广泛弘扬科技文化。

科学技术是经济社会发展中最活跃、最具革命性的因素，科学技术的进步和创新对经济发展方式转变有巨大的推动作用。回望历史，正是在科学技术进步和创新的推动下，全球经济发展方式才经过了数次转变，其中，具有代表性的有：18世纪60年代，由于生产技术和科学知识的积累，社会生产力得以快速提升，催生了英国工业革命；19世纪70年代，近代自然科学突破性地发展并与工业生产紧密结合，使得生产力发展突飞猛进，推动了第二次工业革命；20世纪40年代以来，科学理论的突破、科学技术革命的兴起，引发了社会经济结构的巨大变化。

当今时代，科学技术进步日新月异，科学技术比历史上任何时期都更加深刻地决定着经济社会的发展和进步。科学技术作为人类文明进步原动力的作用日益凸显，科学技术的发展和进步深刻改变着经济发展方式，这种作用体现在经济发展方式转变的各个方面和整个过程。特别是在全球性问题日趋尖锐的今天，无论是能源资源问题、生态环境问题，还是人口健康问题，都必须通过科学技术的不断创新来解决。

改革开放吹响了我国社会主义事业全面发展的号角，迎来了科学技术大发展的历史新时期。客观地说，改革开放以来，我国的科学技术蓬勃发展，科技创新能力不断提高。我国整体科技发展水平位居发展中国家前列，一些重要领域的研发能力已经跻身于世界先进水平，适应社会主义市场经济的国家创新体系初步形成，这为我国的国家安全、社会进步、经济

发展及民生改善等提供了重要支撑。但客观地说，我国的科学技术进步和创新中仍存在不少问题，与西方发达国家相比仍有较大差距，严重制约着我国经济社会的持续健康发展，如科技发展不平衡、创新结构不合理等。因此，如何通过科技进步与创新来推进经济发展方式转变，仍然是我国当前和今后一个时期关系经济社会发展全局的重大战略选择。

综上所述，作为一项经济社会领域的深刻变革，加快转变经济发展方式能否取得成功，从一定意义上说，就取决于科学技术的进步和科技文化的弘扬，而核心则在于提高科技进步和创新的贡献度，使其成为经济发展最重要的推动力。

三、科技文化支撑经济发展方式转变的运作策略

科技文化是转变经济发展方式的重要保障，加快转变经济发展方式离不开科技文化的推动和支撑，科技文化作为一种隐性人文资源，能够实现社会价值的增值，促进经济发展方式的根本性转变。从全球发展环境来看，许多发达国家把推动科学技术进步和创新、建设科技文化作为国家发展战略，制定科技扶持政策，完善体制机制，加大科技投入，加快科技成果向现实生产力的转化。抓科技就是抓发展，谋创新就是谋未来，我们必须加快国家创新体系建设、增强科技自主创新能力、完善科技创新体制机制、加强创新人才队伍建设，为科技文化支撑经济发展方式转变创造条件。

（一）加快国家科技创新体系建设

科技文化要支撑经济发展方式转变，必须进一步加快国家科技创新体系建设。《国家中长期科学和技术发展规划纲要（2006—2020年）》指出：国家科技创新体系是以政府为主导、充分发挥市场配置资源的基础性作用、各类科技创新主体紧密联系和有效互动的社会系统。简言之，科技

创新体系就是作用于科技创新活动各种要素之间的有机组合。

在科学技术飞速发展的当今时代，国家之间的竞争日趋激烈，为在新一轮竞争中赢得主动权和抢占制高点，发达国家和部分发展中国家不约而同地选择了建设创新型国家的道路。但是，由于文化、基础和地缘的差异，各个国家在创新理念、发展战略、关注重点等方面各有不同和侧重，国家科技创新体系的建设也各具特色。就我国目前的情况看，基本形成了政府、企业、科研院所及高校、支撑服务系统四角相倚的科技创新体系，该体系采取了一系列重大改革措施，取得了重要突破和实质性进展。但是，也存在着体制和机制不适应、企业尚未真正成为科技创新主体、创新系统各要素之间相互作用的市场化机制尚未真正建立起来等一系列问题。

因此，我们应当在可持续发展战略的宏观框架下，在目前已经建立起来的比较好的国家科技创新体系的基础上，积极推进创新驱动发展战略，进一步从国家层面上对科技创新体系进行组织、管理和调控，以提高自主创新能力为核心，努力实现"自主创新、重点跨越、支撑发展、引领未来"的战略目标。

（二）提高科技自主创新能力

加快转变经济发展方式，科学技术的进步和创新是根本，提高科技自主创新能力是关键。正因为如此，现在世界上许多国家，无论是发达国家还是发展中国家，都把提高科技自主创新能力作为国家战略并用以指导本国的经济发展。历史发展的经验证明："一个国家只有拥有强大的自主创新能力，才能加快自主创新，才能在激烈的国际竞争中把握先机、赢得主动。特别是在关系国民经济命脉和国家安全的关键领域，真正的核心技术、关键技术是买不来的，必须依靠自主创新。"[1]

---

[1] 夏东民：《自主创新与经济发展方式转变》，载《毛泽东邓小平理论研究》2010 年第 3 期，第 21-25 页。

党的十八大报告指出："科技创新是提高社会生产力和综合国力的战略支撑，必须摆在国家发展全局的核心位置。要坚持走中国特色自主创新道路，以全球视野谋划和推动创新，提高原始创新、集成创新和引进消化吸收再创新能力，更加注重协调创新。"①党中央如此高度重视科学技术发展，如此高度重视提高科技自主创新能力，充分反映了我们党对当今世界经济、科技发展趋势和内在规律的准确把握。

总之，认真贯彻落实党中央的战略部署，加快转变经济发展方式，要求我们高度重视科学技术的创新发展，着力建立健全国家科技自主创新体系。在运作策略上，要努力造就一批具有国际竞争力的企业，在若干重要领域掌握一批核心技术，拥有一批自主知识产权，全方位提升科技自主创新能力，牢牢掌握国际科技竞争的主动权。

（三）完善科技创新体制机制

进一步完善科技创新体制机制也是科技文化推动和支撑经济发展方式转变的战略举措。按照创新型国家建设的总体部署，为适应我国加快转变经济发展方式的要求，完善科技创新体制机制必须紧紧抓住以下几个方面。

第一，完善投入机制，优化投入结构。我国科学技术发展的根基尚不够坚实，要实现建设创新型国家这一战略目标，就要加大基础研究的投入力度，特别是政府要加大对基础研究的投入；就要提高消化吸收再创新的投入比重；就要调整国家产业扶持政策，有效引导企业增加研发投入，增强研发实力。

第二，完善管理体制，优化资源配置。当代创新更多的是集成创新，是不同学科、不同领域的融合创新。一方面，国家要从统筹规划和统筹管理的高度考虑及部署产业发展政策及科技创新政策；另一方面，要以产业

---

① 胡锦涛：《坚定不移沿着中国特色社会主义道路前进　为全面建成小康社会而奋斗——在中国共产党第十八次全国代表大会上的报告》，载《求是》2012 年第 22 期，第 3-25 页。

创新战略联盟为抓手，完善我国的产学研用合作机制，实现科技资源的优化配置。

第三，完善人力资源管理体制，为科技创新提供人才保障。加快经济发展方式转变，自主创新是根本，人力资源是第一资源，培养人才是关键。虽然我国的科技人力资源总量居世界第一位，研发人员排世界第二位，但在现有的体制机制下，我们最珍贵的人才并没有充分发挥出应有的潜能。因此，我们必须进一步完善科技创新体制机制，切实加强创新型科技人才队伍建设，真正确立人才优先发展战略布局。

第五章
科技文化的软实力蕴涵

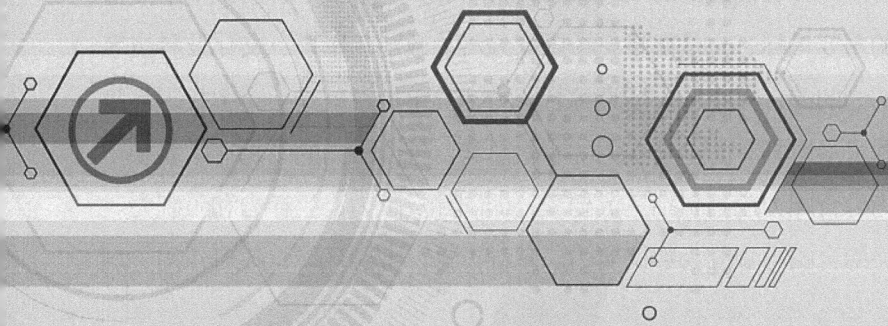

文化软实力逻辑地包含着科技文化的力量。科技文化作为一种在科学技术实践活动中积淀而成的独具特色的文化形态，是国家文化软实力的重要支撑。在科学技术飞速发展的当今时代，提高国家文化软实力必须加强科技文化软实力建设。

第一节　软实力理论及其背景

"软实力"的概念是由美国学者约瑟夫·奈提出来的。约瑟夫·奈在国家综合国力研究方面卓有建树，影响也很大。这个概念一经提出就获得了人们的高度关注，世界上很多国家都把它作为提升综合国力的重大问题进行研究，于是，出现了各种各样的软实力理论。

一、从硬实力到软实力

我们正处在一个国际竞争日趋激烈的时代，日趋激烈的国际竞争本质上是国家综合国力的竞争，而不仅仅是军事力量、经济力量或某一单方面力量的竞争。江泽民指出："世界多极化在曲折中发展，科技进步日新月异，综合国力竞争日趋激烈，世界的力量组合和利益分配正在发生新的深刻变化。"①

综合国力（comprehensive national power）是衡量一个国家基本国情和资源的重要指标，也是衡量一个国家经济、政治、军事、文化及科技等各方面实力的综合性指标。所谓综合国力，简单地说就是一个主权国家赖以生存和发展所拥有的全部实力的有机总和。综合国力的结构非常复杂，有人认为综合国力应当包括三大要素，即国际贡献力、生存力和强制力。也有人将综合国力划分为经济实力、基础设施、金融环境、政府作用、科

---

① 江泽民：《江泽民文选》第 3 卷，人民出版社 2006 年版，第 297 页。

技水平、人口结构素质及国际化程度等多种要素。约瑟夫·奈则把综合国力分为两种形态，即"硬实力"与"软实力"。

按照约瑟夫·奈的解释，"硬实力"是一种支配性实力，包括经济力量、军事力量及科技力量等。通俗地说，硬实力是指看得见、摸得着的物质力量，而"软实力"则表现为一个国家的对外吸引力、感召力和影响力，包括文化、价值观、社会制度、意识形态及发展模式等。与硬实力相比，软实力的最大特点是它对他国人们的吸引、感召和影响并非通过强迫手段实现的。

约瑟夫·奈在 1989 年撰写的《注定领导》（*Bound to Lead*）中第一次提出了 soft power 这个概念，引起了学术界的极大关注。之后，1990 年他在美国著名杂志《外交政策》（*Foreign Policy*）上发表了《软实力》（*Soft Power*）一文，系统阐释了这个概念。之后，他和威廉·欧文斯（William A. Owens）等学者在《外交季刊》（*Foreign Affairs*）上发表了《信息时代的国家利益》《美国的信息优势》《信息时代的力量与相互依存》等一系列文章，进一步阐述了软实力概念。

1999 年，约瑟夫·奈发表了《软实力的挑战》（*The challenge of soft power*）。在书中他这样写道："软实力是一个国家的文化与意识形态吸引力，它通过吸引力而非强制力获得理想的结果，它能够让其他人信服地跟随你或让他们遵循你所制定的行为标准或制度，以按照你的设想行事。软实力在很大程度上依赖信息的说服力。如果一个国家可以使它的立场在其他人眼里具有吸引力，并且鼓励其他国家依照寻求共存的方式加强界定它们利益的国际制度，那么它无须扩展那些传统的经济和军事实力。"[①]

在之后的《硬权力与软权力》中，约瑟夫·奈进一步强调说："一个国家可以在国际政治中得到所希望的结果，因为他国想追随他，欣赏其价

---

① Joseph Nye: The challenge of soft power，Time，February 22，1999，p.91.

值观，效仿其模式，渴望达到其繁荣水平和开放程度。从这个意义上说，在国际政治中通过制定议程来吸引他人，与通过威胁或使用军事或经济手段来强迫他人改变立场同等重要。我把实力的这一方面称为软实力。"[1]

2002 年，约瑟夫·奈的《美国霸权的困惑——为什么美国不能独断专行》一书问世。在这本书中，约瑟夫·奈进一步阐释了他的软实力概念。他强调说："软实力是让别人也想要你所想要的能力，它强调的是人们之间的合作而不是强迫人们服从。同时，奈认为虽然软实力并不仅仅属于美国，但在信息化时代美国可能获得比其他国家更多的优势。这种优势主要来源于美国主流文化和观念更接近普遍的全球规则，对各种国际问题的决策有很大影响，国际间合作和表现能增强其在国际间的信誉和声誉。"[2]

2004 年，约瑟夫·奈在其新作《软实力——国际政治中的制胜之道》（*Soft power: The means to success in world politics*）中进一步强调说："软实力是一种能力，它能通过吸引力而非威逼或利诱达到目的。这种吸引力来自一国的文化、政治价值观和外交政策。当在别人的眼里我们的政策合法、正当时，软实力就获得了提升。"[3]

2006 年，约瑟夫·奈发表了《软实力再思考》（*Think again: soft power*）一文，在这篇文章中，他把软实力的概念简单定义为："通过吸引而非强制或者利诱的方式改变他方的行为，从而使己方得偿所愿的能力。"[4]他反复强调说：应该把硬实力与软实力有效地结合起来，正确把握两者的关系，片面地单独依靠任何一方都是不可取的，甚至是错误的。

约瑟夫·奈为什么要提出 soft power 这个概念？在 2013 年出版的

---

① 约瑟夫·奈著，门洪华译：《硬权力与软权力》，北京大学出版社，2005 年版，第 44 页。

② 转引自洪晓楠等：《国家文化软实力的构成要素与提升战略》，载《江海学刊》2013 年第 1 期，第 202-207 页。

③ Joseph Nye: Soft power: the means to success in world politics. New York Public Affairs，2004，p.25.

④ Joseph Nye: Think again: soft power，Foreign Policy，March，2006.

《软实力》的中文版序中，他这样写道："我在一本关于美国未来实力的书中第一次提出了软实力的概念。我曾尝试对相关实力进行比较评估，结果发现，传统的经济手段和军事资源已经不足以解释当下的种种现象了。它们虽有助于理解强迫和收买是如何发挥作用的，却无法解释吸引和说服的威力所在。于是，我提出了'软实力'这个概念。"①简单地说，软实力就是一个国家的影响力和吸引力。这就是约瑟夫·奈关于软实力的基本观点。

总之，soft power 这个概念是由约瑟夫·奈提出来的，对这个概念的把握和描述，他自己也在不断地完善中。在我国，soft power 被译为"软实力""软权力""软力量"等，但相对而言，人们比较认可"软实力"的译法。对于一个国家来说，所谓软实力，指的就是这个国家的文化观念、价值规范、制度安排、意识形态、发展模式及生活方式等的吸引力所体现出来的"实力"。

二、软实力与硬实力的辩证统一

"软实力"和"硬实力"都属于"实力"的范畴。作为综合国力的两个方面，两者的关系体现为既有区别又相互联系、相互作用的辩证统一关系，对于任何一个国家综合国力的发展来说，它们都是至关重要的，也是不可分割的。

（一）软实力与硬实力相互区别

软实力与硬实力的区别，就在于两者性质不同、资源不同、谋取方式不同，所发挥的功效也不同②。

首先，软实力与硬实力性质不同。硬实力作为一个国家实力中的有形的物质要素，是通过经济、科技、军事等表现出来的实力，一般可以量化

---

① 约瑟夫·奈著，马娟娟译：《软实力》，中信出版社 2013 年版，第 Ⅶ 页。
② 武铁传：《论软实力与硬实力的辩证关系及意义》，载《理论导刊》2009 年第 5 期，第 23-25 页。

和测量；而软实力则无法量化和测量，它通常表现为国家实力中的那种无形的、能够影响他国意愿的精神力。

其次，软实力与硬实力资源不同。硬实力资源是与支配力相关联的，其作用发挥主要依赖于强迫或者引诱的方式来改变他人行为；而软实力资源则通常与同化力密切相关，其作用发挥主要依赖于本国文化和价值观的吸引力，或者依赖于操纵政治议程的选择来左右他人愿望。

再次，软实力与硬实力的谋取方式不同。硬实力的提升必然耗费有形资源，是一种内源性获得方式；而软实力作为无形资产，具有明显的外源性特征，主要靠大众媒体传播来获得。

最后，软实力与硬实力所发挥的功效不同。硬实力是看得见、摸得着的物质力量，以事实为基础，具有强力功能；而软实力是无形的延伸，以价值观为基础，目标直指人心。

（二）软实力与硬实力相互联系

软实力与硬实力作为一对矛盾范畴，双方又是相互联系的。软实力是相对于硬实力来说的，以硬实力的存在作为自己存在的前提；而硬实力是相对于软实力而言的，以软实力的存在作为自己存在的前提。这就是说，无论是软实力还是硬实力，双方都要通过对方来说明自己，失去对方就等于失去自身。

相对来说，软实力概念的提出比硬实力概念的提出要晚些，但有一点是相同的，即它们所反映的内容都是一个古已有之的客观存在。值得注意的是，虽然软实力与硬实力概念提出的时间有早有晚，而且在不同主体那里也有大小强弱之分，但这并不意味着任何一方可有可无，世界上不存在任何没有硬实力的软实力或没有软实力的硬实力，软实力与硬实力不可分割地蕴含于每一个国家或地区。

软实力与硬实力也是互为前提的，对于任何一个国家或地区来说，软实力与硬实力都是以对方的发展作为自己发展的条件的。有学者分析说："软实力的提升离不开强大的硬实力，没有一定的硬实力做支撑，无论是国民文化程度的提高、国家意识形态的吸引力的产生，还是以民族精神为核心的国家凝聚力的增强，都成无本之木、无源之水。同理，提升硬实力也离不开软实力的增强。因为任何硬实力的产生都不是自发形成的，而是它的创造主体自觉自为的创造结果，是通过软实力在一定程度上凝聚人心、团结奋斗和共同追求的结果。"①

需要指出的是，这里强调软实力与硬实力互为前提和条件，并非要否定两者之间的不平衡性，它们毕竟是一个国家综合国力的两种表现形式。客观地说，在综合国力的发展中，由于受到各种因素影响，软实力与硬实力各有其自身的独立性。人们往往会看到：在世界各国的综合国力比较中，硬实力基本相似而软实力不同，或者软实力基本相同而硬实力强弱不一，乃至硬实力相对较弱而软实力较强，或者软实力相对较弱而硬实力较强，如此等等，这些现象都是存在的。当然，这种现象不会长期存在。这是因为，对于任何一个国家来说，只有保持软实力与硬实力的协调发展，才能达成综合国力的持续增强。

（三）软实力与硬实力相互作用

软实力与硬实力不仅是相互联系的，也是相互作用的。在综合国力系统中，软实力与硬实力的相互作用关系，既表现为硬实力决定软实力，也表现为软实力对硬实力的反作用。

一方面，硬实力决定软实力。在国家综合国力的形成和发展过程中，硬实力为软实力提供了基础和保障，没有硬实力，就无所谓软实力。美国强大的综合国力不仅表现为经济和军事等硬实力优势，也表现为文化、国民凝聚力等软实力优势。不难想象，没有强大的经济和军事力量作为后

---

① 武铁传：《论软实力与硬实力的辩证关系及意义》，载《理论导刊》2009 年第 5 期，第 23-25 页。

盾，也就没有美国文化对异文化的强大磁力。众所周知，"世界上大概只有美国既具有无国可敌的'硬实力'，又显示出对他国之人吸引力的'软实力'。而如果没有强大的经济和军事实力作为基础，其软实力也不会像今天这样把美国的影响渗透到地球的每一个角落"[1]。

另一方面，软实力对硬实力具有反作用。这种反作用，既表现为软实力对硬实力发展的促进作用，为硬实力提供合法性解释；也表现为软实力对硬实力的制约作用，把握硬实力的发展方向，开拓硬实力的战略空间。从软实力对硬实力发展的促进作用方面来说，由于软实力总是容易让人内心折服，所以从某种程度上讲，软实力比硬实力更有优势。其中，文化在软实力中所起的对硬实力的推动作用尤其突出。还是以美国为例，正是文化的全球扩张，给美国带来了实实在在的经济利益，为美国在经济上具有强大的硬实力做出了巨大贡献。就软实力对硬实力的制约作用方面而言，在综合国力发展中，软实力与硬实力并非都是同步的，硬实力强大绝不意味着软实力也就自然而然强大，软实力，尤其是文化软实力对于国家力量的充分动员具有不可或缺的重要作用，任何一个国家的振兴都不能没有文化软实力的参与。

三、软实力理论的中国阐释

约瑟夫·奈的软实力理论是从维护美国霸权地位出发的，具有鲜明的"美国性"，旨在阐释美国如何加强国家软实力建设的政策主张。那么，中国学者是如何理解和阐释"软实力"的呢？

客观地说，软实力理论的形成是一个逐步积累和更新的探索过程，又是一个通过激烈的竞争而优胜劣汰的选择过程。其实，在没有正式提出"软实力"概念之前，软实力作为一种客观存在一直发挥着影响和作用，

---

[1] 洪晓楠、郭丽丽：《国家硬实力与软实力发展的辩证关系探析》，载《文化学刊》2010年第6期，第13-17页。

只是没有引起人们的关注而已。随着全球综合国力竞争的日趋激烈，软实力的影响和作用也日益突出。正是在这种大背景下，约瑟夫·奈提出了"软实力"这个概念。历经 20 多年的砥砺，软实力理论引起了世界各国政要和学者的高度关注与重视，"软实力"俨然成为一个热门词语，四处生根，遍地开花。

童世骏指出："'软实力'不仅与社会实体有关，而且主要与国际关系中的行为实体有关。尽管有人在谈论某个地区文化发展的时候，也常常使用'软实力'这个概念，但这个概念最初却是在有关国家与国家关系的战略思考和学术讨论中提出来的。"[①]一般认为，软实力理论是在相互依存理论前提下对国际关系理论"权力论"所做的补充和发展。它既是冷战后国际力量对比发生深刻变化的产物，也是传统国际关系理论的发展。冷战结束后，国际关系的主体和实际内容都发生了深刻变化，其中，最引人注目的是国家之间的相互依存关系不断加强，综合国力中"无形权力"的重要性日益突出。正是这些变化及蕴含其中的理念，成了软实力理论的重要思想源泉。

随着冷战后国际关系的深刻变化，软实力理论对作为重要战略力量的外交政策和国际形势产生了深刻及复杂的影响，因而被越来越多的国家重视和运用。软实力理论认为，一个国家如果能够以自己的外交政策、制度设计、文化观念、价值规范，以及政府和国民形象等因素来吸引其他国家，使之自愿模仿其政治、经济、社会结构或发展模式，进而在国际竞争中拥有自己的发言权和影响力，那么，这个国家就具备了较强的软实力。随着软实力概念的广泛传播，学术界对软实力问题逐步增添了各自国家的元素。在我国，与"软实力"这个概念同时使用的还有"软权力""软力量"等，比较而言，最为流行的还是"软实力"的说法。当然，不同的理

---

① 童世骏：《提高国家文化软实力：内涵、背景和任务》，载《毛泽东邓小平理论研究》2008 年第 4 期，第 1-8 页。

解总是有的，至今学术界对于软实力的概念还没有一致的界定，对其内涵也还存在诸多的分歧。

阎学通认为，作为一个国家的内外政治动员能力，软实力是一个大概念，不能把软实力简单地理解为文化实力。他指出："软实力的特点是让别人自愿支持本国政府的政策。软实力和硬实力的最根本区别是软实力使受力者自愿行动，而硬实力使受力者被迫行动。"①

左学金、刘遵义在 2004 年召开的首届世界中国学论坛的发言中指出："软实力是通过道义上的主导去赢得朋友，影响他人的一种能力。这包括公平对待所有国家，不滥用实力（包括硬实力），行动时注意克制。"他强调："只有当一个国家愿意坚持以一种非自私自利的方式来解决其他国家问题的时候，其软实力才能得到增强。"②

沈壮海则强调："软实力竞争的核心是文化软实力的竞争，本质是价值观的较量。与此相应，支撑强大软实力的主轴，归根结底，不是纷繁多样的文化业态，而是文化的内核即价值观。"③

高占祥在他所写的《文化力》一书中指出："软实力这一概念是相对于硬实力而提出的。虽然它有着强烈的国际竞争的现实背景，但文化着眼点仍然富有时代感与前瞻性。约瑟夫·奈教授已经看出了人类世界在当代的病症，呼吁把物质生活与精神生活失衡的重心，从物质实力转移到精神力上来。因此，对软实力问题的重视与研究，就成为当今世界的一个重大课题。"④软实力的核心是文化力，文化力也称为文化软实力，文化软实力的重要性正在为越来越多的国家所认同。

韩勃、江庆勇在其著作《软实力：中国视角》中提出了他们的观点。

---

① 阎学通：《软实力的核心是政治实力》，载《世纪行》2007 年第 6 期，第 42-43 页。
② 左学金、刘遵义：《中国提升软实力的战略选择》，载《参考消息》，2004 年 8 月 19 日，第 015 版。
③ 沈壮海：《软实力的价值之轴》，载《高校理论战线》2010 年第 8 期，第 36-41 页。
④ 高占祥：《文化力》，北京大学出版社 2007 年版，第 2 页。

该著作指出，"从软实力作用的方式来讲，一般分为四种：信仰与价值观的感召力，情感感召力，理性感召力和价值创造力。实际上，也就是非理性的力量与理性的力量。从这个角度出发，所谓软实力，就是通过诉诸情感、理性和信仰，促使客体按照主体期望的方式行动，从而帮助主体得偿所愿的能力"①。

洪晓楠等也曾撰文指出："如果说约瑟夫·奈的软实力理论主要是从国际关系的角度考虑美国问题的，那么我们所讲的软实力则是与中国国情相结合，与马克思主义、中国特色社会主义理论相结合的中国本土化的文化软实力理论。考虑到中国是一个发展中国家，在这一发展阶段，提高国家软实力不仅涉及国际关系还涉及国内发展，两者缺一不可。我们理解的软实力是内部能力与外部能力并重的软实力，是综合对内对外两个维度而非局限于对外维度意义上来探讨软实力。"②

综上可以看出，学者们对软实力有不同的理解和归纳，可谓仁者见仁，智者见智。究竟应该如何界定和阐释"软实力"这个概念呢？中国文化软实力研究中心的张国祚总结说，软实力这个概念的确是由约瑟夫·奈首先提出并阐释的，问题的关键在于怎样理解和把握这一概念。他把中国学者关于软实力的内涵和功能界定概括为以下三点③。

第一，着眼于中国综合国力的提高。在我国，学者们的研究并没有把软实力仅仅看成是国际政治博弈的一种手段，而是将其看作社会主义精神文明和文化建设的重要目标，紧密联系当代中国的实际，以我为主，为我所用，全面深刻地理解和阐释这个概念。

第二，对约瑟夫·奈的软实力内涵进行了层次区分。中国学者认为，软实力是一个系统，在这个系统中，文化软实力是贯穿全部软实力的经

① 韩勃、江庆勇：《软实力：中国视角》，人民出版社 2009 年版，第 9 页。
② 洪晓楠等：《国家文化软实力的构成要素与提升战略》，载《江海学刊》2013 年第 1 期，第 202-207 页。
③ 参见张国祚：《中国文化软实力要论选》，社会科学文献出版社 2011 年版，第 34-35 页。

纬,是维系全部软实力系统的灵魂,软实力构成中的各个要素的特质都取决于相应的文化价值观念。

第三,丰富和拓展了软实力的科学内涵,使软实力研究更加深入而全面。在中国学者看来,软实力应当包括四个方面的能力:一是创新科学理论、制定正确政策、建立符合本国国情制度的能力;二是坚持以人为本、推动经济社会全面发展的能力;三是维护国家统一、民族团结、社会稳定和提振爱国主义精神的能力;四是促进世界和平、和谐及合作的能力。

第二节　全球化视野下的国家文化软实力

我们正处在一个全球化的时代,随着全球化的深入推进,文化的作用日益凸显,文化与经济、政治、科技等相互交融的程度也在不断加深,文化正在成为国家软实力结构中的核心要素。正是在这种大背景下,提高国家文化软实力成为当今世界各国的一种战略选择。

一、从软实力到文化软实力

文化软实力是在 20 世纪下半叶以来的全球综合国力竞争中引起广泛关注的重大命题。今天,在社会民众精神文化需求不断增长的现实推动下,加强文化建设、提升文化软实力问题正日益成为当代中国发展面临的重大理论和实践课题。

(一)何谓文化软实力

"文化软实力"概念是在约瑟夫·奈的软实力理论的引进过程中衍生出来的,是从"软实力"概念中衍生出来的。在约瑟夫·奈看来,文化软实力是软实力的重要构成。他在论及软实力时深入考察了文化、政治、外交政策等领域,并得出结论,认为软实力由文化软实力、政治软实力、外交软实力等构成，其中最重要、最核心的是文化软实力。

在我国，"文化软实力"作为一个完整的概念而得到学术性确立，是从党的十七大报告开始的。党的十七大报告明确提出："要坚持社会主义先进文化前进方向，兴起社会主义文化建设新高潮，激发全民族文化创造活力，提高国家文化软实力，使人民基本文化权益得到更好保障，使社会文化生活更加丰富多彩，使人民精神风貌更加昂扬向上。"①"提高国家文化软实力"作为一个战略主张在党的报告中被明确提出之后，"文化软实力"概念很快得到了广泛的社会传播，并极大地激发了学术界的研究热情。从这个意义上说，"文化软实力"是一个中国概念，是当代中国软实力结构中的核心要素。

高占祥在其著作《文化力》中比较系统地阐释了"文化力""软实力""文化软实力"及其相互关系，并分析了从"文化力""软实力"到"文化软实力"的演变过程。书中写道："文化蕴涵着巨大的力。这种'力'并不同于物理学上的'力'，因而，人们更形象地将文化之力称之为'软实力'。从本质上说，物理的'力'，是人类用来'化'自然界的；而文化的'力'，是人类用来'化'自身的。"②显而易见，在这里，"文化力"这个词是作为综合国力的一个有机组成部分而使用的，它与软实力有着内在的联系。实际上，我国的"文化软实力"概念，就是"文化力"与"软实力"有机结合而形成的。

那么，究竟什么是文化软实力呢？霍桂桓认为："'文化软实力'实际上指的是，一个民族国家的传统文化和现代文化所具有的、由于体现了鲜明的民族精神特质（ethos）及其发展态势而对其他民族国家的受众产生的精神魅力。"③而童世骏则认为："一个民族的文化创造能力比较强，意味

① 胡锦涛：《高举中国特色社会主义伟大旗帜　为夺取全面建设小康社会新胜利而奋斗——在中国共产党第十七次全国代表大会上的报告》，载《求是》2007 年第 21 期，第 3-22 页。

② 高占祥：《文化力》，北京大学出版社 2007 年版，第 2 页。

③ 霍桂桓：《文化软实力的哲学反思》，载《学术研究》2011 年第 3 期，第 13-18 页。

着这个民族比较有能力使本民族成员的生活变得更好，也意味着这个民族比较有能力为其他民族的更好生活做出贡献。这样的民族比较容易赢得其他民族观念上的尊重、情感上的亲近、行动上的支持。这种使其他民族尊重、亲近和支持的能力就是所谓'软实力'，而文化创造的能力显然是这种意义上的软实力的重要组成部分。"①

客观地说，到目前为止，还没有一个清晰明确且能够为多数人认可的"文化软实力"界定。但大多数人认为，"文化软实力"应当是一种源于文化的软实力，是以文化为基础的国家软实力，或者说是文化本身所具有的软实力。它既有软实力的共同本质，又有自己的特殊规定性。概括学者们的观点，所谓"文化软实力"，就是一个国家文化的影响力、凝聚力、感召力和创造力。

（二）文化如何成为软实力

文化软实力是一种软实力，而文化真正成为软实力是需要一定的实现条件的。也就是说，并非所有的文化都能够成为软实力。那么，文化是如何成为软实力的呢？

首先，能够成为软实力的文化一定是社会所倡导的主流文化。主流文化是一个社会和一个时代所倡导的、表达社会主体意志的、具有主要影响的文化。从一定意义上说，文化能够决定一个民族或一个国家的前途和命运。这种能够决定一个民族或一个国家前途和命运的文化，也一定是代表这个民族或国家文化力量的主流文化。当代中国的主流文化，就是中国特色社会主义文化。这种主流文化大体涵盖了三个方面：一是中华传统文化的精华；二是从中国共产党成立以来，我们在革命、建设和改革中取得的伟大成就及经验；三是充分吸收与合理借鉴的外国先进文化。

---

① 童世骏：《提高国家文化软实力：内涵、背景和任务》，载《毛泽东邓小平理论研究》2008 年第 4 期，第 1-8 页。

其次，能够成为软实力的文化一定是有魂的文化。从一定意义上说，在世界综合国力竞争中，软实力竞争的核心是文化软实力的竞争，本质上则是一种价值观的较量。价值观是文化之魂，也是价值观趋同和共享的形成，因而成为文化软实力得以实现的标志。换言之，价值观决定着文化的根本性质和基本气质。通常情况下，文化软实力往往表现为国民的精神面貌和意志品格，表现为国民对国家制度和主流意识形态的认同。这一切主要来自人们对社会核心价值观的认同。抽去了核心价值观的文化，只能流为肤浅的、软而无力的文化式样，绝不可能成为"软实力"。因此，在我国，提升国家文化软实力，必须将社会主义核心价值体系建设、社会主义核心价值观培育放在首位。

最后，能够成为软实力的文化一定是可以转化为国民素质的文化。文化是提升国民素质的重要途径，而国民文化素质又是一国文化软实力的重要体现，是一国综合国力的基本指标。甚至可以说，国民文化素质就是软实力。众所周知，从根本上说，文化建设就是人的建设，文化的竞争本质上是人的文化素质的竞争。文化是人创造的，人创造的文化只有为人所掌握的时候，才会获得展现其力量的根据，掌握的人越多，所体现的力量就越大。一种文化如果不能转化为国民的素质，也就无所谓什么实力。对于一个国家来说，只有人的文化素质提高了，文化软实力才能够真正提升上去。换言之，一个国家文化软实力的强弱，关键在于其国民文化素质的高低。

（三）文化软实力与软实力的关系

"文化软实力"概念是"软实力"的子概念。作为国家软实力的一个方面，文化软实力是以文化为基础的国家软实力。文化软实力与软实力之间相互作用，相互影响，相互依存，相得益彰[①]。

---

① 参见洪晓楠等：《国家文化软实力的构成要素与提升战略》，载《江海学刊》2013 年第 1 期，第 202-207 页。

一方面，文化软实力是软实力的根本体现。从历史的角度看，任何一个国家的整体发展都是政治、经济和文化协同作用的结果，而文化在该国发展中具有不可替代的重要价值。就软实力的构成要素而言，软实力包括文化、政治、外交等方面，其中，文化是软实力的基础。作为人性化的、最具有渗透力的体系，文化是意识形态和外交手段的基本载体。就其性质而言，文化软实力是一种精神生产力，它不仅是软实力的关键组成部分，而且对软实力的质量和能级起着决定性的作用。随着科学技术的发展和人类社会的不断进步，人们的物质生活水平显著提高，对精神文化的要求也越来越高，从而促进了文化产业的发展，并使文化产品的生产无论是内容还是形式都得到了极大的丰富。今天，文化已经渗透到社会生产和生活的方方面面，文化的精神生产力价值也已经受到人们的广泛重视和认可。

另一方面，文化软实力统领软实力的其他要素。一个国家的软实力是一个由文化、意识形态、价值观念、政治影响力和外交策略等要素共同组成的有机系统，而文化始终是影响软实力其他要素的核心因子。这既表现在国家的意识形态和价值观念无不是该国文化长期积淀的产物，也表现在国家文化还引领着该国的政治方略和外交政策。正是基于这样的认识，世界各国纷纷把提高文化软实力作为重要的国家发展战略，通过加强文化软实力建设来提升国家软实力的其他要素，从而达到增强国家软实力的目的。

综上所述，以文化为基础的文化软实力与软实力是不可分割的，文化软实力是软实力的根本体现和核心要素，统领着软实力的其他要素。

二、文化软实力：改变世界的另一种力量

进入 21 世纪，随着科学技术的飞速发展，特别是信息技术的广泛应用和互联网的无限延伸，世界形势发生了重大而深刻的变化。其中一个重要的标志就是，文化软实力作为人类关照世界的新视角、认识世界的新理

念、改变世界的新方式而备受关注。文化软实力是一种最高级别的力量，作为"力量的另一面"，正在深刻改变着世界发展的方向和格局。

（一）文化软实力引导人类文明的未来走向

文化软实力，曾经改变过世界的历史，也改变了历史的世界。今天，"我们正进入一个文化比任何时候更重要的时期"[①]，文化的作用越来越突出，其吸引力和影响力也日益增强，已经深深融入政治、经济、社会的发展之中。随着文化生产力的不断解放和发展，世界开始进入重视文化软实力的时代，或曰文化软实力时代[②]。

文化软实力的兴起和发展，意味着人类历史发展既进入了一个新起点，又达到了一个新高度。它给我们带来的不只是一种社会发展方式的改变，也意味着一种新的和谐理念的形成：人类文明的真正胜利，在于文化的共同繁荣和发展。1998 年，联合国教科文组织在瑞典斯德哥尔摩召开了一次政府间文化政策促进会议，会议通过的《文化政策促进发展行动计划》明确指出："发展可以最终以文化概念来定义，文化的繁荣是发展的最高目标。"[③]

随着文化的发展和繁荣，世界正在走向文化软实力时代，这不仅有清晰的轨迹可辨，而且有具体的标志可鉴。这主要表现在：①文化越来越成为民族凝聚力和创造力的不竭源泉，文化软实力已经熔铸于民族凝聚力之中；②文化产业日益成为影响国家经济地位的重要元素，已经成为展示国家形象的重要窗口；③随着世界范围的文化交流、交融的广泛展开，文化领域已经成为国际政治斗争和意识形态较量的主战场。

[①] 阿尔温·托夫勒著，粟旺等译：《预测与前提——托夫勒未来对话录》，国际文化出版公司 1984 年版，第 160 页。

[②] 邓清柯：《世界进入文化软实力时代》，载《湖南社会科学》2009 年第 5 期，第 149-157 页。

[③] 转引自联合国教科文组织：《政府间文化政策促进发展会议》（1998），http://www.doc88.com/p-991318843636.htm,2010 年 6 月 25 日。

历史经验已经证明，而且还将继续证明：对于一个国家来说，谁能抢占时代先机，谁就能走在世界前列。从一定意义上说，今天的时代先机就是文化觉醒。文化软实力正在成为一个世界性的话题，文化软实力提升已经成为一个国家发展的重大战略。在这种大背景下，如何适应世界进入文化软实力时代的新形势，走出一条中国特色的文化软实力发展道路，就成为社会主义文化强国建设必须解决的一个重大现实问题。

（二）文化软实力决定一个国家在世界格局中的地位

当今时代，文化已经成为国家现实政策和发展战略中的核心概念，文化软实力在综合国力竞争中的地位和作用越来越重要，大国之间的位置面临着重新"洗牌"的压力，文化软实力水平将决定一个国家在未来格局中的排序。于是，但凡有远见的国家，均把提高文化软实力上升为国家战略，以求在未来的世界竞争格局中抢占优势。

文化软实力是一个国家综合国力中不可缺少的重要组成部分，也是一个国家赖以生存发展的基本保证，因而成为衡量一个国家在国际上所具有的影响力和竞争力的重要指标。"这也就是说，作为一种推动社会不断发展、进步的力量，文化不但是衡量一个社会文明程度以及人民生活质量高低的重要指标，而且在综合国力竞争中发挥着越来越重要的作用。"[①]因此，对于任何一个国家来说，要增强自身的综合国力，就必须高度重视文化软实力建设。

在国家软实力构成中，文化软实力是改变世界的另一种力量，它的作用是不可替代的，它所表现出来的政治、经济功能也是明显的，因而成为国家软实力构成中的核心要素。对于一个民族而言，文化是根和魂，也是激发创造力的重要源泉，凝聚着该民族对世界和生命的历史认知与现实感

---

① 邓研华：《文化软实力的社会、政治功能浅探》，载《华北电力大学学报》（社会科学版）2013年第6期，第74-77页。

受。正是从这种意义上说，一个民族的觉醒和复兴首先是文化的觉醒和复兴，一个民族的强盛必须建立在强有力的文化支撑之上。当代中国正在稳步崛起，崛起的中国呼唤中华文化的伟大复兴，这就需要我们大力提高国家文化软实力，着力建设社会主义文化强国。

（三）文化软实力促进人的全面发展

文化软实力作为人的发展的内在机制，开拓了人的发展的新范式，成为促进人的全面发展的内在动力。有学者指出："文化一方面是衡量一个社会文明程度以及人民生活质量是否得到有效改善的重要标志。另一方面，文化还在很大程度上反映出了一个社会的文明进步，同时，文化的发展还有力地推动着人的全面发展。"[①]

文化在人的全面发展中所扮演的重要角色和作用，既是由文化的本质所决定的，又是马克思主义关于人的全面发展思想的应有之义。人类的最崇高目标和理想即是实现人自身的全面而自由的发展。马克思、恩格斯早就指出："每一个人都无可争辩地有权全面发展自己的才能，任何人的职责、使命、任务就是全面地发展自己的一切能力，其中也包括思维的能力。"[②]纵观马克思和恩格斯关于人的全面发展的论述和观点就不难发现，人的全面发展的诸方面要义之中无不内在地蕴含着文化的发展。

人是文化的动物，文化是人创造的，人的发展是文化发展的必然结果。文化的创造不仅把人从动物中分化出来，使人成为社会的存在；而且文化的进步还把人从社会中分化出来，使人成为意识到的自我存在。作为文化的存在物，人的发展是通过文化的发展来实现的，文化的最高价值就在于实现真善美高度统一的自由境界。正如恩格斯所说："文化上的每一

---

① 王琼：《和谐社会需要文化软实力的支撑》，载《理论观察》2008 年第 4 期，第 28-30 页。
② 中共中央马克思恩格斯列宁斯大林著作编译局编译：《马克思恩格斯全集》第 3 卷，人民出版社 1960 年版，第 330 页。

个进步，都是迈向自由的一步。"①从文化的本质看，文化是人区别于其他一切生命的根本性标志，一部文化发展史就是人的发展史。从文化的历史发展过程看，文化的发展进步反映了人类解放和个体自由的程度，并成为衡量人的全面发展程度的重要标志，文化的每次发展进步，都意味着人向全面发展境界的接近或迈进。

文化作为一个整体，具有内在协调一致性的特征，规范和影响着公民个体的一切活动方式。就文化活动而言，人的文化活动需要有一个目标和方向，没有文化力引导的文化活动，只能使社会秩序混乱，甚至使社会走向倒退。没有文化力做先导的社会，人们无论有多么丰富的物质享受，其也必然是浅薄的生物躯壳。正是文化的繁荣和发展，重塑了人的精神家园，丰富了人的精神库存，为人提供了一个灵魂安顿之所。由此可以说，离开文化力的引导，就无所谓人的全面发展，文化软实力的发展是人的全面发展的重要标志。

总之，人的全面自由发展是社会主义社会发展的重要目标，增强我国的文化软实力，目的在于形成一种具有先进、成熟的文化意识形态和具有吸引力的价值观念，为当代中国人的全面自由发展提供内在动力。

三、文化软实力的中国向度

美国学者约瑟夫·奈提出来的 soft power 这个概念，对当代国际政治与国际关系具有极强的解释力，在此基础上，中国经济与社会的发展提出了发展文化软实力的现实要求。"文化软实力"的提出，实际上已经从根本上区别于 soft power，具有了"中国向度"。在竞争日益激烈的国际环境中，我们只有凸显文化软实力的"中国向度"，形成关于文化软实力的"中国话语"，把握提高文化软实力所面临的"中国境遇"，探寻提高文化

---

① 中共中央马克思恩格斯列宁斯大林著作编译局编译：《马克思恩格斯文集》第9卷，人民出版社2009年版，第120页。

软实力的"中国道路"，才能真正构建起中国特色的文化软实力理论。

（一）文化软实力的中国话语

文化软实力的中国向度首先表现在中国话语上。话语权是文化软实力的重要标志之一，它既是思想语言的权力，同时也是控制舆论的重要影响力。在一定意义上说，一个国家是否具有话语权，反映的是这个国家文化软实力的强弱。拥有话语权，就意味着该国家占据了国际文化舆论的制高点。如何使中国声音"走出去"，提升中国的国际话语权，是我国当前文化软实力建设的重要任务。

把提高文化软实力作为我们党和国家的一项重要发展战略，是近几年的事情。党的十七大报告指出："要坚持社会主义先进文化前进方向，兴起社会主义文化建设新高潮，激发全民族文化创造活力，提高国家文化软实力，使人民基本文化权益得到更好保障，使社会文化生活更加丰富多彩，使人民精神风貌更加昂扬向上。"[1]党的十八大报告则进一步强调："全面建成小康社会，实现中华民族伟大复兴，必须推动社会主义文化大发展大繁荣，兴起社会主义文化建设新高潮，提高国家文化软实力，发挥文化引领风尚、教育人民、服务社会、推动发展的作用。"[2]

当代中国，非常明确地把提高文化软实力作为国家文化发展战略，这具有十分重要的理论意义和现实意义。因为它"包含着我们党对当今世界综合国力竞争新特点的自觉体认，对文化发展在国家发展与民族振兴进程中地位与作用的深刻洞悉，对社会主义文化发展目标指向与客观规律的准确把握，是我们党对社会主义中国文化发展问题不断探索所取得的新的理

---

[1]　胡锦涛：《高举中国特色社会主义伟大旗帜　为夺取全面建设小康社会新胜利而奋斗——在中国共产党第十七次全国代表大会上的报告》，载《求是》2007 年第 21 期，第 3-22 页。

[2]　胡锦涛：《坚定不移沿着中国特色社会主义道路前进　为全面建成小康社会而奋斗——在中国共产党第十八次全国代表大会上的报告》，载《求是》2012 年第 2 期，第 3-25 页。

论成果"①。总之，提高国家文化软实力，是我们党关于社会主义文化发展的战略部署，为我国社会主义文化建设和发展指明了方向。

对于约瑟夫·奈的软实力理论中的积极因素我们当然可以大胆地吸收借鉴，但是，我们必须让中国声音"走出去"，要让世界知道：我们所讲的"文化软实力"是中国特色的文化软实力，它体现的是中国人民基本文化权益的切实保障、社会文化生活的丰富多彩，以及人民精神风貌的昂扬向上。作为国家软实力的重要组成部分和中国特色社会主义建设整体布局中文化建设所产生的现实结果，文化软实力的提高与经济实力的提升、政治文明的推进、和谐社会的构建等一起，构成了当代中国努力提升综合国力的基本战略举措，也构成了当代中国综合国力全面增强的宏伟蓝图。

我们也应该清醒地认识到，我国虽然提出了"提高国家文化软实力"这个大课题，但至今还没有形成具有强大话语权的文化软实力理论，没有在软实力理论领域形成中国话语。我们强调，我国所主张的"文化软实力"与约瑟夫·奈所讲的"软实力"有所不同，但它在目标指向、功能定位及基本内涵等诸方面与约瑟夫·奈所讲的"软实力"究竟有何不同，还需要我们进行中国特色、中国风格、中国气派的理论解读和理论构建。

（二）文化软实力的中国境遇

文化的发展离不开一定的社会条件，文化软实力的提高总是在具体的现实境遇之中展开的。当代中国提高文化软实力的现实境遇如何呢？

总的来说，近年来，随着我国经济社会的持续快速发展，文化软实力建设也取得了很大成就，国民对于发展中国特色社会主义的文化自觉、文化自信、文化自强日趋增强。最突出的表现是："中国模式"越来越受到世界各国的关注；两次国际金融危机之后，我国在国际上成功塑造了负责

---

① 沈壮海：《文化软实力的中国话语、中国境遇与中国道路》，载《马克思主义研究》2009 年第11 期，第120-127 页。

任大国的形象；在世界各国建立了 300 多家孔子学院和 200 多家孔子学堂，中国文化已经走出国门，而且步伐越来越快。然而，在世界各国中，我国的声音还是比较小的，而且中国文化尚未真正进入世界主流文化，我国文化软实力的建设还存在很多问题，面临着很大的挑战。

文化是不断进化的。任何文化系统的演进和发展，都必须科学地回答传统与现代、继承与创新等关键问题。在我国，传统文化博大精深、源远流长，其精神已经深深熔铸在中华民族的生命力、凝聚力和创造力之中。诚然，传统文化是我国国家文化软实力的重要资源之一，但是，究竟是全部还是部分传统文化是我国的国家文化软实力资源，却是学术界没有深究的课题。而且，如何在今与古的接续、转化、超越中达至文明的新高度，让传统文化成为我国的文化软实力的增长点，也还有很多问题值得我们研究。

我们正处在一个全球化的时代，全球化的过程伴随着文化竞争的加剧，社会转型过程中出现了多元发展的趋势。回应全球文化竞争加剧的挑战，促进社会转型过程中的价值整合，需要我们充分挖掘优秀传统文化的软实力价值，加强与世界各国的文化交流。应该说，经过 30 多年的改革开放，我国已经形成了以优秀民族文化为基础、积极吸收外来有益文明成果、充分吸纳时代精神的文化发展格局。全球化的国际大背景，给我国对外文化传播和交流提供了更大的发展空间。但是，如何在多元文化碰撞中维护我国文化的自主性？如何在不同价值体系的较量中推进社会主义价值体系建设？如何在激烈的文化竞争中维护我国的文化安全？这些问题不能回避，也无法回避。在未来的发展进程中，中国文化要真正拥有时代性与先进性，就必须在弘扬优秀传统文化的基础上充分吸纳世界文化精华。

软实力竞争的核心是文化软实力的竞争，本质是价值观的较量。价值观是人们文化心理和文化气质的根本标志，对人们的思想观念的影响持久而又深刻，因而成为文化的灵魂所在。在我国，社会主义核心价值观是社会主义在文化层面上的自我认同和自我确证，也是中国特色社会主义最为鲜明的文化旗帜和精神支柱。因此，我们必须把培育和践行社会主义核心价值观作为提高文化软实力的基础工程来抓，凝魂聚气，强基固本，不断巩固中国特色社会主义文化的思想根基。对此，我们不得不思考这样一些问题：如何进一步彰显中国文化的现代元素？如何以现代形态的中国文化塑造当代中国人的价值世界？如何彰显当代中国人的精神风貌？如何让以马克思主义为指导的社会主义文化更广泛地内化于社会大众的心中？

（三）文化软实力的中国道路

在综合国力竞争日益激烈的当今时代，提高国家文化软实力已经成为世界各国面临的紧要任务。坚持文化软实力的中国道路，最重要的就是坚持以马克思主义为指导，以社会主义核心价值观为灵魂，以弘扬优秀传统文化为切入点，以提高国民文化素质为根本。

首先，以马克思主义为指导。我国主流文化的核心话语，具有文化本体论的性质，其核心是马克思主义。坚持以马克思主义为指导是社会主义文化建设的基本方针，因而，我国的文化软实力也必然坚持以马克思主义为指导。党的十七届六中全会《决定》在强调坚持中国特色社会主义文化发展道路必须遵循的重要方针时指出："坚持以马克思主义为指导，推进马克思主义中国化时代化大众化，用中国特色社会主义理论体系武装头脑、指导实践、推动工作，确保文化改革发展沿着正确道路前进。"[①]马克思主义是我们认识世界和改造世界的强大思想武器，这是已经被世界历史发展进程，特别是我国革命和建设实践反复证明了的科学真理。因此，无论在任何时候任何情况下，我们都必须坚定不移地坚持以马克思主义为指导，坚持中国人民自己选择的发展道路。

其次，以社会主义核心价值观为灵魂。当今时代，世界上各种形式的

---

① 《中共中央关于深化文化体制改革　推动社会主义文化大发展大繁荣若干重大问题的决定》，载《求是》2011年第21期，第3-14页。

文化矛盾和冲突，归根到底都是核心价值观的矛盾和冲突，因此，从本质上说都是核心价值观的较量。我国是社会主义国家，毫无疑问，要提高文化软实力就必须确立社会主义文化在多样化文化生态中的主导地位，突显社会主义核心价值体系在多样化的价值生态中的"核心"意义，以社会主义核心价值观引领文化软实力建设。而任何一种价值观要能获得广大人民群众的情感认同，就必须形象化、具体化、生活化，从生活实践中寻找落地生根的土壤。也就是说，只要我们把社会主义核心价值观与日常生活实践融合在一起，就一定会对广大人民群众的思想和行为产生润物无声、潜移默化的影响，使其根植于广大人民群众的心中，进而形成强大而又持久的文化凝聚力，保证中国特色文化软实力的本质永不变色。

再次，以弘扬优秀传统文化为切入点。在建设和提高文化软实力的过程中，优秀传统文化具有重要的软实力价值。弘扬优秀传统文化是当代中国提高文化软实力的必由之路，可以说，提高文化软实力的过程同时也就是弘扬优秀传统文化的过程。弘扬优秀传统文化，把传统文化转化为文化软实力，一要重视文化资源的保护和开发；二要做好文化的传播工作，重视传播内容的创新性和传播方式的多样性，增强文化传播的效果；三要努力实现文化认同，强化文化创新，建设具有中国风格和中国气派的现代文化，增强中国文化的影响力和吸引力。在这个过程中，既需要文化创新，也需要文化自觉；既需要一种本土化的情怀，也需要一种国际性的视野。

最后，以提高国民文化素质为根本。从一定意义上说，一个国家的文化软实力主要是通过国民文化素质体现出来的，没有国民文化素质的整体提高，提高国家文化软实力就只能是无源之水、无本之木。文化素质是一个人的人生底色、底蕴和大智慧，为一个人的人生高度和生命质量提供了可能性；也是一个民族和国家的基本气质、基本性格、基本形象，维系着一个民族和国家的前途与命运，因而成为一个国家最根本的软实力。据此，也可以说，提高国民文化素质的过程，也就是提高国家文化软实力的过程。提高国民文化素质是提高国家文化软实力的根本之所在，只有当文化资源内化于民众心中，转化为国民文化素质，文化才能真正成为一种软实力。

第三节　科技文化何以成为一种软实力

在科学技术飞速发展的当今时代，文化软实力逻辑地包含着科技文化的力量，科技文化也是一种软实力。如前所述，约瑟夫·奈把一个国家的综合国力解释为"硬实力"与"软实力"两个方面。"硬实力"主要由经济、科技、军事力量等所构成；而"软实力"则主要包括文化和价值观念、社会制度、发展模式、生活方式、意识形态等方面的吸引力[①]。显然，在约瑟夫·奈关于软实力的概念界定中，文化是一种"软实力"，而科学技术则属于"硬实力"的范畴。那么，科技文化何以成为一种软实力？

一、从文化软实力到科技文化软实力

按照约瑟夫·奈的理解，科学技术属于"硬实力"的范畴，或者说，科学技术是一种硬实力。但是，如果我们承认科学技术是一种文化现象，肯定科技文化在社会文化中的地位和作用，那么，科技文化当然具有"软实力"的蕴涵和属性，科技文化也是一种软实力。

从科学技术与文化关系的角度分析，文化的繁荣不是单凭文化的感召力就可以简单实现的，文化的发展与繁荣、文化软实力的形成和提高，往往会受到各种其他相关因素的影响，其中，科学技术的影响尤为明显。当今时代，文化的科学技术含量日益增强，科学技术对文化发展的作用越来

---

① 参见约瑟夫·奈著，何小东、盖玉云译：《美国定能领导世界吗》，军事译文出版社1992年版。

越重要，科技创新已经成为文化发展和创新的制高点与原动力，文化与科技的融合及创新互动已经成为人类社会文明演进的主旋律。换言之，文化的力量之所在，取决于文化的科学技术含量，没有科学技术含量的文化是难以体现其凝聚力和竞争力的。正是在这种大背景下，全面贯彻党的十七届六中全会精神，着力提高国家文化软实力，建设社会主义文化强国，就必须清醒认识文化发展和创新的趋势，加快推进文化与科技的融合发展，不断增强文化的科技含量，以科技创新助推社会主义文化大发展大繁荣。

从科学技术的文化属性来看，文化是一个大系统，科学技术也是一种文化，是文化大系统中的一个子系统。其实，早在弗兰西斯·培根的《新大西岛》和康帕内拉的《太阳城》中，关于科学技术作为一种文化现象和文化力量就有深刻的论述。今天，"科学技术是一种文化现象"已经成为人们的共识，人们越来越意识到科学技术活动实际上就是创造科技文化的过程。既然科学技术是一种文化现象，既然科技文化是社会文化的重要组成部分，那么，科技文化与其他文化形式一样，当然也具有软实力的蕴涵和属性，文化软实力逻辑地包含着科技文化的力量。

作为人类文化大家族的重要成员，科技文化生成于科学技术实践，又随着科学技术的发展而发展。如今，伴随着现代科学技术的飞速发展和广泛应用，科技文化逐步成为现代文明的基本要素和社会文化的主导形式。历史的发展告诉我们，"科学技术，以它特殊的渗透功能，注入社会机体的每一个细胞，弥漫于整个人类世界，对人类的物质文明和精神文明的发展提供伟力，发挥着神奇的作用。一个不容忽视无可逾越的历史规律是：世界各国各具特色的工业化和现代化过程，几乎都是以科技文化为启蒙与先导的"[①]。正是从这种意义上说，科技文化标志着人类社会进步和发展的水平。

---

① 史健玲：《论科学技术的文化研究》，载《经济与社会发展》2003 年第 8 期，第 111-113 页。

当今时代，科学技术所创造的物质财富极大地改变了人们的生产和生活状况，科学技术的广泛应用也为精神文明建设和文化发展提供了现代化技术手段。科学技术作为第一生产力推动着现代化建设的深入发展，成为改变世界、开创未来的决定性力量。与之相应，科技文化作为第一精神力量，在人类文化和文明发展中发挥着越来越重要的作用，推动着人类文化的发展和文明的进步。

二、科技文化作为软实力的表现形式

文化是经济增长与社会发展的精神推动力，经济社会的发展需要文化为其提供精神动力和智力支持。文化具有生产力的属性，在科学技术实践活动中积淀而成的科技文化理所当然地成为文化生产力的核心要素，科技文化软实力就体现在科技文化生产力的蕴涵中。这种软实力蕴涵，既表现为作为"智力支持"的科技文化软实力，也表现为作为"精神动力"的科技文化软实力。

（一）作为"智力支持"的科技文化软实力

科技文化软实力首先表现在智力支持方面，这种智力支持集中表现在科技文化对一个国家经济和社会发展的深远影响。作为一种智力支持，科技文化软实力在近代以来的工业化进程中得到了充分的彰显，相信在科学技术飞速发展的当今时代一定会更加醒目。

在社会发展的历史进程中，"人类不断打开新的生存空间和发展进路，就在于依靠实践经验的不断总结和推广，依靠对各种客观规律的发现和利用，依靠技术的创造与发明。凭借文化的智力支持，人类打破自身的自然限制和外界现状的限制，获得了依靠智力资源的武装带来的可持续发展的多种可能性"①。科技文化作为一种智力支持也是显而易见的，在不

---

① 于莉莉：《论文化软实力的内构》，载《求索》2008 年第 7 期，第 77-78 页。

同水平的科技文化支持下所形成的生产力会有很大差距，因而会呈现出质量不同的生活状态。

第一，科学技术对生产力发展的巨大作用和对整个社会结构的巨大影响，彰显了生成于科学技术实践的科技文化的智力支持作用。近代以来的工业化进程证明，经济发展和社会进步都需要科技文化的智力支持，特别是以现代科学技术为载体的科技文化，更是使社会生产力的发展得到了强大的智力支持，有力地推动着当今时代经济社会的快速发展。

第二，文化建设中智力发展的一个重要方面就是要提高全民族的整体文化素质，其中包括科技文化素质。现代科学技术的迅猛发展，不仅深刻影响和改变着人们的生产生活，也对劳动者的科技文化素质提出了新的更高的要求，从而凸显了智力开发的重要性。当科技文化内化为一个民族的修养与品格、智慧与才干、能力与才华时，就会成为经济社会发展的巨大的智力资源库。

第三，随着现代科学技术的发展和进步，科技文化在社会经济发展中扮演的智力支持角色越来越重要。21 世纪是不同领域科技创造融合的时代，各领域间发生的共鸣作用和共振现象随时可能产生爆炸性的波及效果，科技文化在综合国力中的地位进一步提升。在这种背景下，"对既有科技知识的汲纳以及科技知识的不断创新，成为科技文化在社会经济发展中扮演的智力支持的核心角色"①。

最后特别需要指出的是，作为一种智力支持，科技文化软实力无疑也体现在实现中华文化复兴的伟大实践中。实现中华文化的伟大复兴，既是文化软实力提高的前提条件，也是实施文化强国战略的终极目标。而实现中华文化的伟大复兴，就是要确立人的主体地位和实现人的全面发展的实践旨趣，在满足人的精神文化生活需要的同时不断提高人的素质，包括科

---

① 孙波：《科技文化：国家文化软实力的核心要素和重要支撑》，载《中国软科学》2009 年第 10 期，第 67-72 页。

技文化素质。

（二）作为精神动力的科技文化软实力

科技文化软实力不仅表现在智力支持方面，也表现在精神动力方面。作为一种精神动力，科技文化软实力不仅可以为科学技术的发展和进步提供理论指导，也能够为国民素质提高、社会风尚提升，以及创新型国家建设等营造良好的环境氛围。

科学技术对人类社会主观世界和客观世界的改造过程是其推动人类经济与社会发展的具体表现。一般来说，科学技术是通过两条路径推动人类经济与社会发展的：其一，作为"第一生产力"，直接作用于物质文明建设，创造社会财富，提高经济效益，推动经济发展；其二，作为"第一精神力量"，直接影响社会精神文化生活，促进精神文明建设和文化的不断发展。爱因斯坦曾经指出："科学对于人类事务的影响有两种方式。第一种方式是大家都熟悉的：科学直接地、并且在更大程度上间接地生产出完全改变了人类生活的工具。第二种方式是教育性质的——它作用于心灵。尽管草率看来，这种方式好像不大明显，但至少同第一种方式一样锐利。"[①]

爱因斯坦的观点对于我们全面认识和理解科技文化的力量是很有启迪意义的。的确，对于一个国家来说，究竟拥有多大的实践力量，就看其在精神动力层面掌握和利用了什么样的科技文化，拥有多大的创造力。科技文化中所蕴含的科学思想和科学精神，更是推动人类经济与社会发展进程中价值观念和行为规范变革的最重要力量。正因为如此，胡锦涛在2005年11月庆祝神舟六号载人航天飞行圆满成功大会上强调指出："伟大的事业孕育伟大的精神，伟大的精神推动伟大的事业……在全面建设小康社会、加快推进社会主义现代化的征程上，我们一定要在全社会大力弘扬载人航天精神，增强全民族的自信心和自豪感，凝聚全民族的智慧和力量，

---

① 爱因斯坦著，许良英，等译：《爱因斯坦文集》第3卷，商务印书馆1979年版，第135页。

紧紧抓住发展机遇，积极应对各种挑战，战胜前进道路上的艰难险阻，不断开创中国特色社会主义事业的新局面。"[①]

作为一种精神动力，科技文化软实力也能够引导人们破除迷信，解放思想，不断提升人的精神境界。从历史的角度看，"科学技术的每一个突破都不同程度地给宗教迷信以沉重打击，使人们的思想从各种禁锢中解放出来，提高了人类认识世界和改造世界的能力；科学技术的每一个进步都以系统的知识形态丰富了人类的知识宝库，提高了人类文化发展的水平和程度"[②]。科技文化的使命之一就是要努力营造"讲科学、爱科学、学科学、用科学"的良好社会风尚，为科学技术的发展、进步和创新提供精神动力。在科学技术飞速发展的当今时代，要营造实现全面建成小康社会目标的环境氛围，没有科技文化的广泛弘扬是不可想象的。

三、科技文化软实力出场的时空境遇

科技文化软实力的出场，标志着科技文化软实力在综合国力竞争中的影响和作用越来越大，甚至意味着综合国力竞争观念的一种转变。上述科技文化的软实力表现说明，科技文化软实力已经从一种概念性描述变成现实。

（一）全球化浪潮的推动

全球化（globalization）是 20 世纪 80 年代以来在世界范围日益凸显的一种新现象，是当今时代的基本特征。所谓全球化浪潮，是指人类生活在全球规模的基础上的发展，以及全球意识的崛起，全球联系增强。一般认为，工业文明的困境是全球化到来的一个重要前提，现代文明的危机孕育着一个新的时代。正是各种各样的危机把人们从现代工业文明的幻梦中

---

① 胡锦涛：《在庆祝神舟六号载人航天飞行圆满成功大会上的讲话》，载《新华月报》（下半月）2006 年第 2 期，第 36-39 页。

② 杨怀中：《科技文化软实力及其实现路径》，载《自然辩证法研究》2011 年第 7 期，第 118-122 页。

惊醒，开始反思现有的文化模式，思考人类的未来。正如有学者所说："全球化文化既产生于现代文化的危机中，也产生于促使全球化时代到来的各种力量中。这些力量主要是指技术全球化和经济全球化。"①就科技全球化来讲，它加强了世界各地的互相往来和互相理解，在这里，科学技术不能仅被当作一种工具来看，它在执行工具这一职能时，实际上参与了不同文化之间的相互作用，现代文化成就为全球化时代的到来提供了坚实的物质基础。

全球化凸显了科技文化软实力。由于科学技术的发展把生活在地球上的人类变成了在同一时间、同一空间里共同生存的整体，这种相互依赖、风险共担、共同生活的现实是全球文化产生的最大动力，显示了信息技术和交通技术与全球意识的关系，即在自然空间上的共同生活与在时间里的共同存在造成了人类的统一。现代网络技术的发展和信息革命的兴起，直接决定着人类社会变革的速度和方向，其结果必然导致信息社会在全球的实现，从而使人类走向新的文明。而交通技术的发展同样是造成"地球村落化"②的重要原因，它不仅促进了世界各国的交流与合作，也为文化意识形态提供了发挥影响力的平台，而且可能是比跨距离的信息交流更为有效的平台。

从一定意义上说，全球化过程也就是一个国家提升和发挥文化软实力作用的过程。今天，全球化还在持续推进，提高文化软实力依然任重道远。"如同全球化进程还远未结束、新的全球化还在不断推进中一样，世界各国提升和发挥软实力作用的平台也在不断扩展之中。"③新的形势提出了新的理论问题，为理论的发展提供了新的动力，如何提高和发挥文化软实力作用成为一个世界性课题。于是，科技文化软实力理念便进入了人们

---

① 李庆霞：《论全球化与本土化的文化冲突》，载《求是学刊》2003 年第 6 期，第 29-34 页。
② 现代科学技术的迅速发展，特别是交通技术的迅速发展，缩小了地球上的时空距离，国际交往日益便利，整个地球如同茫茫宇宙的一个村落，从而促进了世界经济一体化进程。
③ 韩勃、江庆勇：《软实力：中国视角》，人民出版社 2009 年版，第 22 页。

的视野。

（二）科技时代的必然要求

我们生活在一个科学技术日新月异的时代，科学技术无所不在地渗透于人类生产生活的方方面面。科学技术作为第一生产力，创造了极为丰富的物质财富，也带来了人类文明的跃迁。在这样的科技时代，科技文化的兴起彰显了文化软实力的强大能量，不仅将文化自身的建设和发展提到了前所未有的高度，而且开创了国家综合实力提升的新途径，开辟了历史进步的新纪元。甚至可以说，科技时代本身就是文化软实力得以产生的土壤和前提。

科技文化软实力的出场，对软实力构成的社会合理性给予了有力的支撑，同时补充和丰富了科技文化自身，并实现了社会文化价值的积累。这不仅意味着人类在经济领域之外的生存空间的拓展，同时也在人与科技、社会演进的本质关联中凸显了其作用。这既是科技时代人的生存方式的实质性跃升，也是人的本质力量的新的充实和完善。

面对新形势和新变化，如何适应科技时代的新要求，走出一条具有中国特色的文化软实力发展道路，无疑是实施文化强国战略、建设社会主义文化强国必须解决的一个重大现实问题。概言之，中国要提高文化软实力，就必须大力发展科学技术，坚持创新驱动发展，努力提高科技进步的贡献率，推动文化建设与科技进步的深度融合，在全社会大力弘扬科技文化。

（三）人类自我超越的使命使然

超越性是人类所特有的行动，科技文化与人类自我超越本性具有一致性，科技文化是人类自我超越的重要维度。"人生活在一个现实的世界中，却积极地向往和构建一个更加符合人的需要的理想世界，并用这个理想世界来规约和范导已经获得的现实世界。"①作为一种高层次的人类活动及成果,科技文化既具有工具理性价值,能够为人的现实生活带来便利,同时也具有使人作为人而存在的目的理性价值,是人的超越性的直接而鲜明的表现,因而成为人类自我超越的重要力量。这也是科技文化作为一种软实力出场的直接现实原因。

科技文化产生于人类生活,又最终回归和服务于人类生活。从本体论意义上说,科技文化是一种深深根植于人类生活的"存在者",表征着人类自我超越的重要维度。人直接地是自然存在物,作为自然存在物,人类的存在方式具有独特性,也有自身的"缺陷",科技文化正好可以弥补这种"缺陷",通过科技文化而进行的外向探索事实上指向人的存在自身,尤其是科技文化内蕴的价值观念、理性精神及审美旨趣等,本身就是人存在的丰富性和完整性的深刻确证。概言之,人类创造了科技文化,又通过科技文化逐步超越时代和自身局限,并占有自己越来越丰富的本质。

科技文化与人类自我超越在本性上具有一致性,人类在实践领域的扩展和人类生活形式的深化都与科技文化的发展密不可分。在人类不断进化的历史进程中,正是科技文化所取得的成就,使人类自我认识不断提高,人性境界不断跃升。在这种历史考察中,科技文化的软实力蕴涵被彰显了出来,并为人们逐步认识、逐步认同。总之,科技文化软实力的出场,也是人类自我超越的使命使然。

第四节　科技文化软实力生成和发展的逻辑进路

科技文化软实力是文化软实力的重要组成部分,科技文化软实力以人

---

① 孙德忠、熊晓兰:《科技文化:人类自我超越的重要维度》,载《武汉科技大学学报》(社会科学版)2011年第4期,第399-402页。

本为基础，遵循着自己的生成逻辑和发展方式。

一、科技文化软实力的人本基础

科技文化软实力的生成首先源于它的人本基础。科技文化是人创造的，人创造科技文化的目的是为了提升自己，"以人为本"是科技文化软实力的必然要求。

科技文化生成于科学技术实践活动，而科学技术是人创造的，科学技术的历史就是人类活动的历史，任何科学技术的世界图景都属于人的历史投影。科学技术"作为人的创造性活动，与人的主体形态紧密相连，作为对象的自然界也被打了上人的烙印，人在对象身上渗透了自己的情感、意志、理想、信念，塑造了'人化的自然'"①。

科技文化是人类基于自身本性的合目的性与合规律性相统一的存在物，由此决定了它必然是人类对自身最真实的本性的追求、表现和确证。这种最真实的本性集中表现在人的主体性上。在马克思主义看来，所谓人的主体性，就是人作为活动主体的质的规定性，即人在与客体的互动中的自觉能动和创造的特性。由于科学技术始终是具有进步意义的革命力量，而且科学技术作为第一生产力也是决定人的存在状态和人的主体性发展的根本力量，因此，生成于科学技术实践活动的科技文化，既是人的主体性历史积累的确证，又是不断催生和推动人的主体性进一步发展的动力。

科学技术是人为的，也是为人的。无论在什么时代，发展科学技术的根本目的始终是服务于人、造福于人，而不是为了给人类制造麻烦和痛苦。20 世纪以来，科学技术作为第一生产力的特点日益凸显，科学技术与国家的竞争力和发展战略紧密联系起来，科技文化受到社会前所未有的

---

① 邹晓芟：《论科技活动的人本诉求》，载《邵阳学院学报》（社会科学版）2003 年第 3 期，第 14-16 页。

重视。今天，面对日趋严峻的生态危机和人文危机的双重困境，我们必须对科学技术进行深刻反思，深入探讨如何通过正确运用科学技术帮助自身走出困境。因此，今天的科学技术活动更要树立科学技术以人为本的思想，更要充分体现科学技术发展对人的终极关怀，从而避免人适应科学技术、受科学技术压迫的现象发生。

总之，科技文化的力量之源，即科技文化软实力之所以能够生成，就因为它是建立在以人为本，为人类增进福利、实现幸福的基础之上的，旨在实现人的价值，实现人的自由全面发展。

二、科技文化软实力的生成逻辑

科技文化软实力也有自己的生成逻辑，它以科技实力的增强为物质载体、以科技文化的广泛认同为前提条件、以合理化的制度安排为基本保证，逐步登上历史舞台，成为国家文化软实力乃至国家综合实力的重要组成部分。

（一）科技实力的增强是科技文化软实力生成的物质载体

科学技术是一种硬实力，这种硬实力是构成国家综合实力的重要组成部分。科技实力的增强是科技文化软实力生成的物质载体，决定着科技文化软实力的生成和发展，它所带来的国际影响力也在塑造着国家的国际形象和国际地位。

众所周知，人类文明进步的历史，也是一部科学技术发现、发明和应用的历史。科学技术的力量是巨大的，这种巨大的力量在历次世界科技中心转移所引发的世界经济中心转移中得到了充分的体现。习近平指出："科技是国家强盛之基，创新是民族进步之魂。自古以来，科学技术就以一种不可逆转、不可抗拒的力量推动着人类社会向前发展。16 世纪以来，世界发生了多次科技革命，每一次都深刻影响了世界力量格局。从某种意义上说，科技实力决定着世界政治经济力量对比的变化，也决定着各国各民族的前途命运。"[①]

21世纪是一个科技创新的世纪，新一轮科学技术革命正在孕育兴起，全球科技创新的发展态势和特征越来越明显。随着科技创新战略在综合国力竞争中的地位日益重要，科技创新活动不断突破地域和组织的界限，逐步演化为科技创新体系的竞争，建设创新型国家成为一种全球趋势。不仅如此，现代科学技术还作为一种革命的精神力量，在促进人的智能化、推动思维方式的变革、加速科学精神和科学态度的培育、提高整个社会的文明程度等方面发挥着不可替代的作用，有力地促进着人类智力和精神的革命性变化。

今天，我国的科技实力显著增强，对世界科技发展的影响也在迅速提升。经过长期不懈的努力，我国科学技术事业取得了举世瞩目的成就，与科技发达国家的差距进一步缩小，科学技术整体水平不断提升，部分领域已经进入世界先进行列，向世人展示了中国特色科学技术事业的巨大潜力。改革开放以来，科学技术的发展和进步为我国经济社会的发展及国家安全提供了强有力的支撑，也为打造科技文化软实力创造了必要的前提条件。对此，我们要有充分的认识，紧紧抓住新科技革命为我国实现经济赶超和民族复兴提供的难得的历史性机遇，坚定不移地把科学技术进步与创新置于国民经济社会发展的优先地位，努力形成与我国大国地位和科技实力相适应的科技文化软实力。

（二）科技文化的广泛认同是科技文化软实力生成的前提条件

科技文化的广泛认同是科技文化弘扬的前提条件，也是科技文化软实力生成的前提条件。如前所述，科学技术与科技文化是两个密切相关而又

[①]　习近平：《在中国科学院第十七次院士大会、中国工程院第十二次院士大会上的讲话》，载《人民日报》2014年6月10日，第002版。

有所区别的概念。科技文化以科学技术为基础，科技文化化生成于科学技术实践活动，但科技文化不等于科学技术，只有当科技文化兴起并得到广泛的认同时，科技文化软实力才能真正生成。随着科学技术的发展，科技文化理念悄然兴起，学术界对科技文化的研究不断深入，人们对科技文化的认识也越来越深刻。

科技文化理念伴随着近现代科学技术的发展而兴起，大致经历了三个阶段：第一阶段，认为文化是一种社会现象，科学技术也是一种社会现象，科学技术"真正的、方法的目标是把新的发现和新的力量惠赠给人类生活"①，即把科学技术作为一种社会现象与文化相提并论；第二阶段，认为科学技术具有文化的属性，是社会文化大系统中的一个亚文化系统，即把科学技术作为一种独特的文化现象；第三阶段，把科技文化作为一个与人文文化相对应的概念，认为科技文化是相对于人文文化而言的，科技文化与人文文化是人类的鸟之双翼、车之两轮，共同推动人类社会的发展和进步。

总之，科技文化的广泛认同是科技文化软实力生成的前提条件。随着科学技术的发展及其功能的充分展现，人们对科学技术文化属性的认识越来越深刻，对科学技术活动就是创造科技文化过程的理解也越来越深刻。正是这种认识，奠定了科技文化理念兴起的基础。而科技文化理念的兴起，意味着一场新的文化的革命正在生成，也表征着科技文化软实力开始登上历史的舞台。

（三）合理化的制度安排和环境是科技文化软实力生成的基本保证

科学技术是一种社会活动，生成于科学技术实践的科技文化是一种按照一定的制度和规范组织起来的文化系统。没有制度和规范，就无所谓科

---

① 培根著，许宝骙译：《新工具》，商务印书馆 2009 年版，第 58 页。

技文化。由此可以说，合理化的制度安排和制度环境是科技文化软实力生成的基本保证。

制度作为一种人们有目的建构的存在物，一般指要求大家共同遵守的办事规程或行动准则。就其本质而言，制度是人们从过去的反复性行为中汲取的经验和知识。科技文化软实力除了取决于科学技术硬实力和科技文化的广泛认同外，还取决于科学技术和科技文化合理化的制度安排及制度环境。制度安排是指特定领域内约束人们行为的各种规则，而制度环境则是指经济社会中所有制度安排的总和。科技文化软实力得以生成的制度环境涉及很多方面，例如，合理的政治体制、健全的科学自由制度、科技文化的建制化支撑，等等。

我们知道，科学技术实践活动是一种高层次、高水平的智力探索活动，生成于科学技术实践活动的科技文化因此也就具有了理性至上的自由探索精神，它需要合理化的制度安排和社会环境。"新中国成立后'科学的春天'的出现和改革开放后科学技术之成为'第一生产力'，就是科技文化在我国生成和发展的两个里程碑式的事件。"[①]

发展科技文化，促进科技文化软实力的生成，必须有健全的、科学自由的制度机制，从制度上保证科学技术的自由探索和研究。科学技术的本质规定就是自由，自由贯彻在科学技术活动的整个过程及各个环节。正如李醒民所指出的那样："科学具有自由的品格，科学存在的本质就是自由，科学应该是、并且注定是自由的……科学精神是科学的形而上结晶或科学之道。科学的崇实、尚理、臻美的价值取向，普适、公正、无私的本征操守，以及基于其上的怀疑和批判精神，是科学精神的鲜明标识，其中都浸透了自由的因子——以外在的自由和内在的自由为条件和归宿。而且，科学精神也顺理成章地担当起撒播自由理念的媒介，致使科学成为自

---

① 杨怀中等：《科技文化与当代中国和谐社会建构》，中国社会科学出版社 2008 年版，第 99 页。

由的象征。"①唯有健全的科学自由的制度机制，才能推动科技文化的持续发展，促进科技文化软实力的生成和不断增强。

人类文化的发展离不开一定的建制支撑，科技文化也不例外，科技文化的社会建制即科技文化的社会组织形式。离开了一定的社会建制，科技文化也就失去了社会化的、组织化的制度依托。科技文化的社会建制推进了科学技术的大发展，也彰显了科技文化的软实力功能。

总之，制度安排要合理，尤其是像我们这样的发展中大国，更要注重制度安排的合理性，从国情和客观实际出发，尊重社会的普遍认知。这样才有可操作性，才能促进科学技术的可持续发展，推进科技文化的广泛弘扬，保证科技文化软实力的现代生成。

三、科技文化软实力的发展方式：整合与创新

当今时代正处在一个大发展、大调整、大变革时期，科技文化的快速发展是这个时代的重要特征之一，而科技文化软实力反映的正是一个国家科技文化发展的状况和建设成果。历史的经验告诉我们，一个国家的科技文化软实力不会自发形成，只有自觉地加强科技文化建设，整合和创新科技文化，才能把科技文化转变和上升为国家文化软实力。

（一）整合

作为一种生成于科学技术实践的社会亚文化系统，科技文化日益广泛地渗透到现代经济社会的各个方面。这主要表现在：一方面，科学技术在生产生活中被广泛应用，改变了人的生产和生活方式，催生了新的文化业态；另一方面，通过教育和普及，科技文化直接进入社会文化价值领域，改变人的思想观念，影响、引领甚至决定经济社会的发展。

所谓文化整合，简单地说，就是不同文化相互吸收、融化、调和，进

---

① 李醒民：《科学的自由品格》，载《自然辩证法通讯》2004年第3期，第5-7页。

而趋于一体化的过程。在这个过程中，文化系统中的各个要素、各个子系统之间互相涵化、互相调适，发生内容和形式上的变化，进而形成"文化模式"或"文化体系"。整合的结果是，既保留了本土文化的风貌，又吸收了其他文化的形态。科技文化软实力的生成和发展必须有一个前提：科技文化及其构成要素之间能够相互接触和相互交流。这种相互接触和相互交流必然伴随着整合。这就是说，科技文化的整合既包括不同国度的科技文化之间的整合，也包括科技文化内部各个构成要素之间的整合。

中国文化之所以如此博大精深，之所以绵延数千年而不断流，正是因为它在发展进化中经历了无数次整合，不断地赋予它强大的生机和活力。也就是说，中国文化就是在不断的整合中发展壮大的。这种整合是多方面的，既包括汉民族文化与各少数民族文化之间的融合，也包括中西方文化之间的融通。整合的结果则是由分散走向一统，由中国步入世界。这也是当代中国科技文化发展的重要方式，要在不断的整合中打造和提升科技文化软实力。

（二）创新

创新也是科技文化软实力发展的重要方式。在科技文化软实力的发展演进中，创新不仅强调特定社会文化背景下科技文化的发展定位，也关注科技文化形式的现代重构。

当代中国正处在转变发展方式的重要阶段。转变发展方式，不仅仅是经济领域的问题，科技文化领域同样需要发展方式的转变，需要发展方式的创新。创新意味着新观念的确立，也意味着新思路的开拓。因此，在科技文化软实力形成和发展的进程中，作为一种科技文化发展战略的部署与策划，创新科技文化理论和科技文化发展方式具有重要意义。创新不仅驱动着科技文化建设的持续深入，也引领着科技文化发展的未来方向。

正如任何事物的发展都离不开创新一样，文化的发展也必然离不开创新。创新赋予文化生机和活力，创新也为文化发展提供了动力和源泉。胡锦涛指出："在时代的高起点上推动文化内容形式、体制机制、传播手段创新，解放和发展文化生产力，是繁荣文化的必由之路。"①解放和发展科技文化生产力，同样要坚持创新，既要创新科技文化理论，也要创新科技文化发展方式。

综上所述，科技文化软实力也遵循着自己的生成逻辑，当代中国科技文化软实力的生成和发展当然要传承中华民族传统科技文化精华，这是毫无疑问的。但是，我们也应该清醒地认识到，中国传统科技文化也需要现代性转换，只有在继承和弘扬的基础上不断创新，才能使中国传统科技文化在新时代焕发活力，始终保持旺盛的生命力、深远的影响力和强大的竞争力。

---

① 胡锦涛：《高举中国特色社会主义伟大旗帜 为夺取全面建设小康社会新胜利而奋斗——在中国共产党第十七次全国代表大会上的报告》，载《求是》2007 年第 21 期，第 3-22 页。

第六章

科技文化软实力的基本理念

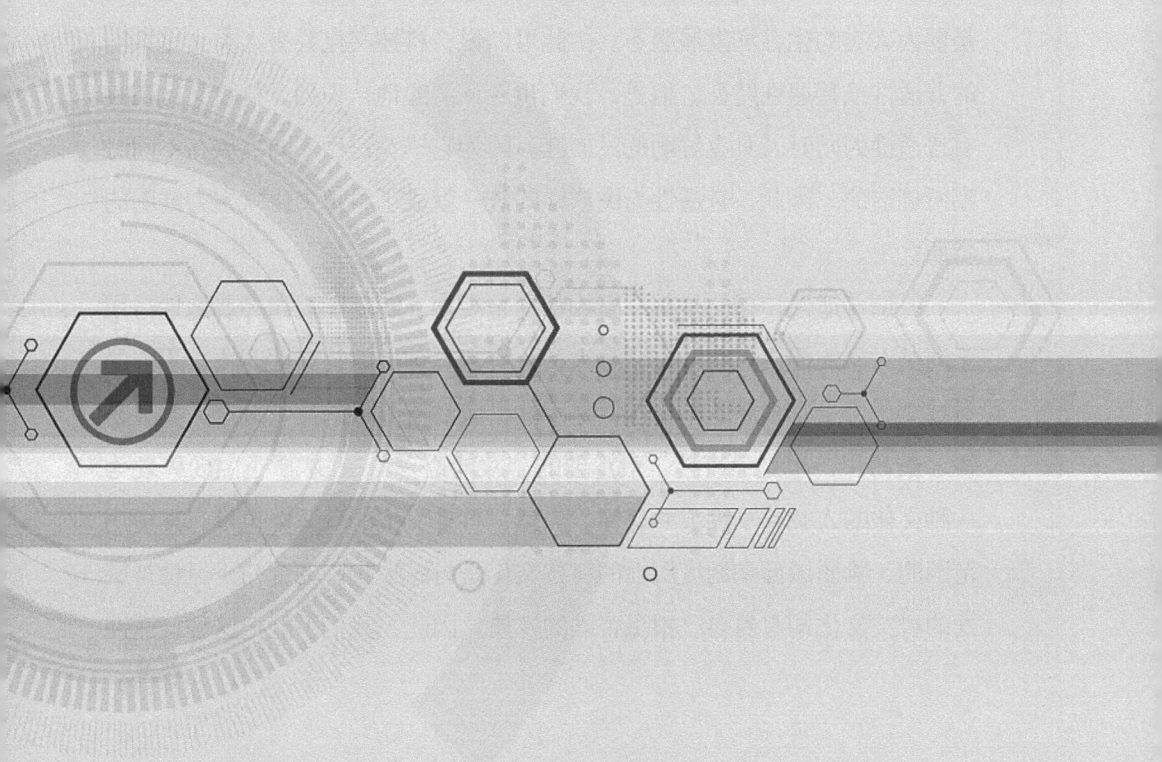

　　"科技文化软实力"这个概念是从"软实力"特别是"文化软实力"概念衍生出来的。"科技文化软实力"虽然属于"软实力"和"文化软实力"的范畴，却又有自己特殊的规定性，与"软实力"和"文化软实力"有着诸多的不同。因此，科技文化软实力研究必须在理念上被予以界定和阐释。基于此，本章着重探讨科技文化软实力的特质、构成、功能及内在精神等。

第一节　科技文化软实力特质

　　科技文化软实力不同于一般的软实力，也不同于一般的文化软实力，它既有一般软实力和文化软实力的共同本质，又有自己特殊的规定性。

一、普适性与民族性的统一

　　文化是人创造的，科技文化也是人创造的，人创造科技文化的目的就是要为人类的生存和发展服务。由此可以说，科技文化具有人类文化共同的普适性或普遍性特征。但是，我们也应该清醒地认识到，科技文化在具有普适性的同时又具有鲜明的民族性，因为它毕竟是由不同民族在不同时期所创造的。因此，普适性与民族性的统一就成了科技文化软实力鲜明的特质之一。

　　所谓普适性，指的是某一事物特别是观念、制度和规律等普遍地适用于同类对象的性质。科技文化是人类社会共同创造的社会性产物，不同的科技文化由于其根源的相似性，是不能彻底划清界限的。它是全人类最易懂、最易用，也是最直接、最重要的"共同语言"，在本质上主要体现为一种文化的人类共享性或共有性。当然，科技文化的普适性也是有其适用范围的，物质层面和制度层面的科技文化是可以吸收、融合的，但精神层面的科技文化却有着自己根深蒂固的性质。因此，我们不能把这种普适性简单地理解为任何一个民族在任何时期都拥有相同的科技文化内容，而是特指科技文化为人类的基本生存、生活需要和社会组织服务的特性。

民族性强调的是文化所具有的民族间的差异性。一种文化代表着一个民族，一个民族拥有着一种文化，不同的民族有着不同的科技文化。如果说，普适性强调的是科技文化外部的共享性的话，那么，民族性在本质上则主要体现为科技文化的内部共享性。强调民族性并不是说一个民族的科技文化只是纯粹的本民族的科技文化，而是说科技文化在吸收外来文化的同时必须始终保持本民族的特色。有学者指出："民族性并不是说文化都只是本土文化，因为任何民族的文化都不可能是纯粹的，都会吸收外来文化。一个民族的文化不仅是由本民族的地区文化逐步融合而成，而且往往还吸收有别的民族的文化。纯而又纯的民族文化是没有的。各民族之间的文化是可以相互交流和传播的，而且文化的民族性并不会因为文化的融合或吸收而消失。"①这正是我们在理解科技文化的民族性时应该遵循的。

普适性与民族性是统一的，在科技文化发展、科技文化软实力生成的过程中，不能没有普适性也不能没有民族性。从科技文化的创造方式和发展过程来看，如果没有普适性，就不会有人类文化智慧的共享。例如，古印度人创造的"阿拉伯数字"的广泛使用、中华民族"四大发明"的广泛传播等，都为世界文明做出了重要贡献。今天，"随着全球化时代的到来，由于信息技术的快速发展和资本在全球范围内的高速流动，人类文化的传播、累积、创新及发展等呈超加速度发展趋势，愈来愈多的文化被全球所共享"②。但是，科技文化的民族性始终不会被普适性所湮灭。在科技文化的跨民族交流中，民族文化的基本内核不仅不会改变，还会得到进一步的补充和完善。在当今世界的多元文化格局中，各个民族都在尽力彰显自己的本土文化个性，从而凸显了普适性与民族性统一、同质性和异质

---

① 童萍：《关于文化民族性的几点思考》，载《天府新论》2005 年第 3 期，第 99-102 页。

② 陈华文、王逍：《论文化的基本特征》（下），载《文化学刊》2014 年第 2 期，第 89-97 页。

性并存的当代人类科技文化秉性。

总之，科技文化既具有普适性又具有民族性，普适性与民族性的统一是科技文化软实力的本质规定性之一。片面强调普适性，就会失去民族特色，因而不利于科技文化凝聚力的形成和发挥；片面强调民族性，就会滑向文化民族主义，不利于科技文化的交流与合作。这两种情形无论在理论上还是在实践上都是有害的。

二、传承性与创新性的统一

文化是发展的，发展中的文化既是传承的结果，又是创新的结晶，传承与创新是文化发展和进步的一般规律。作为文化的一个子系统，科技文化也是在传承与创新中不断发展的，传承性与创新性的统一因而也成为科技文化软实力的特质之一。

人类的历史也是文化不断传承的历史，传承性是文化的固有属性，没有传承性，就无所谓文化的发展。就其内容而言，这种传承性既表现为一个民族或个体向另一个民族或个体的延续发展，也表现为一个时代到另一个时代的累积叠加。可以这样说，世界上任何一种文化都是以往文化不断累积的结果，又是未来文化发展的基本前提。科技文化作为人类文化大家族的一个重要方面，本身就是人类实践和文化累积发展到一定条件下的产物。

但是，文化传承不是机械性的，不是简单地照抄照搬，需要鲜活的思想和生命，需要批判性的继承、辩证性的扬弃。也就是说，文化传承的要义既包括对那些不适应现实需要的文化因素予以扬弃，也包括对那些适应现实需要的文化特质予以弘扬，是扬弃与弘扬的统一。可以这样说，日心说替代地心说、非平衡相变理论替代平衡相变理论等，都是科技文化史上扬弃、继承的实例。

文化的传承意味着累积，传承的过程也就是文化累积的过程。传承本民族原有的文化，这是基础；然后才有条件和能力去创新文化，这是根本。正是这种传承与创新使得民族文化传统在大浪淘沙中生生不息。在人类社会实践中，创新就是以新的思维、新的发明、新的方法等为特征的一种理论和技能化过程，而文化的创新则是在吸收多种文化精华的基础上实现重新整合并获得新质的过程。创新是文化的灵魂。一般认为，文化是人在认识和改造客观世界、认识和改造人自身的过程中形成的。如果我们从人类活动的角度看，文化是人创造的；但倘若我们从人的发展角度看，人也是由文化塑造的。

科学技术的发展和进步是永不停息的，永不停息的科学技术正是人类不断创新的结果。这里的创新，包括思想创新、知识创新、体制创新及方法创新等多个方面。由此可以说，科技文化本质上是一种创新文化。科技文化的这种创新特质源于科学技术创新的本性，因为科学技术总是在扬弃以往科技成果的基础上而开拓前进的。总之，创新性是科学技术生命力的体现，也是科技文化之所以始终走在文化发展前沿的根本原因。

综上，传承性与创新性的统一是科技文化软实力的基本特质之一。坚持传承性，人类科技文化的精华才能不断延续下去；坚持创新性，科技文化才能不断前进。传承性与创新性是辩证统一的，这主要表现在两个方面：其一，传承是创新的前提，传承性是科技文化发展的基本形式，没有传承和累积就没有科技文化的创新和发展；其二，创新是传承的目的，没有创新和发展，科技文化就没有前进的动力，科技文化软实力功能也就难以体现。正是这种传承性与创新性的统一，推动着科技文化软实力的持续发展和不断提升。

三、开放性与包容性的统一

科技文化软实力特质还表现为开放性与包容性的统一。开放性要求实施"走出去"的开放战略，包容性主张把各种外来优秀文化"引进来"，为我所用。只有坚持开放性与包容性的统一，才能促进科技文化的发展，不断提升科技文化软实力。

马克思主义历来认为，世界是普遍联系的，也是运动发展的，世界上任何事物的发展变化总是在一定的系统中进行的。文化的发展也是在这样的系统中进行的。文化具有开放性，文化的开放性强调的是"世界各国精神产品的交流和交换，是各国文化的相互影响、吸收、融合以及矛盾和斗争"①，文化是在相互交流、吸收和融合中发展的。可以这样说，文化的交流、吸收和融合已经成为文化发展的动力，自从世界成为一个整体以来，不同文化之间的交流、吸收和融合就从来没有停息过。

今天，我们正处在一个开放性时代，不同文化之间的交流频繁且广泛。在这样一个时代，开放性已经成为一个不以人的意志为转移的大趋势，因而，也是各国文化发展的一大特点，相互交流、吸收和融合已经成为文化发展的主要内容。

科技文化具有开放性，科学技术研究的主观目的和客观对象都决定了科技文化的开放性特点。科学技术活动作为一种创造性劳动，多元性追求是它的本质要求。科学技术活动是最有必要也最有条件开展国际交流合作的人类活动领域之一，超越区域、国界、学科界限的合作与交流是科技创新和发展的内在要求。科技文化不是科技霸权也不是文化霸权，它的思想方法是多元的、开放的，鼓励百花齐放、百家争鸣。

科技文化不仅具有开放性，也具有包容性。包容性是文化的一种品质，它强调的是求同存异、兼收并蓄，求同存异与兼收并蓄统一于文化的实践。求同存异表现为一个民族的文化与其他民族文化的友好往来，而兼收并蓄则表现为一个民族的文化善于借鉴其他民族文化中合理的因素。对此，有学者强调说："这种包容性具有强大的同化力、凝聚力和顽强的生

---

① 马丁·E. 马蒂著：《美国的宗教》，载卢瑟·S. 利德基主编，龙治芳，等译：《美国特性探索》，中国社会科学出版社 1992 年版，第 288-289 页。

命力，有利于各民族文化在和睦的关系中交流，增强对自身文化的认同、对外域文化的理解和接纳。"①在人类文明史上，中国文化之所以能够保持超越历史时空的生命力，其包容性特征是关键因素之一。

文化的开放性必然会带来开放性经济的繁荣，或者说，开放性的经济之所以得到长足发展，是与开放性的文化特质分不开的。正如有学者所说："20世纪90年代以来方兴未艾的经济全球化和信息革命，使得世界各地、各个民族、各个国家的文化也处于空前的交流、竞争和互动中，虽然各种文化之间的冲突不断以国家、民族、宗教以及经济利益的形式表现出来，但是文化的多样性和包容性却大大扩展了，大多数人以平等、平和、包容的心态对待日新月异的文化变迁和新事物的出现、旧事物的消亡。"②

总之，科技文化软实力既要坚持开放性，又要体现包容性，在文化的创新发展中实现开放性与包容性的统一。今天，在多元科技文化的碰撞中，立足本土科技文化发展，我们既要有开放的视野，又要有包容的胸怀。坚持"面向现代化、面向世界、面向未来"，敞开大门，走出去，与世界优秀科技文化对接；海纳百川，引进来，借鉴外来优秀文化精华，努力吸收世界科技文化进程中的一切优秀成果，不断增强中国特色科技文化软实力。

第二节　科技文化软实力构成

科技文化软实力不仅有其自身的特质，也有自己的构成要素。从科技文化的特殊样式考察，科技文化软实力构成主要包括科技文化价值观念的

---

① 张旭敏：《论高校文化软实力的基本特征》，载《南华大学学报》（社会科学版）2013年第2期，第86-91页。

② 武力：《文化的包容性与经济发展关系研究》，载《江南论坛》2012年第5期，第4-6页。

吸引力、科技文化制度体系的保障力、科技文化公共服务的亲和力、科技文化创新氛围的凝聚力，以及科技文化对外交流与合作的影响力等。

一、科技文化价值观念的吸引力

科技文化软实力的重要构成，首先表现在一个民族、一个国家的主流价值体系及其所建构的科技文化价值观念。所谓科技文化价值观念，是指人们对科技文化的评价标准和价值取向的基本看法，是人们关于科学技术地位作用和社会功能的根本观点，是人们关于科学技术同人类社会的价值关系的观念系统。一个国家的科技文化能否走向世界、发挥更大影响力，关键在于它是否拥有明确的、富有生命力的科技文化价值观念。概括地说，科技文化价值观念的吸引力，主要体现在国民对科技文化价值的认同、提升科技文化素质的自觉性，以及对科学技术地位作用和社会功能的认识水平等。

首先，对科技文化价值的认同。对于一个国家来说，基本的文化价值观念一旦形成，就会牢牢扎根于人们的心中，坚若磐石，挥之不去，而且代代相传。科技文化软实力在很大程度上表现为国民的精神状态和意志品格，而这一切主要来自人们对科技文化价值的认同。对科技文化价值的认同，最重要的是看科技文化是否真正、切实地渗透和融入社会文化的方方面面，在国民的思想认识上是否把科技文化看作文化软实力的重要组成部分，科技文化的理念是否深深根植于民族文化之中。在现实科学技术活动中，无论自觉还是不自觉，人们总是按照一定的科技文化价值规范去行动的，力求在一定的社会、制度及文化框架中谋求自身的经济利益。可以说，科技文化价值一旦为国民所认同，就可能作为一种社会标准固定下来，影响、制约和规范着人们的行为选择。

其次，提升科技文化素质的自觉性。国家未来的希望在文化，需要宏观的把握和脚踏实地的建设，而文化建设的核心是提高全民族的文化素质。文化是人为的，也是为人的，现实的人总是生活在一定的文化环境之中的人，也都自觉不自觉地创造或体现着某种文化。关注科技文化建设、积极参与科技文化创造、自觉提升科技文化素质，正是一个国家科技文化软实力的体现。国民文化素质是国家竞争力的重要指标，如果一个国家的大多数国民具有良好的文化素质，这个国家无论所处的地理环境怎样、所拥有的自然资源如何，都会表现出很强的生存力、竞争力和创造力。科技文化素质是国民文化素质的重要构成，国民科技文化素质状况直接影响着国家科技文化软实力的提升，特别是国民对科学技术的理解、掌握和运用的能力，是一个国家科技文化软实力的重要体现。

最后，对科学技术地位作用和社会功能的认识水平。人类文化发展的历史表明，社会的文明程度与人的认识能力密切相关。对科技文化价值的判断，主要表现在科学技术的地位作用和社会功能上，国民对科学技术地位作用和社会功能的认识水平也是一个国家科技文化软实力的重要体现。一般来说，人的认识能力越强，认识水平越高，对客观世界的认识越深刻，其社会行为的理性化程度就越高。在科学技术实践中，人类在创造科技文化的同时，也锻炼了自己的认识能力，提高了自己的认识水平，其中包括对科学技术地位作用和社会功能的认识水平。对科学技术地位作用和社会功能认识水平的不断提高，必将进一步扩展人类的认识范围，进而引起人们文化观念的变迁和更新。

二、科技文化制度体系的保障力

科技文化软实力也表现在科技文化制度层面的力量上，即科学技术制度体系在保障、支持、促进和激励科学技术发展及创新方面所形成的能力。科技文化制度体系的保障力也是科技文化软实力的重要构成，它是一个国家或地区在一定历史时期，为实现科学技术发展的任务而制定的指导方针和行为准则。

所谓制度体系，是指整个社会范围内各种制度之间或社会某一领域内相关制度之间相互作用而形成的制度综合体。人类的一切活动都与制度体系有关。中国有句俗话，叫作"没有规矩，不成方圆"。意思是说，没有规则（即制度）的约束，人类的行为就会陷入混乱。"人们会对激励做出反应"是经济学的一条重要原理，它对我们的提示是：不同的制度安排会对人们产生不同的激励，而不同的激励则会导致不同的行为反应。科技文化制度体系同样具有这样的功能，它直接决定一个国家或地区科学技术发展的方向和速度，因而也成为科技文化软实力的决定因素之一。

20 世纪中期以来，科技文化制度体系建设备受关注，这方面的研究也逐渐成为科技文化研究的热点。科学技术的法律、法规、政策、规则等作为一种制度事实，对科学技术发展乃至经济社会的发展发挥着越来越重要的制度干预作用。鉴于此，人们把科技文化制度体系建设作为引导科学技术发展决定因素的同时，还将其视为科学技术与经济社会协调发展的基本保障。概言之，科技文化制度体系的保障力主要表现为：调整各种科技资源配置、规定创新活动的评估标准和激励方式、促使科学技术系统内各部分协调运转，以及保证科学技术发展和社会应用的正确方向等。

科技文化制度体系建设是一个制定制度、执行制度，并在实践中检验和完善制度的、理论上没有终点的动态过程，从这个意义上讲，制度没有"最好"，只有"更好"。当然，由于情况和条件不同，各个国家所建构的科技文化制度体系可能不一样，实际效用也可能有较大差别。但总的来说，其基本原则就是为科学技术的发展和进步提供必要的制度条件。因而，加强科技文化制度体系建设、充分发挥科技文化制度体系的保障作用就成为一个基本共识。

在科学技术发展和社会应用的整个过程中，科技文化制度体系保障力的一个重要体现就是科技文化人才作用的充分发挥。所谓科技文化人才，主要包括三个层面：一是从事科学技术工作的科学家、技术专家和广大科技工作者等科技研发人才；二是科学技术成果传播、转化、运用等的科技管理人才；三是科学技术社会运行的统筹、决策、指挥等的科技领导人才。因此，作为保障力的科技文化制度体系，一定是一个科学的、周密的、切实可行的制度体系，其基本原则是"人尽其才，才尽其用"，至少要符合以下三个条件。

第一，立足于促进科学技术事业的大发展，有利于创造性科技研发人才的不断出现。这种制度设计安排，能够充分调动和发挥科学家、技术专家及广大科技工作者的研发积极性，努力营造一种科技研发人才"想做事、能做事、做成事"的科技文化制度氛围。

第二，促进科学技术成果转化为直接生产力，有利于既懂科技又会经营的科技管理人才的成长。作为整合科技智力资源的主体，科技管理人才在科学技术发展及社会应用中，在领导、组织和管理科技工作方面扮演着十分重要的角色。科技管理队伍建设的质量如何，能否胜任科技经济全球化的挑战，不仅关涉整个科技文化人才队伍建设，也会对落实科学技术转化为生产力和科教兴国战略产生重要影响。这在客观上要求我们：必须从制度上规定科技管理人才的地位和作用，进一步明确科技管理人才的素质要求，充分发挥科技管理人才的积极性和创造性。

第三，促进科学技术与经济社会协调发展，有利于德才兼备的科技领导人才脱颖而出。领导也是管理，建立科学家、技术专家领导科学技术事业的管理制度，是科技文化软实力形成并不断增强的重要制度保证之一。因为，"科学、技术是一个专门领域，它有其严格的科学研究准则、研究标准和科学、技术规律，外行领导往往无视严格的科学、技术研究准则、标准，违背科学、技术规律，这样只能消解或破坏科学、技术的良性运行"[1]。

---

[1] 唐代兴：《文化软实力战略研究》，人民出版社2008年版，第83页。

三、科技文化公共服务的亲和力

科技文化公共服务是一个系统工程，主要包括：一个体系，即科技文化公共服务体系；两个平台，即科技文化基础条件平台与公共服务平台；两个渠道，即公共行政服务与公共事业服务。对于一个国家来说，能够提供什么样的科技文化服务，体现的是国家重视发展科技文化的一种态度。因此，科技文化公共服务的能力、质量和水平，也是科技文化软实力的一个重要维度。

（一）一个体系：科技文化公共服务体系

所谓公共服务，即"一个国家在特定的历史发展时期，按照本国自身的政治决策程序，基于各种原因、效率、公平、历史传统、公众意愿、国家长远利益等，而决定由政府利用公共资源和财政资金为整个社会和公民个人提供的所有服务"①。公共服务体系则是以提供基本且有保障的公共服务为主要目的而建立的一系列有关服务内容、服务形式、服务机制、服务政策等的制度安排。公共服务体系的建立和完善对于社会和谐稳定、节约社会资源、提高服务效率等具有非常重要的意义。

科技文化公共服务是公共服务在科技文化领域的具体体现，其核心要义是指政府及非政府公共组织依照法律规定、运用政策手段、以直接或间接方式所提供的科技文化服务。当今世界，各国政府特别是发达国家政府都非常重视科技文化公共服务体系建设，把科技文化公共服务体系建设看作国家创新战略的重要组成部分，从金融财税政策、风险投资、科技计划项目资金支持、人力资源、知识产权保护等诸多方面给予全方位的扶持。

科技文化公共服务体系是社会公共服务体系的重要组成部分。大力推进科技进步和创新，加强科技文化公共服务体系建设，是维护和实现最广大人民根本利益的必然要求，也是提高科技文化软实力的必然要求。科技

---

① 张安：《事业单位改革与公共服务体制建设》，载《宏观经济管理》2005 年第 3 期，第 25-26 页。

文化公共服务体系建设，要自觉地配合、加入和融进公共服务体系建设之中，增进公共服务体系建设的科学技术含量，在丰富全社会的社会文化生活中提高国民科技文化素质。

（二）两个平台：科技文化基础条件平台与公共服务平台

科技文化服务平台建设是科技文化公共服务的基础性工程，科技文化服务平台作用的发挥，直接关系科技文化公共服务的亲和力。科技文化公共服务平台包括科技文化基础条件平台与公共服务平台。科技文化基础条件平台的主要服务内容是向社会提供科技文化共享资源，而公共服务平台则直接提供公共科技文化服务。打造科技文化服务平台的目的在于整合、集成、优化科技文化资源，完善相关基础条件，提升科技文化公共服务能力。

科技文化服务平台不同于一般性公共服务平台，其基本特点就是它的基础性、开放性和公益性，目标是科技文化资源的集成开放和共建共享。科技文化服务平台对科技文化资源进行整合利用与优化配置，坚持政府主导与社会力量参与的高度结合，依托政府力量并充分整合多方面的力量，为科技文化的建设、发展、创新、传播、共享、应用及转化等全过程提供公共服务。

打造科技文化服务平台，是提升科技文化软实力的重要环节。政府作为代表公共利益的国家机器，有责任为科技文化创新发展提供必要的公共服务，特别是利用国家资源整合的力量，引导和推动科学技术的发展和进步。其基本的运作策略是：努力形成"政府扶持和投入—社会资源整合和参与—科技文化服务平台建设—国家科技文化软实力提升"的良性循环。其中，最重要的是充分发挥政府集中力量办大事的政治优势，积极引导社会资源和社会资本对科技文化创新发展的投入。

（三）两个渠道：公共行政服务与公共事业服务

科技文化服务主要是通过两个渠道实现的，即公共行政服务与公共事业服务。公共行政服务是由政府部门对科学家、技术专家、广大科技工作者，以及科学研究和技术开发机构等提供的服务，包括行政审批服务、信息咨询服务等。而公共事业服务则指的是公共事业部门对科学研究、技术开发提供的服务，这些部门包括教育、文化、体育、卫生、公共安全及社会保障等。

公共行政服务是政府的重要职能之一，为人民服务是政府公共行政服务的基本理念，也是衡量政府工作成效的根本标准。在现代社会，每一个人、每一个群体都接受着政府提供的一系列公共服务。公共行政服务的对象当然也包括科学家、技术专家、广大科技工作者，以及科学研究和技术开发机构。在市场经济中，社会公共服务职能的重要性日益突出，政府部门工作人员的行为、服务可靠性及服务便利性等直接关系公共行政服务的满意度，关系政府的形象。因此，科学家、技术专家、广大科技工作者，以及科学研究和技术开发机构等能否在政府部门得到满意的服务，获得必要的支持和信息，就成为科技文化软实力的一个重要影响因素。

公共事业服务是由公共事业部门提供的服务。事业单位是我国特有的社会服务组织，长期以来，在科学、教育、文化、卫生等公共事业方面发挥着重要作用。根据现代事业制度的要求，公共事业服务要有效运转，就必须坚持政事分开、责任明确、多元约束、管理科学的原则，必须符合市场经济和事业单位的自身特点和发展规律。这方面机构设施的建设状况，为科学家、技术专家、广大科技工作者及科学研究和技术开发机构服务的质量，为科技文化建设和传播提供的基础性条件，也是科技文化软实力评价的重要指标。

四、科技文化创新氛围的凝聚力

所谓科技文化创新氛围，即在科学技术创新实践中产生，并为科学技术领域和科学技术共同体普遍认同的创新氛围。这种氛围对于科学家、技术专家和广大科技工作者来说，能够催发创新动机、提升创新能力、集聚创新资源、维持创新活动等。这是科技文化创新氛围的凝聚力之所在。概括地说，科技文化创新氛围主要表现在尊重人才、公平竞争、宽容失败、协同创新等几个方面。

（一）尊重人才的氛围

国家兴盛，人才为本。纵观几千年的文明史，每一个繁荣昌盛的时代，无一不有赖于人才的繁盛。当今世界是一个开放的世界、竞争的世界，人才正在成为强国富民的最重要、最宝贵的第一资源，成为在激烈的综合国力竞争中牢牢掌握主动权的力量源泉。

人才是生产力诸因素中最积极、最活跃的"第一资源因素"，我们所说的人力资源开发、人才队伍建设问题，其实就是如何挖掘人才、发现人才、培养人才、吸引人才、留住人才和用好人才，其中最实质的内容也就是如何尊重人才。

在科学技术活动中，人才之所以称为人才，就在于他的创造性和杰出性。这种创造性和杰出性与其所处的社会环境不无关系，是在一定的环境氛围中积累的结果。因此，我们必须高度重视并采取切实措施，努力营造尊重人才、爱护人才、保证人才健康成长的良好环境，鼓励人才干事业、支持人才干成事业、帮助人才干好事业，开创人尽其才、才尽其用、用当其时、人才辈出的良好局面。这对于贯彻实施创新驱动发展战略、促进科学技术的发展和进步、不断提升科技文化软实力，意义重大而深远。

（二）公平竞争的氛围

浓厚的科技文化创新氛围必然在思想理念上鼓励竞争，在竞争中寻求发展和跨越。科学技术的发展和进步，尤其是科学技术的创新，呼唤一种敢于竞争的思想观念，倡导一种勇于竞争的精神风尚，营造一种公平竞争的文化氛围。可以这样说，一个缺乏竞争氛围的国家、地区或单位，是不可能有创新能力的，因而也是不可能吸引、留住有创新激情和创新能力的人才的。

但是，竞争必须是公平的。只有公平的竞争才会产生良好的效果，不公平的竞争则必将挫伤人们的积极性和创造性。为什么要倡导公平竞争呢？这是因为，公平竞争追求积极自由、遵守规则、实质平等的价值理念，这既是国家规制竞争活动的指导思想，也是维护竞争群体利益的必然要求。其实，所有公平的竞争都是有规则的，竞争规则必须是由多数竞争方商定或认同的，所有竞争者都必须遵守规则，不能有任何例外。当然，竞争也是有限度的。对于一个国家来说，没有竞争或竞争不足，会死气沉沉，缺乏活力；但过度竞争又会导致人际关系紧张，破坏协作，甚至产生内耗，损害国家或地区的凝聚力。

公平竞争是调动人们积极性和创造性的一种有效机制。一个平等参与、公平竞争的环境氛围，有利于推动科技进步、经济繁荣和社会发展。可以肯定，只要全社会真正形成了公平竞争的环境氛围，人们的积极性和创造性就会得到充分发挥，社会生产力、科技进步也必将日新月异。

（三）宽容失败的氛围

我们提倡竞争，但竞争有成功，也会有失败。任何事物都是对立的统一，在我们从事的各种活动中，成功与失败总是相伴相生的，而且在一定条件下可以相互转化，失败是成功之母。按照认识论的观点，人们对事物的认识，往往要受到主客观条件的限制，因此，这种认识常表现为由浅入深、由片面到全面，经历多次反复才能完成。这种反复中可能包含着失败的因素。科学技术活动是探索未知的活动，科技创新过程充满着诸多的不确定性，更需要鼓励成功、宽容失败的文化氛围。

宽容失败与鼓励成功同等重要。在科学技术发展史上，任何有重大发明创造的科学家，都经历过这样或那样的曲折和失败。可以说，科学技术就是在不断地战胜挫折和失败中发展壮大的。失败能为走向成功铺平道路，也能为走向成功积累素材，最终找到成功的方向，进而实现真正的成功。宽容失败，就是要容忍失败，对待失败要能理解和善待，并努力从失败中吸取经验教训。宽容失败，就是要遵循科学技术发展规律，鼓励更多的人去探索、去创造，为科学发现、技术发明提供应有的宽松环境。从一定意义上说，能否宽容失败，是对一个国家、民族或地区创新风险承受能力的考验。

宽容失败作为一种精神，理应同敢冒风险、敢为人先、敢于创新及勇于竞争等精神一样被大力倡导。倡导宽容失败的精神，有利于在科技创新中营造激发人们不畏风险、迎难而上、奋力拼搏、百折不回的良好氛围；倡导宽容失败的精神，有利于在科技创新中形成生动、活泼、民主、求实的良好风气；倡导宽容失败的精神，有利于在科技创新中创造发展、培育、凝聚人才的良好条件[①]。

（四）协同创新的氛围

协同创新氛围的营造，是当前科技文化创新氛围最重要的特色和亮点。协同创新（collaborative innovation）是一种多主体、多因素共同协作的创新行为，特别是创新资源和创新要素的有效汇聚。它的最大特点就是创新主体间拥有共同的目标，依靠现代信息技术构建资源平台，强调非线性、多角色、开放性的多元主体互动协同，充分释放创新主体中"人才、

[①] 参见蒋金锵：《科技创新需要倡导宽容失败的精神》，载《求是》2006年第6期，第59页。

资本、信息、技术"等创新要素的活力。

严格意义上的协同创新，一定是深度的融合合作。通过深度融合，充分释放协调各方要素的活力，从而实现充满活力和"1+1＞2"的功效。这种功效在其结合点上的发生过程，显然不是普通的物理现象，更不是简单的加法，而是一个类似化学合成的过程。创新成功者的实践证明，只有协同创新才能实现创新效率最大化。因此，协同创新必须建立在创新主体理念相通相同、彼此需求互补、各有所获或发展的基础之上。

当今世界，协同创新也突出地表现在科学技术活动中，这已经成为全球科技创新活动的一个突出特征。所谓科技协同创新，"是指不同创新主体（产、学、研、金、政、用）基于目标利益，通过创新要素的有机配合与相互作用，在创新互动机制的约束和协调下，通过复杂的非线性相互作用，提高资源利用效率，从而产生单要素无法实现的整体效应的过程"[①]。科技创新的过程不是某个单独的个体就可以完成的，需要有团队之间的合作。历史上，大凡重大的科技成果都是通过相互合作最终完成的。

党的十八大报告指出："科技创新是提高社会生产力和综合国力的战略支撑，必须摆在国家发展全局的核心位置。要坚持走中国特色自主创新道路，以全球视野谋划和推动创新，提高原始创新、集成创新和引进消化吸收再创新能力，更加注重协同创新。"[②]注重协同创新，对于深入实施国家创新驱动发展战略、建设创新型国家，具有极为重要的指导意义。如今，协同创新作为一个复杂的系统工程，已经上升到国家战略意志层面。只有建设国家协同创新体系，广泛动员创新主体，系统整合创新资源，不断提升协同创新能力，才能实现从要素驱动型增长向创新驱动型增长的转

---

① 姚艳虹、杜梦华：《科技协同创新演进规律及其影响因素分析》，载《湖南大学学报》（社会科学版）2013 年第 3 期，第 37-41 页。

② 胡锦涛：《坚定不移沿着中国特色社会主义道路前进 为全面建成小康社会而奋斗——在中国共产党第十八次全国代表大会上的报告》，载《求是》2012 年第 22 期，第 3-25 页。

变，为国家的创新发展注入活力和动力。

五、科技文化对外交流与合作的影响力

所谓科技文化对外交流与合作的影响力，就是一个国家的政府、科技组织等通过各种手段，在基础研究、应用研究、开发研究及成果转化与扩散等领域所产生的社会反响、国际声望与认可程度。科技文化交流与合作活动的内容、质量、范围、规模、频率等，是衡量科技文化对外交流与合作影响力的重要维度。这种影响力又具体反映在专利和技术开发合作、论文发表、学术交流及科技成果交易等方面。

（一）科学技术的国际性和共享性特点为科技文化交流与合作提供了可能性

科学技术是人类在认识自然现象、探索和利用自然规律的长期实践中发展起来的。科学技术具有国际性和共享性特点，科学技术是人类的共同财富，可以跨越国界、跨越地区进行转移、转让。这为科技文化的国际交流与合作提供了可能。

科学技术的发展与进步在很大程度上依赖于学术思想的交流与沟通，依赖于科技文化的交流与合作。在科学技术的发展过程中，通过国际交流与合作，将先进的科学技术"引进来"，或"走出去"洞察科技前沿，是获取最新前沿信息、启迪人们思维、促进科技发展的重要环节和手段。加强国际科技文化交流与合作是一种必然的趋势。随着国家对外开放的不断深化，以及与国际间交流的进一步扩大，科技文化的交流与合作也越来越深入，各种学术交流、科技合作和考察访问等活动日益频繁。

更进一步说，科学技术的生命力既在于创新，也在于交流与合作。对于一个国家或地区来说，如果不重视交流与合作，其科学技术事业将成为"无援的孤岛"，总有一天会处于"弹尽粮绝"的境地，特别是对那些科学

技术还不发达的国家或地区来说更是如此。

（二）科技全球化呼唤科技文化的交流与合作

随着全球化浪潮的推进，科学技术也日渐全球化：国家之间的科技合作更加频繁、科技信息共享更加迫切、科技人才跨国界流动更加显著、科技成果评估的标准更加统一。科技全球化呼唤不同国家或地区间科技文化的交流与合作。

首先，科学研究的跨国界合作。由于科技资源在国家或地区间一直处于不均衡的分布状态，不同国家或地区间科技合作的脚步也就从来没有停止过。有学者指出："一方面，各国对人类发展面临的重大问题的看法逐渐趋同，并且形成了科学研究在世界范围内的国际分工；另一方面，在大科学的背景下，产生了许多大规模科研项目，每个国家只有参加到全球性、区域性以及跨国界的科学合作中去，才能在大科学领域谋求自身的发展。"[①]

其次，科技信息与人才的跨国界流动。当今时代，科技全球化趋势日益明显，资源、资金、信息、人才的世界性流动日益重要，国际间的学术交流和考察访问等活动也日益频繁。随着科技全球化的深入推进，科技信息与科技人才两个方面都发生了新的变化：一方面，随着信息技术的飞速发展，信息资源从产生、发布到存储、获取等均打破了地域和时间的限制，出现了不同以往的新模式和新途径，从而引发了科技文化信息交流的风暴；另一方面，人才竞争加剧，如何储备本国的人才和利用外国的人力资源成为许多国家关注的重大问题，个中缘由，最突出的表现就是人才在世界上的流动越来越频繁和灵活，人才储备难度不断加大。基于此，通过科技信息与人才跨国界、跨地区流动，把先进的科学技术、管理经验"引

---

① 谢飞：《科技全球化趋势下我国科学软实力发展的意义分析与对策探讨》，载《科技管理研究》2010年第14期，第34-36页。

进来"，或"走出去"学习借鉴，已经成为有效推进科学技术发展与进步的重要手段。

最后，科技成果的国际承认。客观地说，各国科技文化影响力存在差异，具有不对称性。导致这种差异和不对称的重要原因当然是各国的经济实力存在差异，但更重要的是本国的科技成果能否得到国际的承认。随着科技全球化的持续推进和科技文化交流手段及载体的不断改进，全球范围的科技成果承认机制也发生了很大的改变。例如，国际性的科技期刊的影响力越来越大。如今的学术界非常关注 SCI 数据库中收录的论文，认为这些论文在很大程度上代表了世界范围内科学技术发展的动向和趋势；科技论文的引用、被引问题也备受关注，引用率已经成为评价基础研究论文质量的一个重要指标。论文引用只是一个细节，它不是科技发展大局，但它却关乎大局，关乎一个国家或地区（组织）的科技文化影响力。

（三）科技文化交流与合作的广度和深度标志着一个国家的开放程度及水平

随着国际综合国力竞争的日趋激烈，科技文化软实力建设的重要性日益凸显，科技文化交流与合作受到了前所未有的重视。有学者指出："在科技全球化形势下，各国政府、科研机构、科技协会、科技专家之间的纵横交流与合作越来越活跃及强化，国际科技交流与合作呈现多样化、规范化的大趋势，但也面临高科技信息及核心和创新技术的保护、科技资源共享及知识产权保护、人员自由流动及科技人才保护等新挑战。"[①]

科技文化交流与合作之所以受到如此重视，就是因为对外交流与合作能够让他国民众充分了解本国的科技文化理念、科技文化制度等方面的信息，进而影响和吸引国外或区域外的科技人才、科技机构、科技资金等，

---

① 齐雪峰：《在法律规范下促进中外科技交流与合作》，载《科技导报》2008 年第 26 期，第 21 页。

因而其成为国家科技文化软实力的重要载体。

当今时代，科学技术发展总的趋势是科学技术与经济密切结合，科技全球化呼唤科技文化的交流与合作。从一定意义上说，科技文化交流与合作的广度和深度标志着一个国家或地区的开放程度及水平。封闭的自成体系的研究组织难以存在和发展，不重视、不善于科技文化交流与合作的国家或地区不可能在激烈的竞争中获得最后的胜利。

第三节　科技文化软实力功能

科学技术是一种文化，具有文化软实力的蕴涵和功能，科技文化软实力是国家文化软实力的重要组成部分和支撑。关于科技文化的软实力功能，有学者从三个层面进行了分析："就个人而言，科技文化起着塑造个人人格，实现社会化的功能；就团体而言，科技文化起着目标、规范、意见和行为整合的作用；对于整个社会，科技文化起着社会整合和社会导向的作用。以上三个层面的功能相互联系，构成一体。"[1]科技文化软实力的发展是推动经济社会发展的强大动力，同时，经济社会发展又是科技文化软实力的坚强后盾。具体来说，科技文化软实力功能主要表现在以下几个方面。

一、导向功能

科技文化软实力具有导向功能，这种导向功能是由科技文化的本质属性决定的，体现在科技文化的物质和器物、制度和规范及精神和观念等各个层面，尤其是体现在科技文化的价值观念、发展目标及行为规范等对科学技术共同体乃至全体社会成员的方向引导上。

---

① 阎勤成：《试论科技文化的功能》，载《宁波党政论坛》1996年第s1期，第29-30页。

从本质上说，科学技术是为了人类自身的利益而进行的一种活动，是人类智能的表现形式，是人类智慧的一种成果。因此，科学技术活动的最高宗旨只能是为人类造福，为人类造福体现的正是科学技术的最大价值。然而，随着科学技术的发展，它所产生的社会效应，无论是积极的还是消极的，都在不断增强。在这种大背景下，科技文化能够在一定程度上对科学技术的社会效应发挥导向功能，积极引导科学技术朝着造福人类的方向发展。

科技文化所倡导的观念、理想、目标、精神及规范等就像一把尺子，对科学技术的社会效应发挥着导向功能，引导着科学家、技术专家和广大科技工作者向着科学技术的高峰不断攀登。科技文化体现出的对全体社会成员在科学技术的目标追求、道德选择、价值取向上的共同要求，引导着全体社会成员在潜移默化中接受这种要求，推动着科学技术，进而推动着人类社会向既定的目标前进。

首先，科技文化通过价值观念发挥导向功能。科技文化软实力的导向功能首先表现在科技文化的价值观念的导向，价值观念的导向功能是科技文化软实力功能的核心。科技文化的发展水平决定着人们对自然的态度。可以说，人们从崇拜自然，到近代工业社会以来的大自然征服者，以及现在的两者协调发展的价值观念，都同科技文化的发展密切相关。科技文化不仅改变了人们的价值观念，也引领着人们的价值观念逐步走向现代化。因为，科技文化可以直接帮助人们认识自然和社会发展规律，树立正确的世界观和人生观，做出正确的价值选择。在当代中国，建设科技文化、弘扬科技文化的重要任务之一，就是要在全社会倡导"科学技术是第一生产力"的价值观念。显而易见，"科学技术是第一生产力"的价值观念一旦确立，人们就会高度重视科学技术的发展，那些为国家科技事业发展做出突出贡献的科技工作者就会得到尊重和爱戴，那些阻碍科技事业发展的体制与弊端就会得到改变和革新，那些有利于科技发展的措施与行为就会得到肯定和鼓励，人们因而也就会用它来规范自己的行为，懂得自己应该怎样做、不应该怎样做。

其次，科技文化通过发展目标发挥导向功能。科技文化在自身的建设和发展过程中，为适应科技文化系统的内在需要和社会环境的客观需要，逐步确立了自己的发展目标。也就是说，科技文化的发展目标与社会发展目标是一致的，发展科技文化的目的就是为了社会的持续发展。人们认同科技文化，相应地也会认同与科技文化一致的目标。当科技文化的目标与人们的目标趋向一致时，在实现科技文化目标的同时，人们也实现了个人的目标。从这个意义上讲，科技文化具有目标导向功能。把社会（国家、地区或组织）发展目标转化为人们的奋斗目标，既是科技文化软实力建设的任务，也是科技文化软实力建设的目标，科技文化软实力的导向功能就体现在社会目标转化为个人目标的过程中。

最后，科技文化通过行为规范发挥导向功能。在科技文化软实力建设中，为了确立价值观念、实现奋斗目标，需要更为具体的行为规范。科技文化所体现的发展科学技术行为规范方面的要求，也在潜移默化地引导着全体社会成员，成为推动科学技术发展进而推动社会发展的内在动力。作为科技文化重要组成部分的行为规范，包括道德和制度两个层面。道德规范的导向，主要是通过科技伦理道德以社会舆论和自教自律的方式进行的，是一种经常性、广泛性的导向；而制度规范导向则带有一定的强制性，要求人们按照科技制度、法律、法规、章程、条例及有关规则进行科学技术的研究、开发和社会应用。

二、协调功能

科技文化软实力的协调功能也是很明显的。协调发展是一种新的社会发展观和价值观，也是当今时代的一种战略意识和战略目标选择。所谓协调，就是连接、沟通、联合、调和所有的活动及能量，使之统一起来。协调的实质是辩证地认识和处理发展中平衡与不平衡的关系，促成从不平衡向平衡的实现。科学技术活动也是一个不断协调各种关系从而实现从不平衡到平衡的过程。在这个过程中，需要协调科学技术活动中各个构成要素之间的关系、协调科学技术活动中共同体及其与社会之间的关系、协调科学技术发展与社会进步的关系，以保证科学技术的持续发展，并以科学技术的持续发展促进人类社会的持续发展。

（一）协调人与自然的关系

科学技术揭示了自然的本质和规律，在人类认识和改造自然、逐渐从对自然的受动关系走向更加能动的关系的过程中，科技文化起着至关重要的作用。

在人与自然协调发展的过程中，科学技术所揭示的自然界的本质和规律为人类认识自然、改造自然、协调人与自然的关系奠定了认识论的基础和理论依据；科学技术使人类认识和改造自然的领域不断扩大，能够利用的能源和资源越来越多，特别是扩大了绿色能源、绿色资源和绿色工艺的开发前景；科学技术可以提高人类的智力水平和认识能力，进而提高人类对自己行为后果的预见能力①。

不可否认，科学技术是一把双刃剑，人类在利用科学技术认识和改造自然、逐渐从对自然的受动关系走向更加能动的关系的过程中，科学技术的发展和应用也带来了一些负面效应和问题。但是，这些问题只有依靠科学技术的进一步发展才能真正解决，才能实现人与自然在更高程度上的协调发展。

（二）协调经济社会发展

科学技术是人类生存和发展的重要基础，也是现代人类社会文明和进

---

① 参见王石、王桂月：《科学技术在人与自然协调发展中的作用》，载《科学管理研究》2005 年第 2 期，第 12-14 页。

步的重要支柱。科技文化不仅能认识世界,而且能改造世界;不仅能改造自然界,而且能变革社会,推动经济社会的协调发展。

从经济社会可持续发展的角度说,科技文化不仅作为第一生产力促进经济的可持续发展,而且渗透于社会系统的可持续发展中,成为推动社会进步的变革力量和精神文明的重要组成部分。最重要的是,在科技文化促进经济社会协调发展的运行系统中,必须建构起一种调节和控制机制,以科学技术的可持续发展促进经济社会的可持续发展。

协调经济社会发展是科技文化软实力的重要功能之一。充分发挥科技文化的协调功能,就必须高度重视科学技术的发展和进步,把加速科技进步放在经济社会发展的关键地位,在全社会广泛弘扬科技文化。没有科学技术的发展和进步,没有科技文化的广泛弘扬,协调发展的目标就难以实现。

(三)协调科学技术内部的各种关系

协调科学技术内部及共同体之间的关系,也是科技文化协调功能的一个重要维度,主要表现在以下三个层面。

第一,协调科学技术系统中基础研究、应用研究与发展研究之间的关系。基础研究、应用研究和发展研究(或称技术开发)之间协调发展是科学技术持续健康发展和有效作用于经济社会的重要保证。这种协调发展之所以可能,就在于基础研究、应用研究和发展研究之间不可分割的联系:基础研究是应用研究和发展研究的理论基础,应用研究可以把基础研究获得的理论知识转化为实用技术,而发展研究则把应用研究的成果实用化并带入生产之中。在这种联系中,应用研究是承上启下的一个重要环节,也是基础研究、应用研究与发展研究协调发展的一个结合点,旨在建立雄厚的技术科学体系。

第二,协调科学技术共同体内部科学家、技术专家及广大科技工作者之间的关系。所谓科学技术共同体，是指科学家、技术专家及广大科技工作者，为了追求真理、探索自然界的秘密，通过社会交流和协作而建立起来的各种学会、协会、研究团体等有形或无形的社会组织。笔者认为："当今时代，科学技术总是同活动主体即科学技术共同体相联系的，因而科学技术的伦理意蕴也必然体现在科学技术共同体及其行为之中。在人类还没有进入科技时代之前，科学技术活动大多是以独立的、个人的方式进行的。进入科技时代以来，科学技术逐渐走向综合化和建制化，科学技术的社会组织程度也越来越高，靠个人孤军奋战、搞发明创造的时代，同爱迪生一样一去不复返了。"[①]科学技术共同体具有与一般生活群体或组织不同的活动方式和动力机制，也有自己独特的运行规则、精神气质和伦理要求，这些运行规则、精神气质和伦理要求通过协调共同体成员之间的关系，维系着共同体的正常运行。

第三，协调科学家、技术专家及广大科技工作者自身的心理状态。科学家、技术专家及广大科技工作者是科学技术活动的承担者和推动者，也是科学技术知识的生产者和传播者，他们的心理状态直接关系科学技术活动的效率、质量和水平，关系国家科学技术和经济社会发展的大战略。科技文化的力量指向表现在：通过在科学技术共同体内构建良好的生态心理文化、营造和谐的人际关系，使科学家、技术专家及广大科技工作者始终保持一种高效而满意的、持续而健康的心理状态。

三、凝聚功能

文化是维系各种社会关系的重要元素，具有整合、协调社会中各个子系统或要素之间关系的凝聚功能。凝聚功能指的是当一种文化被人们共同认可后，就会成为一种"黏合剂"和"无形的纽带"，把人们团结起来，从而产生一种巨大的向心力。

---

① 杨怀中：《现代科学技术的伦理反思》，高等教育出版社 2013 年版，第 157 页。

科技文化就是这样一种"黏合剂",通过科技文化的作用,促使社会各方面支持科技活动和科技发展的力量凝聚为一种合力,形成全社会"尊重知识、尊重人才"的局面,从而为科学技术发展和人类文化进步营造良好的社会环境。这种凝聚功能主要表现在以下几个方面。

第一,凝聚人才。随着全球化进程的不断加快和科学技术的飞速发展,人才已成为世界各国激烈争夺的重点,人才战略已经成为国家最重要的战略。在这场人才竞争中,谁能掌握主动,谁就是 21 世纪的赢家。那么,靠什么来凝聚人才呢?人们常说,人才就像一条情感绵绵的河流,哪里有土地就往哪里汇聚。凝聚人才是一项系统工程,从政策、制度、环境、发展空间及团队等多个视角,建立培养、吸引和使用人才的机制,以及营造有利于创新的文化环境是凝聚人才的重要条件。通过科技人才政策、科技创新氛围、人才团队建设等打造而成的科技文化,就是这样一种人才成长的环境,就是这样一块汇聚人才的土地。

第二,凝聚资源。在科学技术活动中,资源要素涉及多个方面。一般来说,人们把那些直接作用于科学技术活动的诸如人才、资金、信息及物力等各类资源称为科技资源。科技资源是国家的重要资源之一,科技资源配置是一种战略配置,直接关系一个国家科学技术发展和应用的水平。凝聚科技资源主要是通过科技资源的合理配置而实现的,增强科技资源配置能力,提高科技资源配置效率,对于推进科学技术发展和创新型国家建设具有重要意义。一般而言,科技资源配置有三大配置力量,即国家制度、市场和社会文化。其中,文化配置具有典型的路径依赖属性。由此可见,通过科技文化配置机制实现科技资源的合理配置,也是科技文化软实力功能的一种表现。

第三,凝聚智慧。智慧是人的一种综合能力。智慧的力量源于对事物迅速、灵活、正确的理解和处理。挖掘科技智慧、锻造科技智慧、凝聚科技智慧是科技文化建设的应有之义。在科学技术活动中,凝聚智慧的基本要求是：一要尊重科学家、技术专家和广大科技工作者在科技创新中的主体地位及首创精神，支持与鼓励科学家、技术专家和广大科技工作者的创新实践，在实践中凝聚智慧；二要重视科学技术共同体和团队建设，充分利用社会资源，建立有利于发挥整体功能、人才荟萃优势和聚集研究成果的运行机制，打造好凝聚智慧的文化平台。

第四，凝聚力量。科学技术是一种硬实力，而科技文化则属于软实力的范畴。这种硬实力与软实力的关系表现为"乘积"而非"加和"的关系。科技文化软实力通过渗透于科学技术发展和社会应用系统的各种元素之中，凝聚起文化的力量，决定着科学技术硬实力要素的利用效率，即促进科学技术要素合理配置、功能充分发挥、运行速度提高，从而实现效率的最大化。

四、激励功能

激励原本是一个心理学术语，意指心理上的驱动力，其本质是表示某种动机所产生的原因。之后，激励被诸多学科广泛使用。在管理学的理论中，激励通常被理解为一种精神力量或状态，具有激发、加强和推进的作用，能够指导和引导人的行为。现代行为科学研究进一步证明，激励与行为之间具有必然的联系，激励的目的就是要激发人的内在潜力，增强行为的自觉性和主动性。

科技文化软实力具有激励功能，能够给人一种昂扬向上的情绪和奋发进取的精神，能够诱发人们发明创造的欲望，促使其通过目标、理想、准则、评价的体系，在科技活动中明辨方向，克服前进道路上的一切困难，努力去实现预期的目标。特别是科技文化所倡导的竞争和创新精神，支配着科学家、技术专家和广大科技工作者的创造动因，催生科学家、技术专家和广大科技工作者强烈的使命感、荣誉感和责任感，激励和鼓舞他们为科学技术发展与社会文明进步做出更大的努力。

当然，科技文化对人的这种激励功能，不是一种外在的推动，而是一种内在的引导，其作用实在而持久。因此，激励功能的发挥是有条件的，它需要科学的激励机制、有效的激励方法及积极的激励氛围等。

第一，科学的激励机制。激励机制指的是激励主体与激励客体相互作用的结构、方式、关系及演变规律的总和。激励机制一旦形成，就会内在地作用于系统本身，使系统处于一定的状态，并进一步影响系统的运行和发展。科学的激励机制，是激励功能充分发挥的前提条件。

第二，有效的激励方法。关于如何进行激励，众多的心理学家、管理学家进行了深入的研究，提出了各种各样的激励理论和方法。例如，形象激励、感情激励、信心激励、目标激励、绩效激励等。有效的激励是与需要相联系、各种激励方法综合运用的结果。因此，在激励工作中，必须坚持把需要作为激励的起点，围绕着人的需要做文章。激励的目的是调动人的积极性，而人的积极性是与其理想相联系的，激励正是将远大理想转化为具体事实的连接手段。理想反映了社会历史发展的客观规律，凝结着人的意志和愿望。理想具有一种非凡的魅力，它可以成为催人奋起、敦促人不断追求的动力。

第三，积极的激励氛围。激励的效果如何受多方面、多因素、多层次的影响，也受科技发展各相关环节的制约。其中，积极的激励氛围至关重要。积极的激励氛围包括：①人人参与创新、人人支持创新、人人推动创新的良好氛围，使一切有利于科技进步的创造愿望得到尊重、创造活动得到鼓励、创造才能得到发挥、创造成果得到肯定；②鼓励人才干事业、支持人才干成事业、帮助人才干好事业的人文环境，使敢于创新、敢为人先、敢冒风险的精神发扬光大；③讲科学、爱科学、学科学、用科学的社会风尚，使科技文化能够在全社会广为传播。

第四节　科技文化软实力的内在精神

文化是一种软实力。任何一种健康的、充满活力的文化，都有其内在的精神内容。科技文化作为一种健康的、充满活力的文化，其内在精神主要表现在理性精神、创新精神、自由精神及伦理精神等几个方面。

一、理性精神

所谓理性精神，就是在科学技术实践中坚持客观性，避免主观偏见，坚持科学思考，避免迷信盲从；就是崇尚逻辑分析，善于独立思考，善于辩证综合和科学抽象。毛泽东指出："要完全地反映整个的事物，反映事物的本质，反映事物的内部规律性，就必须经过思考作用，将丰富的感觉材料加以去粗取精、去伪存真、由此及彼、由表及里的改造创作工夫，造成概念和理论的交流，就必须从感性认识跃进到理性认识。"①这段话对于我们理解理性精神在科技文化内在精神构成中的重要性是很有裨益的。

理性是人的本性，它既是人所独有的特性，又是人类普遍的共性，主要表现为人的自觉调节和控制自己行为的能力，以及理智对待秩序、法则、公理、规范的品性。在人的生命活动中，理性是至关重要的，如果没有理性的引导，人这个物种就会在进化的道路上被抛到后面。当理性思维内化为人的思想意识、形成稳定的个性品质时，人就养成了理性精神。

从一定意义上说，一部世界文明史就是人类理性精神继往开来和发扬光大的历史。理性精神作为西方传统的哲学精神，在人类社会发展进程中发挥了关键性的作用。随着人类社会的发展，理性精神也在不断走向成熟，其哲学内涵在不断充实，表现形式也在不断丰富。有学者分析说：

---

① 毛泽东：《毛泽东选集》第 1 卷，人民出版社 1991 年版，第 291 页。

"从古希腊文明中孕育出的理性精神深深地影响了西方社会现代化的发展过程，同时更是西方现代社会得以发展、形成的核心价值理念和文化精神。与西方社会发展过程一样，中华民族几千年来一直保存有理性主义的传统。但是，它与西方社会发展过程中的理性精神在本质上是截然不同的。"①

作为科技文化内在精神的理性精神是一种科学的理性精神。科学的理性精神要求科技活动主体从一定的客观性或理由出发去探索客体，并按照一定的规则进行推理，得出合乎逻辑的结论。作为一种对世界客观的正确的认识方式，科学的理性精神建立在实验和逻辑推理基础之上，反对盲从和迷信，主张透过现象看本质，在那些看似无序的对象中去寻找其固有的法则，揭示事物内部的必然性或普遍原因。

怀疑-批判精神是科学的理性精神的生动体现。从一定意义上说，科学研究就是从怀疑和批判开始的。在科学研究中，"怀疑批判既是破旧和革故的'清道夫'，又是立异和鼎新的'助产士'。与神学和宗教等文化体系相比，科学具有鲜明的怀疑和批判传统。勇于和善于怀疑，自由批评和讨论，是保证真理在长时段肯定获胜的法宝"②。怀疑精神是科学技术发展的原动力，批判精神是科学技术共同体基本的精神气质。怀疑精神与批判精神是紧密联系在一起的：怀疑前先有批判性的分析，怀疑后紧接着是系统性的批判；批判往往以怀疑为先导，深入批判之后更能坚定怀疑的态度。

因此，把科学的理性精神融入科技文化发展之中，必须首先具有对科学的怀疑和批判精神。但怀疑和批判本身不是目的，目的是为了超越和创新。科学技术是人与自然打交道的工具，科学技术的根本目的就是为人类

---

① 杨建华：《理性精神的弘扬与当代中国的实践》，载《浙江社会科学》2014 年第 1 期，第 104-111 页。

② 李醒民：《怀疑批判精神使科学永葆青春》，载《中国科学报》2012 年 7 月 16 日，第 005 版。

造福，坚持为人类造福是科技活动的客观前提。人的需要是无止境的，人不会满足已有的科学成就，要取得新成就就要以怀疑-批判精神开路，把科技活动不断向前推进。科技活动必须坚持客观性，客观性是批判精神追求的目标，而批判精神则是达到客观性的必由之路。科技活动强调无私无畏，坚持客观性才能无私，坚持批判精神才能无畏。

二、创新精神

当今时代，为了在竞争中赢得主动，努力提升国家的综合国力，建设创新型国家，已经成为世界许多国家政府的共同选择。所谓创新型国家，是指以科技创新为经济社会发展核心驱动力的国家。党的十八大以"高举中国特色社会主义伟大旗帜，以邓小平理论、'三个代表'重要思想、科学发展观为指导，解放思想，改革开放，凝聚力量，攻坚克难，坚定不移沿着中国特色社会主义道路前进，为全面建成小康社会而奋斗"[①]为主题，明确提出了"创新驱动发展战略"。建设创新型国家需要创新能力，也需要创新精神。

"创新"是我们这个时代出现频率最高，也最响亮的词汇之一。所谓创新，通常被理解为一种以新思维、新发明和新描述为特征的概念化过程，也表现为一种能够改进或创造新的事物、方法、元素、路径、环境并能获得有益效果的行为。按照这样的理解，创造出过去没有的东西，是创新；在原有事物基础上有某些方面及一定程度上的提高和发展，也是创新。

创新活动孕育创新精神，创新精神以创新活动为载体。创新精神以遵循客观规律为前提，以敢于摒弃旧事物旧思想、创立新事物新思想为特征，不断追求新知。创新精神对于国家、民族和个人来说都是非常重要

---

① 胡锦涛：《坚定不移沿着中国特色社会主义道路前进　为全面建成小康社会而奋斗——在中国共产党第十八次全国代表大会上的报告》，载《求是》2012 年第 2 期，第 3-25 页。

的，对于国家和民族来说是发展的不竭动力，而对于个人来说则是人生成长的必备素质。无论国家、民族还是个人，只有具有创新精神，才能在未来的发展中不断开辟新的天地。

科学是严谨的理性产物，科学技术本身就意味着创新。因为科学技术本身就包含着创新的意思，科技活动就是要探讨新的知识，它不像物质产品那样可以大批量地生产同一个型号。在一定意义上说，创新是科技文化的生命。科技文化以科学精神为灵魂，而科学精神则强调在继承基础上的创新，没有创新就很难理解科学精神。这就是说，创新精神作为创新活动必须具备的心理特征，本质上属于科学精神和科学思想范畴。它主要包括创新意识、创新思维和创新能力等几个方面。

第一，创新意识。创新意识是指人们根据一定的需要引发创造动机，在创造活动中表现出的愿望、意向和设想。创新意识是人类意识活动中最积极且富有成果性的表现形式，是人们创造性思维和创造力的前提，代表着人类奋斗的明确目标和价值指向性，因而也是人们进行创造活动的出发点和内在动力。创新意识主要包括创造动机、创造情感、创造兴趣及创造意志等，创新意识的培养和开发是培养创造性人才的起点。

第二，创新思维。创新思维是一种具有开创意义的思维形式，主要是指人们对事物之间的联系进行前所未有的思考，其本质在于将创新意识的感性愿望提升到理性探索上，进而突破常规思维的界限，最终达成新颖的、独到的、有社会意义的思维成果。创新思维在创新活动中具有十分重要的作用，不仅能够揭示事物的本质，创造出新的事物，而且还能够在此基础上提出新的建树性的设想和意见。

第三，创新能力。创新能力作为人类能力结构中一种最高级的能力，主要是指运用已有的理论知识，在创新实践活动中不断提供新思想、新理论、新方法及新发明的能力。创新能力是在一定知识积累的基础上被启发或训练出来的，具有综合独特性和结构优化性特征。创新能力是民族进步的灵魂、经济竞争的核心，因而是创新型国家建设的核心因素，直接影响甚至决定着一个民族的兴衰成败。

三、自由精神

自由（freedom，liberty）有多种含义，一般涉及思想和行为两个领域。从行为的角度说，自由是一种"没有外在障碍而能够按照自己的意志进行的行为"。这是一个比较精辟的解释。"自由是生命世界的最高法则，也是人类存在发展的最高原理。因而，自由精神构成了人类科学的首要精神。"①自由的对立面是"自然"，从自然的角度说，精神的肯定性本质正是"自由"。科技文化的灵魂是科学精神，而科学精神的最终旨归始终浸透着自由的因子。

科学技术活动中充满着自由精神，自由是科学技术的本质规定。正如李醒民所说："科学具有自由的品格，科学存在的本质就是自由，科学应该是、并且注定是自由的……科学精神是科学的形而上结晶或科学之道。科学的崇实、尚理、臻美的价值取向，普适、公正、无私的本征操守，以及基于其上的怀疑和批判精神，是科学精神的鲜明标识，其中都浸透了自由的因子——以外在的自由和内在的自由为条件和归宿。而且，科学精神也顺理成章地担当起撒播自由理念的媒介，致使科学成为自由的象征。"②

从科学研究的角度说，更是须臾离不开自由精神。如前所述，科学研究不能没有批判精神，也不能没有创新精神。这是毫无疑问的。更进一步说，批判和创新精神使得科学研究和创新活动不会停留在简单模仿的层面上，而自由精神则使得科学研究和创新过程中的一切批判性思维、创造性思维方式得到切实的保护。不难设想，如果没有对个人意志和权利的尊重，没有个人自由发展的空间，没有自由探索的氛围，批判就只能是一句

---

① 唐代兴：《文化软实力战略研究》，人民出版社 2008 年版，第 71 页。
② 李醒民：《科学的自由品格》，载《自然辩证法通讯》2004 年第 3 期，第 5-7 页。

空话，创新当然也无从谈起。科学之路是一条艰难的探寻真理之路，若不打破锁住自由的枷锁，这条路注定会走得越加沉重。

四、伦理精神

科学技术不是价值中立的，它是为人的利益服务的。科学技术是人创造的，人创造科学技术的目的就是要造福人类。从这种意义上说，科学技术在本质上是善的，人类创造科学技术就是为了造福人类，给人类带来更多的利益。由此可以说，创造和发展科学技术是人生的最大幸福，也是道德的最高价值。作为科学技术活动的理性结晶，科技文化与现代人的思想品质之间存在着必然的联系，彰显着人性的关怀，闪耀着道德的光辉。而且作为科技文化核心和灵魂的科学精神，从本质上说也是一种伦理精神，是规范科学技术及其主体活动的道德律令。

在伦理学研究中，伦理精神作为一个重要概念，具有伦理的理性与伦理的现实两个方面的含义。我们知道，黑格尔伦理学是奠基于"精神"之上的，对"伦理精神"有自己精辟的见解。在黑格尔看来，伦理精神的本质在于自由，自由是伦理精神唯一的真理。对此，薛桂波等在其论文《科学精神与伦理精神》中有详细的分析，主要表现在：其一，伦理精神是一种自在自为存在的意志，主体必须承认并顺应伦理精神的客观本性，才能成为一种自在自为的自由存在；其二，伦理精神是一个自我运动、自由生长的过程，个体只有依据伦理精神的概念而行动，以最合理的方式安顿人生和调节生命秩序，才能实现人的本质性存在；其三，伦理精神只有达成个体与共体的统一，使个体提升为主体，才能实现真正意义的自由[①]。这在黑格尔的著述中多有论及，他指出，"在考察伦理时永远只有两种观点可能：或者从实体性出发，或者原子式地进行探讨，即以单个的人为基础

---

① 参见薛桂波、倪前亮：《科学精神与伦理精神》，载《科学技术与辩证法》2006 年第 5 期，第 1-4 页。

而逐渐提高。后一种观点是没有精神的，因为它只能做到集合并列，但是精神不是单一的东西，而是单一物和普遍物的统一"①。

在科学技术活动中，伦理精神又集中地表现为人道主义精神。人道主义是科技活动的永恒主体，科学技术的根本使命就是要满足人的物质和精神需要。可以这样说，能否满足人的需要，为人类的自由和解放服务，是衡量科学技术价值的根本尺度。因为，科学技术是一把双刃剑，既可以给人类带来幸福，也可能给人类带来灾难。

在当今世界，科学技术的彻底人道主义还难以实现，科学技术的负面效应还不可能从根本上避免。科学技术的每一次重大突破，都可以使人类从必然王国的统治中获得一次新的解放、人的尊严和价值得到一次新的提升。但是，科学技术的每一次重大突破，也可能使人类遭受某种巨大的不幸，以至人类用自己的双手和智慧残杀自己。

我们正处在一个科学技术飞速发展的时代，"随着科学技术的飞速发展，人与自然的对立日益尖锐，资源约束趋紧，环境污染严重，生态系统退化，使人类自身的生存和发展受到了严重的威胁。面对如此严峻的现实，科学家和广大科技工作者一改过去着重强调科技文化的科学精神之基调，转而诉诸于人文文化整体氛围的建构，从而激活了科学技术内在的伦理精神基因"②，凸显了科学技术的人道主义性质，为科学技术的人性化发展开辟了新的绿色通途。

人道主义要求科学技术不断发展，也要求科学技术必须为人类造福。因此，在科学技术飞速发展的今天，我们更应该强调和宣传科学技术的人道主义性质，自觉地坚持科技活动的人道主义要求。作为科学家、技术专家和广大科技工作者，更应该把人道主义贯彻在自己全部的科技活动中，

---

① 黑格尔著，范扬、张企泰译：《法哲学原理》，商务印书馆 1982 年版，第 173 页。
② 杨怀中、熊英姿：《科学伦理精神：科学精神与伦理精神融合的必然走向》，载《湖北大学学报》（哲学社会科学版）2015 年第 1 期，第 24-28 页。

积极承担社会责任，敢于对自然界的生态和环境负责，对人类社会的和平和发展负责，对人类的未来负责；更应该正确运用科技成果，把自己的工作放在人类的生存和发展的高度，努力创造有利于人类的价值，避免不利于人类的失误；更应该勇于同利用科技手段作恶的犯罪行为做斗争，不畏艰险，坚决捍卫人民的利益。

总之，在科学技术发展和应用"双刃剑"现象日益凸显的当今时代，加强科学技术人道主义性质的研究和宣传，自觉坚守科学技术活动的人道主义要求，对于科学技术的持续、健康发展和科技文化软实力建设具有十分重要的理论意义及现实意义。

第七章

科技文化软实力在文化强国战略中的地位和作用

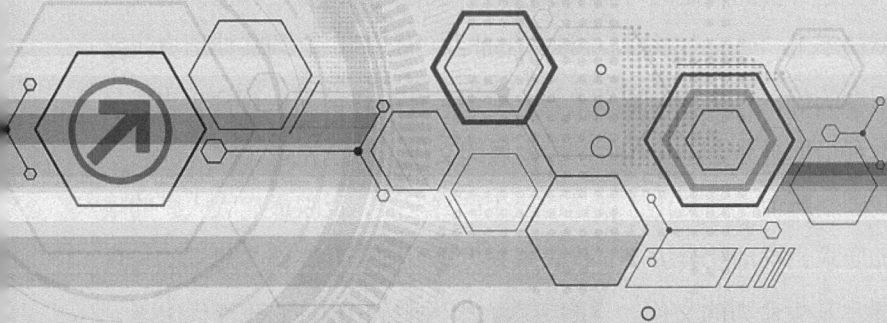

科技文化软实力在文化强国战略中占有重要的地位，发挥着重要的作用。加强科技文化软实力建设，在全社会广泛弘扬科技文化，有利于推动文化发展和繁荣，为文化建设注入生机和活力，永葆中国特色社会主义文化的先进性；有利于培养高度的文化自觉和文化自信，进一步整合文化资源，增强中国文化的整体实力；有利于解放和发展文化生产力，推动中国文化走向世界，不断增强中国文化的国际影响力。

第一节　永葆社会主义文化先进性的内在要求

先进文化是符合人类社会发展方向、体现社会生产力发展要求的文化，因而也是推动人类社会进步的精神动力、智力支持和思想保证。生成于科学技术实践的科技文化，本质上就是一种先进文化，也是推进各种文化传统推陈出新、走向现代化、走向先进性的基础。在我国，加强科技文化软实力建设，在全社会广泛弘扬科技文化，是永葆社会主义文化先进性的内在要求。

一、社会主义文化的先进性及其体现

文化也有先进与落后之分，所谓"先进"，强调的是一种质的规定性，任何先进都受到一定的时空限制，离开了时间的前置性和空间的前沿性，也就谈不上"先进"。衡量一种文化是否"先进"，必须坚持历史尺度与价值尺度的统一。从这个意义上说，能够站在时代前列、符合历史发展潮流、有利于促进社会进步和生产力发展的文化，就是先进文化。

在我国，所谓先进文化，就是适应生产力发展，反映最广大人民的根本利益和要求，推动社会进步、代表未来发展方向，并在诸多思潮的较量中日益显示其生命力的文化。党的十六大报告明确指出："在当代中国，发展先进文化，就是发展面向现代化、面向世界、面向未来的，民族的科学的大众的社会主义文化，以不断丰富人们的精神世界，增强人们的精神力量。"①概言之，当代中国的先进文化，就是中国特色社会主义文化。

社会主义文化是对社会主义经济基础，以及由此所决定的社会主义政治制度的反映。中国特色社会主义文化代表着广大人民群众的根本利益和愿望，适应社会主义初级阶段的经济社会发展状况，符合人类文明进步的潮流和趋势，因此，本质上是一种先进文化。中国特色社会主义文化的先进性集中体现在以下几个方面。

第一，中国特色社会主义文化始终坚持以马克思主义理论为指导，高扬马克思主义的旗帜，具有高度的文化自觉和文化自信。坚持以马克思主义理论为指导，是中国特色社会主义事业的本质要求，也是中国特色社会主义文化先进性的集中体现。

第二，中国特色社会主义文化是社会主义建设规律的反映，是中国特色社会主义现代化事业的重要组成部分，推动着当代中国经济社会的全面协调可持续发展。中国特色社会主义文化与我国社会主义初级阶段的经济社会发展规律相适应，立足于当代中国的改革开放和现代化建设实践，时刻关注并回答时代的重大课题，推动着生产力的解放和发展，推动着社会的文明和进步。

第三，中国特色社会主义文化着眼于满足人民日益增长的精神文化需要，有利于促进人的全面而自由的发展。着眼于满足人民日益增长的精神文化需要，表现在始终站在人民群众的立场上，一切从人民群众的根本利益出发，反映人民群众的呼声、愿望和要求；有利于促进人的全面而自由的发展则表现在通过教化与培育引导人民群众形成正确的思想观念，不断提高人民群众的思想道德境界。

---

① 江泽民：《全面建设小康社会　开创中国特色社会主义事业新局面——在中国共产党第十六次全国代表大会上的报告》，载《求是》2002 年第 22 期，第 3-19 页。

第四，中国特色社会主义文化是面向现代化、面向世界、面向未来的，民族的、科学的、大众的文化。建设中国特色社会主义文化的目的，就在于增强中国特色社会主义文化的影响力和凝聚力，以赢得国际文化竞争中的主动权；就在于提高人民群众的思想文化素质，丰富人民群众的精神世界，增强人民群众的精神力量，为发展经济、发展先进生产力指引正确的方向，提供强大的智力支持。

二、社会主义先进文化重在建设

就其本质而言，中国特色社会主义文化是一种先进文化，而社会主义先进文化重在建设。因此，我们党要始终代表社会主义先进文化的前进方向，永葆社会主义文化的先进性，就必须高度重视并切实加强社会主义先进文化建设。

（一）社会主义先进文化建设的重要性

党的十七届六中全会《决定》明确指出："文化建设是中国特色社会主义事业总体布局的重要组成部分。没有文化的积极引领，没有人民精神世界的极大丰富，没有全民族精神力量的充分发挥，一个国家、一个民族不可能屹立于世界民族之林。"[①]社会主义先进文化建设对于当代中国经济社会发展、深入贯彻落实科学发展观、全面建成小康社会，以及实现中华民族伟大复兴的中国梦，都具有极为重要的现实意义和历史意义。

第一，社会主义先进文化建设是当代中国经济社会发展的客观要求。改革开放以来，我国经济社会保持着持续、快速、健康的发展，经济实力和综合国力迈上新台阶，人民生活总体达到了小康水平。与之相应，我国人民群众进入了物质需求与精神需求并重的历史时期，精神文化消费需求迅速增长。但是，目前的文化建设与人民群众日益增长的精神文化需求、

---

① 《中共中央关于深化文化体制改革 推动社会主义文化大发展大繁荣若干重大问题的决定》，载《求是》2011 年第 21 期，第 3-14 页。

全面建成小康社会的目标任务还有很多不适应的地方。在这种情况下，社会主义先进文化建设就成为经济社会发展的一种客观要求。

第二，社会主义先进文化建设是深入贯彻落实科学发展观的必然要求。发展是硬道理，发展是党执政兴国第一要务的重要内容。这里的发展不是单纯追求经济的发展，而是包含政治、社会、文化等现代化建设各个环节、各个方面的全面协调可持续发展。文化的发展是全面发展的重要环节，因而是科学发展观的基本要求。科学发展观的核心是以人为本，贯彻落实科学发展观就要坚持以人为本，把最广大人民群众的根本利益作为我们全部工作的出发点和落脚点。因此，我们必须把满足人民群众日益增长的精神文化需求作为社会主义先进文化建设的出发点和落脚点，不断提升人的精神境界，促进人的全面发展。

第三，社会主义先进文化建设是实现全面建成小康社会奋斗目标的内在要求。全面建成小康社会，目的是使我国的经济更加发达、科教更加进步、文化更加繁荣、社会更加和谐、人民生活更加殷实，将建设和发展的成果惠及十几亿人口。显然，加强中国特色社会主义先进文化建设，用中国特色社会主义共同理想来凝聚人心、鼓舞士气，对于实现全面建成小康社会奋斗目标具有十分重要的意义。在实现全面建成小康社会奋斗目标的历史进程中注重先进文化建设，让它成为全面建成小康社会的精神动力和智力支持，就一定能够保证小康社会朝着健康的方向发展。

第四，社会主义先进文化建设也是实现中华民族伟大复兴中国梦的迫切要求。中国梦的实现，离不开文化的力量，迫切要求加强先进文化建设。把文化融入中国梦之中，中国梦就会更加精彩，内涵也将更加丰富。其实，中国梦也包含文化的多样性和多元化，让不同层次的民众享受不同的文化，满足人民群众多方面的需求。实现中华民族伟大复兴的中国梦要求加强社会主义先进文化建设，进一步增进社会思想共识，旗帜鲜明地坚持社会主义先进文化前进方向，不断强化全民族的向心力和凝聚力，把中华民族伟大复兴的中国梦变为举国上下的一致行动。

总之，社会主义先进文化建设意义重大而深远，关系到十几亿人口的幸福安康和未来中国的发展，"我们一定要坚持社会主义先进文化前进方向，树立高度的文化自觉和文化自信，向着建设社会主义文化强国宏伟目标阔步前进"[①]。

（二）社会主义先进文化建设面临的挑战

挑战一：社会多元化思想对主流意识形态的冲击。任何社会都有它的主流意识形态，当代中国也不例外。所谓主流意识形态，就是指在一个社会中占据主导地位、具有最大影响力的意识形态。我国是社会主义国家，我国社会的主流意识形态当然是马克思主义意识形态，它对我国社会的发展起着引领和规范的作用。但是，在新的历史时期，新自由主义、历史虚无主义、极端个人主义、享乐主义等思想还存在一定的市场，在社会思想领域还有一定的影响。因此，在积极推进社会主义文化大发展大繁荣的进程中，关于如何防止错误思想的干扰、如何避免社会思想的混乱、如何增强社会主义意识形态的吸引力和凝聚力、如何使社会主义核心价值观引领各种社会思潮，我们必须有清醒的认识。

挑战二：文化发展难以满足人民群众的多样性需求。改革开放以来，随着我国经济社会和科学技术的快速发展，广大人民群众的物质生活水平显著提高，文化消费也逐步进入快速增长期，广大人民群众对精神文化方面的需求越来越高。不可否认，社会主义市场经济给人们带来了实实在在的好处，也为文化的建设和发展注入了生机与活力。但毋庸讳言的是，社会主义市场经济发展也加剧了不同社会群体价值取向、文化选择的多元化状态。客观地说，我国目前文化建设中的供求矛盾依然突出，文化发展水

① 胡锦涛：《坚定不移沿着中国特色社会主义道路前进　为全面建成小康社会而奋斗——在中国共产党第十八次全国代表大会上的报告》，载《求是》2012 年第 22 期，第 3-25 页。

平同人民群众日益增长的精神文化需求也还有一定的差距。

挑战三：西方文化的渗透和影响。随着改革开放的深入，西方文化也随之涌入了中国，在中国刮起了一股"西洋风"。一方面，西方敌对势力千方百计地对我国进行思想文化的渗透；另一方面，一些西方发达国家利用其经济优势还在向我国输出西方文化产品。客观地说，经济全球化带来了文化全球化，使文化超越了国界，在全球范围内流动，国际间文化交流更加频繁，西方文化对我国的思想文化影响和冲击是不可避免的。这使得我们维护国家文化安全的任务更加艰巨。

挑战四：网络信息技术发展的负面效应。当今社会，网络信息技术的飞速发展带来了人类信息传播的革命性飞跃。飞速发展的网络信息技术以其快捷、覆盖面广泛、影响巨大的优势，彻底打破了传统媒体的时空界限，在为文化交流提供广阔空间的同时，也加速了西方资本主义价值观念对我国的渗透。这对于当代中国社会主义先进文化建设来说无疑也是一种严峻的挑战，社会主义先进文化向着理想目标前进的路途绝对不会一帆风顺。

（三）社会主义先进文化建设呼唤科技进步和创新

当今时代，经济全球化深入推进，科学技术飞速发展。科技进步和创新对文化建设和发展具有重要的推动作用，这种作用是历史发展和社会现实充分证明了的不争事实。正如江泽民所说："科技进步和创新是生产力发展的关键因素，也是文化发展的重要因素。大力推进我国的科技进步和创新，是我们发展先进生产力和先进文化的必然要求，也是我们维护和实现最广大人民根本利益的必然要求。"[1]

科学技术的进步和创新推动着文化内容推陈出新，没有科学技术的进步和创新，既不可能有文化容量的深厚，也不可能有文化内容的推陈出新

---

[1] 中共中央文献研究室：《江泽民论有中国特色社会主义》，中央文献出版社2002年版，第237页。

和去伪存真。而且，科学技术的进步和创新也推动着文化形式的丰富多彩，文化形式从远古的单调枯燥走到今天的异彩纷呈，体现的正是科学技术与生产力发展滋润和培育的结果。进一步说，文化载体的更新、新的文化传播方式的出现，更是依赖于科学技术的进步和创新。

这就是说，社会主义先进文化建设呼唤科学技术的进步和创新。在科学技术突飞猛进的今天，加强社会主义先进文化建设面临诸多挑战。为迎接挑战、确保先进文化的前进方向，必须高度重视科学技术的进步与创新。我们必须高度认识并采取切实措施，依靠科技进步和创新推动先进文化的发展，通过先进文化建设加速科技进步和创新。

三、永葆社会主义文化先进性的科技文化责任

科技文化具有先进性，科技文化本身就是一种先进文化，既是先进文化的重要组成部分，又是先进文化建设的重要基石。因此，永葆社会主义文化的先进性，科技文化具有义不容辞的责任。在社会主义先进文化建设中，科技文化的责任就是要为社会主义先进文化建设不断充实新的内涵、提供动力源泉、夯实世界观和方法论基础[①]。

（一）为先进文化建设不断充实新的内涵

在人类文化发展的历史进程中，科技文化作为一种最宝贵的文化成果，本身就是人类精神活动和精神生产的结晶。这种文化成果本身具有先进性，既是先进文化的重要内容，又以其精神性、工具性不断地充实着先进文化的内涵，推动着先进文化的建设和发展。

首先，科技文化作为不断发展的知识体系，极大地丰富着先进文化的内容。"知识就是力量"这句名言，就是对科技文化这种作用的最好诠释。在科学技术的不断发展和进步中，每一次新知识的获得，都为先进文

---

① 参见杨怀中等：《科技文化与当代中国和谐社会建构》，中国社会科学出版社 2008 年版，第 168-173 页。

化的发展拓展了新的空间，而这种新知识一旦为人民群众所掌握，就会变成无穷无尽的力量。正是科学技术新知识的不断获得和广泛传播，使得人们对客观世界的本质及其发展规律的认识越来越正确，人类文化的内容也因此越来越丰富、越来越深刻。可以这样说，科学技术知识的力量渗透于人们生产生活的方方面面，在提升人们认识世界和改造世界实际能力的同时，也极大地提升了人们的思想道德水平和文化素养。

其次，在科学理论基础上概括、升华而来的科学思想构成了先进文化的基本内核。科学思想来自科学技术实践，又反过来对科学技术实践具有指导作用，它既是科学技术活动的结晶，又是科学技术活动的灵魂。从一定意义上说，人类认识世界和改造世界所取得的成果都凝聚在一定的科学思想之中，人类社会的每一个进步也都是在一定的科学思想指导下取得的。

再次，在科学技术活动中凝聚而成的科学精神不断引发和促进着人们文化价值观的深刻变革。科学精神作为人类文明的崇高精神，是人类精神文化的宝贵财富，它表达的是一种敢于坚持科学思想的勇气和不断探求真理的意识。在现代社会生活中，没有任何一种精神比科学精神更为重要。倡导科学精神、培育科学精神、在全社会大力弘扬科学精神，对于人们正确的世界观、人生观和价值观的确立，对于社会主义先进文化建设，都有巨大的激励作用。

最后，从科学技术活动中总结出来的科学方法在先进文化建设中也具有重要的价值。科学方法作为人类所有认识方法中最高级、最复杂的一种方法，具有鲜明的主体性、充分的合规律性、高度的保真性。科学方法作为科学家、技术专家及广大科技工作者在科技活动过程中采用的思路、程序、规则、技巧和模式，可以引发生产方式和生活方式的革命，创造和丰富社会物质财富，从而为先进文化建设提供重要的根据和支撑。正如恩格斯所说："一个民族要想登上科学的高峰，究竟是不能离开理论思维的。"①

（二）为先进文化建设提供动力源泉

科技文化不仅为先进文化不断充实新的内涵，也为先进文化建设提供了动力源泉，有力地推动着先进文化的建设和发展。

随着科学技术的飞速发展，科学技术对劳动生产率提高和社会财富创造的作用越来越大，科技文化也逐渐成为社会文化的主导形式，为先进文化建设奠定了雄厚的物质基础，成为其动力支撑。正因为这样，党的十七大强调："要坚持走中国特色自主创新道路，把增强自主创新能力贯彻到现代化建设各个方面。认真落实国家中长期科学和技术发展规划纲要，加大对自主创新投入，着力突破制约经济社会发展的关键技术。"②党的十八大则进一步强调要实施创新驱动发展战略，明确指出："科技创新是提高社会生产力和综合国力的战略支撑，必须摆在国家发展全局的核心位置。要坚持走中国特色自主创新道路，以全球视野谋划和推动创新，提高原始创新、集成创新和引进消化吸收再创新能力，更加注重协同创新。"③

今天，科学技术的影响广泛渗透在人类生产生活的方方面面，人们的工作、学习和生活状况无不受科学技术的影响而改变，精神文明和先进文化建设也越来越依赖于科学技术提供的现代化手段。从精神文化生活方面说，人类精神文化生活内涵的改善、人类精神文化生活内容的丰富、人类精神文化生活质量的提升，也都离不开科学技术新成果的广泛运用。以宣传思想工作为例，宣传思想工作空间的拓展、宣传思想工作内容的丰富，以及宣传思想工作效率的提高等，显然都得益于现代科学技术特别是网络

---

① 中共中央马克思恩格斯列宁斯大林著作编译局编译：《马克思恩格斯选集》第 4 卷，人民出版社 1995 年版，第 285 页。

② 胡锦涛：《高举中国特色社会主义伟大旗帜 为夺取全面建设小康社会新胜利而奋斗——在中国共产党第十七次全国代表大会上的报告》，载《求是》2007 年第 21 期，第 3-22 页。

③ 胡锦涛：《坚定不移沿着中国特色社会主义道路前进 为全面建成小康社会而奋斗——在中国共产党第十八次全国代表大会上的报告》，载《求是》2012 年第 22 期，第 3-25 页。

信息技术的发展和应用。

　　科技文化作为一种启蒙，也引导着人们破除迷信，解放思想，不断提升文明的程度和水平。纵观历史，正是科学技术的发展和进步，大大提高了人类认识自然和改造自然的能力，使人们的思想从各种禁锢中解放了出来；也是因为科学技术的发展和进步，人类的知识宝库不断丰富，人类的文化品位不断提高，从而加快了先进文化的发展。

　　在高新科学技术兴起并快速发展的 21 世纪，科技文化的影响日益广泛，科技文化与经济社会的深层互动所产生的新的启示和理念，已经渗透在人类社会进步和文化发展的一切方面。在这种背景下，为了实现中华民族伟大复兴的中国梦，为了文化强国战略的顺利实施，我们必须高度重视科技文化的力量，切实加强科技文化建设，努力在全社会形成崇尚科学、鼓励创新、反对迷信和伪科学的良好科技文化氛围。科技文化的作用不容忽视，弘扬科技文化势在必行。

（三）为先进文化建设夯实世界观和方法论基础

　　文化建设是建立在科学的世界观和方法论基础之上的。世界观作为人们对世界的基本看法和态度，是由一定的哲学观点构成的，而科技文化则通过作用于哲学影响人们的世界观，推动世界观的变革，为先进文化建设夯实世界观和方法论基础。正如恩格斯所说："在从笛卡尔到黑格尔和从霍布斯到费尔巴哈这一长时期内，推动哲学家前进的，决不像他们所想象的那样，只是纯粹思想的力量，恰恰相反，真正推动他们前进的，主要是自然科学和工业的强大而日益迅速的进步。"[①]

　　先进文化建立在科学的世界观和方法论基础之上，而那些意义重大的世界观的转变，总是同那些决定世界图景的科技文化联系在一起。在人类

---

　　① 中共中央马克思恩格斯列宁斯大林著作编译局编译：《马克思恩格斯选集》第 4 卷，人民出版社 1995 年版，第 226 页。

思想史上，这样的例子很多，例如，从地心说到日心说的转变，使人们开始认识到人只是宇宙的一个分子而不是中心，从而极大地改变了人们的世界观和方法论。世界观是不断变革的，马克思主义世界观是当今时代最具革命意义的世界观，因而成为当代中国先进文化建设的指南。

《中共中央关于社会主义精神文明建设指导方针的决议》明确提出："作为工人阶级的科学世界观和全人类精神文明的伟大成果的马克思主义，是社会主义事业和党的领导的理论基础，是社会主义意识形态的最重要的组成部分，对整个精神文明建设起着重大的指导作用。我们的思想建设、道德建设、文化建设、民主法制观念建设，都离不开马克思主义的指导，离不开马克思主义的理论建设。"[1]党的十七届六中全会《决定》再次强调："坚持以马克思主义为指导，推进马克思主义中国化时代化大众化，用中国特色社会主义理论体系武装头脑、指导实践、推动工作，确保文化改革发展沿着正确道路前进。"[2]这就非常明确地告诉我们，社会主义文化建设必须坚持马克思主义指导思想，马克思主义是一种先进理论，以此为指导思想的社会主义文化当然也具有先进性。

作为一种世界观，马克思主义同样也是以科学技术为基础的，并随着科学技术的发展而发展。众所周知，马克思主义的思想来源主要包括德国古典哲学、英国古典经济学和法国空想社会主义学说，但同时也是建立在近代科学技术成果基础之上的。马克思、恩格斯正是在总结、概括并吸收当时自然科学、社会科学及思维科学的理论成果的基础上，创立了自己的学说。可以这样说，马克思主义从诞生的那一刻起，就与科学技术结下了不解之缘。

马克思主义是不断发展的，马克思主义发展与科学技术发展在规律和

---

[1] 《中共中央关于社会主义精神文明建设指导方针的决议》，中央政府门户网站， www.gov.cn，2008 年 6 月 26 日。

[2] 《中共中央关于深化文化体制改革　推动社会主义文化大发展大繁荣若干重大问题的决定》，载《求是》2011 年第 21 期，第 3-14 页。

方向上是一致的。这不仅体现在马克思主义的理论来源包括各门自然科学理论成果的启迪，也体现在马克思主义的丰富和发展离不开科学知识、科学思想、科学精神及科学方法的滋润。在马克思主义与科学技术的互动发展中，一方面，科学技术的每一个进步都有力地证明了马克思主义的正确性，马克思主义又在深刻阐释科学技术进步社会意义的同时，充分吸纳科学技术发展的新成就；另一方面，科学技术的发展和进步不断地提出新问题，需要马克思主义予以回答，正是在回答这些新问题的过程中，马克思主义自身也得到了新发展。

作为一个开放的体系，马克思主义自创立以来，一直把科技文化作为自己的重要资源，重视科学精神的融合和科学方法的移植，重视科学观念的变革对自身发展的影响和作用，努力把理论创新建立在科学技术进步和科技文化发展的基础之上。这里特别指出的是，马克思主义在发展过程中非常重视融合科学精神、吸纳科学精神，始终把科学精神作为自己理论体系的思想基础。正是因为不断地从科学精神中汲取营养，才保持了马克思主义的勃勃生机。这就是说，科学技术进步需要科学精神，科技文化弘扬也需要科学精神，马克思主义发展同样需要科学精神，从马克思主义、列宁主义到毛泽东思想和中国特色社会主义理论，都无可辩驳地说明了这一点。

当然，马克思主义作为人类揭示自然、社会和思维的本质及发展规律的科学理论体系，是人类文化发展的最大成果，其本身就是一种先进文化，而且是先进文化的核心和灵魂。中国特色社会主义先进文化坚持以马克思主义为指导，马克思主义的丰富和发展必然引领社会主义先进文化的丰富和发展。当今时代，中国特色社会主义理论体系的建立，既是马克思主义在中国发展的新阶段，也是当代中国社会主义先进文化发展的新阶段，为中国特色社会主义先进文化建设奠定了世界观和方法论基础，也指明了前进的方向。

总之，科技文化通过对马克思主义的验证、丰富和发展，为先进文化建设夯实了世界观和方法论基础。在当代中国，我们要坚持社会主义先进文化前进方向，永葆社会主义文化的先进性，就必须毫不动摇地坚持马克思主义、发展马克思主义；而坚持马克思主义、发展马克思主义，就必须重视科技文化建设，大力发展科学技术。

第二节　增强文化整体实力的迫切需要

增强文化整体实力和竞争力，是党的十八大对建设社会主义文化强国目标和内容的最新表述，当然也是实现中华民族伟大复兴中国梦的必然要求。作为国家建设和发展的重大战略任务，增强文化整体实力逻辑地包含着科技文化软实力，要求我们必须顺应经济社会发展的新要求，顺应当今时代文化发展的新趋势，切实加强科技文化软实力建设。

一、文化整体实力及其实质

扎实推进社会主义文化强国建设是党的十八大做出的重大战略部署。十八大报告特别强调的"文化实力和竞争力是国家富强、民族振兴的重要标志"[①]，为社会主义文化强国建设指明了方向。

文化整体实力表征的是一个国家文化事业与文化产业的共同力量。李超民认为："文化整体实力是文化各构成要素在最优状态中所彰显的综合力量，它可分解为文化服务力、文化生产力、文化传播力三种文化力。"[②]他进一步分析说："文化服务力、文化生产力、文化传播力三者是辩证统一的关系。它们三者相互依存、相互促进，构成了社会主义文化整体实

①　胡锦涛：《坚定不移沿着中国特色社会主义道路前进　为全面建成小康社会而奋斗——在中国共产党第十八次全国代表大会上的报告》，载《求是》2012年第22期，第3-25页。

②　李超民：《增强文化整体实力的意义与路径》，载《光明日报》2013年9月22日，第007版。

力。文化服务力与文化传播力彰显文化的整体实力；而增强文化生产力夯实增强文化竞争力的物质基础，提高文化生产力也必然会增强文化整体实力。增强文化服务力和传播力也能协调文化生产力与文化生产关系二者的关系，使得文化生产关系适应社会主义文化大生产，进而实现三者内在结构和功能作用的优化。"①

党的十八大报告是把增强"文化整体实力"和"文化竞争力"一并论述并部署的。这里所说的文化竞争力，强调的是一个国家在文化资源要素流动中所具有的文化价值优势。所谓文化价值优势，也就是文化对经济、政治、社会生活及人的全面发展等方面的影响力。文化竞争力依赖于文化的创新能力，在日趋激烈的国际竞争中，一种文化是否具有强大的竞争力，关键就在于它的现代创新性。

其实，无论是文化竞争力，还是文化整体实力，归根到底指的都是国家文化软实力。只不过，文化整体实力强调的是"整体"二字，是文化软实力整体上所表现出来的综合力量，其基本要求是文化各要素的整体推进、共同发展。

"增强文化整体实力"的提出，既充分体现了文化建设对于中国特色社会主义事业的重要性，也体现了我们党对时代发展趋势和我国文化发展方向的科学把握。这是一项具有重大现实意义和深远历史意义的战略决策，增强文化整体实力是建设社会主义文化强国的应有之义。从扎实推进社会主义文化强国建设的大局来看，人类文明是在不同文化的相互交流、相互碰撞中得以不断发展的。我国是一个文化资源大国、文化生产大国，也是一个文化消费大国，但总的来说，还算不上文化强国，当务之急是增强文化整体实力。

① 李超民：《增强文化整体实力和竞争力的意义与实现途径》，载《东岳论丛》2013 年第 12 期，第 140-144 页。

二、增强文化整体实力的战略意义

增强文化整体实力的提出具有重要的战略意义。增强文化整体实力是贯彻落实科学发展观的必然要求，是实现中华民族伟大复兴的迫切需要，是满足人民群众日益增长的多样化、多层次、多方面精神文化需求的重要基础，也是维护国家文化安全的重要保障。

首先，增强文化整体实力是贯彻落实科学发展观的必然要求。科学发展观作为"马克思主义关于发展的世界观和方法论的集中体现"，"是我国经济社会发展的重要指导方针，是发展中国特色社会主义必须坚持和贯彻的重大战略思想"[①]。贯彻落实科学发展观的关键在于坚持"五位一体"全面协调发展，把文化建设置于"五位一体"总体布局予以谋划，以满足广大人民精神文化需求为最终目标和动力，让广大人民充分享受文化发展繁荣的成果。这就是说，增强文化整体实力的过程，就是实现文化与经济、政治、军事等硬实力的密切联系和协同发展的过程，也是实现文化构成要素及文化资源的协调与优化的过程。只有文化整体实力增强了，才能使社会主义文化真正成为科学发展的基础力量。

其次，增强文化整体实力是实现中华民族伟大复兴的迫切需要。习近平在接受拉美三国媒体联合采访时指出："在新的历史时期，中国梦的本质是国家富强、民族振兴、人民幸福。我们的奋斗目标是，到 2020 年国内生产总值和城乡居民人均收入在 2010 年基础上翻一番，全面建成小康社会；到本世纪中叶，建成富强民主文明和谐的社会主义现代化国家，实现中华民族伟大复兴的中国梦。"[②]实现中华民族的伟大复兴是近代以来中华民族最伟大的梦想，而中华民族的伟大复兴首先是文化的复兴。中华民族有着悠久的传统文化，悠久的传统文化是各民族长期的精神积淀和智慧

---

① 胡锦涛：《高举中国特色社会主义伟大旗帜，为夺取全面建设小康社会新胜利而奋斗——在中国共产党第十七次全国代表大会上的报告》，载《求是》2007 年第 21 期，第 3-22 页。

② 习近平：《习近平谈治国理政》，外文出版社 2014 年版，第 56 页。

结晶，也是中华民族走向伟大复兴的精神支柱与力量源泉。只有把人民群众中蕴藏的文化创造热情和活力最大限度地激发出来，才能充分发挥文化在实现中华民族伟大复兴中的作用。

再次，增强文化整体实力是维护国家文化安全的重要保障。文化是民族精神的积淀，每一个民族都有自己的文化，每一个国家也都把文化安全作为国家安全的重要组成部分。在综合国力竞争日趋激烈的当今时代，文化的竞争也日益尖锐，文化安全更是成为国际视野中的一个聚焦点。所谓文化安全，即一个国家的文化系统正常运行和持续发展，以及文化利益不受威胁的状态。文化安全包括国家文化政治安全、文化信息安全及公共文化安全等。应该看到，我国是一个发展中大国，也是世界上最大的社会主义国家，自然成为一些国家进行文化渗透的重要目标，因而，文化发展面临的挑战更多，维护国家文化安全的任务更艰巨。为此，党的十七届六中全会对加强文化建设、推动社会主义文化大发展大繁荣做出了战略部署，特别强调当今世界正处在大发展、大变革、大调整时期，要更加重视并切实维护国家文化安全。显然，要维护国家文化安全，保证文化主权不受侵犯，进而在文化竞争中赢得主动，就必须以增强文化整体实力为前提和保障。

最后，增强文化整体实力是满足人民群众日益增长的多样化、多层次、多方面精神文化需求的重要基础。建设社会主义文化强国是全面建成小康社会的重要目标，也是衡量我国社会文明程度和人民生活质量的显著标志。党的十七届六中全会强调："全面建成惠及十几亿人口的更高水平的小康社会，既要让人民过上殷实富足的物质生活，又要让人民享有健康丰富的文化生活。我们必须抓住和用好我国发展的重要战略机遇期，在坚持以经济建设为中心的同时，自觉把文化繁荣发展作为坚持发展是硬道理、发展是党执政兴国第一要务的重要内容，作为深入贯彻落实科学发展观的一个基本要求，进一步推动文化建设与经济建设、政治建设、社会建设以及生态文明建设协调发展，更好满足人民精神需求、丰富人民精神世界、增强人民精神力量，为继续解放思想、坚持改革开放、推动科学发展、促进社会和谐提供坚强思想保证、强大精神动力、有力舆论支持、良好文化条件。"①今天，丰富精神文化生活、提高精神文化生活水平，越来越成为我国广大人民的热切愿望。实事求是地说，与广大人民群众的新期待相比，我国文化发展的整体水平还不高，文化产品还不够丰富，还不能满足人民群众日益增长的精神文化需求。这在客观上要求我们必须加强文化建设，推动文化的发展和繁荣，不断丰富人民群众的精神文化生活。

三、增强文化整体实力的科技文化担当

如前所述，科技文化是人类文化大系统的一个子系统，科技文化的力量是文化整体实力的核心要素。基于这种认识，要增强文化整体实力，就不可忽视科技文化的力量，增强文化整体实力需要科技文化的担当。

（一）科技文化的力量是文化整体实力的核心要素

当今世界，国与国之间的竞争将逐渐演变为科技竞争，而文化软实力的较量也将转为科技文化软实力的针锋相对。在新一轮文化改革发展大潮中，以科技文化为内涵的文化软实力对于一个国家的崛起和发展至关重要，可以说，谁掌握了科技文化的主动权，谁就掌握了文化发展的战略生产力。

科技文化是当今社会文化的主导形式，科技文化建设在国家文化建设中居于核心的位置，科技文化的力量是文化整体实力中的重要构成，打造科技文化软实力越来越成为一个国家的制胜法宝。近代以来，工业化的进程突出地证明了经济社会的发展是以一定的科技文化为支撑的。科技文化不是纯理论的东西，更不是可有可无的因素，它是国家文化整体实力中的

---

① 《中共中央关于深化文化体制改革 推动社会主义文化大发展大繁荣若干重大问题的决定》，载《求是》2011年第21期，第3-14页。

核心要素和重要支撑，其作用无法被取代。

当今时代，科技文化软实力的作用对一个国家的文化整体实力乃至综合国力都是至关重要的。这主要表现在以下几方面。

第一，科技文化的兴起，极大地提升了文化的科学技术含量，为文化的发展与繁荣注入了生机和活力。科技文化具有其他文化形式不可替代的特殊功能，科学技术是第一生产力逻辑地包含着科技文化是第一文化。

第二，作为人类文化的一种高级形式，科技文化标志着人类社会进步和发展的水平。科技文化特别是科技文化中的科学理性和科学思想是近代西方社会发展的重要文化根源，它使近代以来的人类社会历史发生了亘古未有的巨变。

第三，科技文化是人类文化发展的一种高级形式，也是当代社会文化的主导形式。这是因为："科学是人的智力发展中的最后一步，并且可以被看成是人类文化最高最独特的成就。它是一种在特殊条件下才可能得到发展的非常晚而又非常精致的成果……在我们现代世界中再没有第二种力量可以与科学思想的力量相匹敌。它被看成是我们全部人类活动的顶点和极致，被看成是人类历史的最后篇章和人的哲学的最重要的主题。"①

（二）增强文化整体实力需要科技文化担当

文化整体实力离不开科技文化的力量，增强文化整体实力需要加强科技文化自觉，强化科技文化的主动担当。

文化自觉就是文化的自我觉醒、自我反省和自我创建。文化自觉的基本要求是对文化本质及发展规律的正确把握、对文化在人类社会文明进步中的地位和作用的深刻认识，以及对发展与繁荣文化历史责任的主动担当等。费孝通指出："文化自觉是指生活在一定文化中的人对其文化有'自知之明'，明白它的来历，形成过程，所具有的特色和它发展的趋向，不

① 恩斯特·卡西尔著，甘阳译：《人论》，上海译文出版社2003年版，第326页。

带任何的'文化回归'的意思，不是要'复归'，同时也不主张'全盘西化'或'全盘它化'。自知之明是为了加强对文化转型的自主能力，取得决定适应新环境、新时代文化选择的自主地位。"①历史已经证明并将继续证明：一个国家的力量，从一定意义上说取决于文化自觉的程度。需要指出的是，文化发展当然需要文化自觉，但也不能没有文化自信，应把文化自觉与文化自信统一于文化建设实践。这种文化自信，集中表现在对中国文化发展道路和发展前途的正确把握以及对实施文化强国战略的坚定信心方面。

客观地说，在人类文化的各种形式或文化力量之间也存在着内在冲突，但这并不意味着不一致或不和谐，它们之间的内在一致性和共同性才是主要的，我们的任务就是要把这种内在的一致性和共同性揭示出来。因为"每一种（文化形式）功能都开启了新的地平线，并且向我们展示了一个新的方面"，"作为一个整体的人类文化，可以被称之为人不断自我解放的历程。语言、艺术、宗教、科学是这一历程中的不同阶段。在所有这些阶段中，人都发现并证实了一种新的力量——建设一个人自己的世界、一个'理想'世界的力量"②。

强调科技文化的自觉、主动担当，对于推动文化建设和发展、增强文化整体实力意义重大而深远。现代科学技术不仅创造着巨大的物质财富，而且促进着与之相适应的文化理念和文化模式的形成。科学技术的进步，科技文化的发展，不仅以知识形态丰富人类的知识宝库，不同程度地提高人类的认识水准和理性程度，而且以物质成果的形式应用于改进人类精神文化生活，成为人类享受和充实精神文化生活的工具及手段。当下，文化系统中的科技文化影响力在扩展，文化变革中的科技文化作用力在增强。文化总是通过人的文明程度体现出来，而当代科技文化则往往成为人的文

---

① 费孝通：《论人类学与文化自觉》，华夏出版社 2004 年版，第 188 页。

② 恩斯特·卡西尔著，甘阳译：《人论》，上海译文出版社 2003 年版，第 357 页。

明程度的时代标高。

在增强文化整体实力的进程中,我们在文化上到底有什么优势呢?我们的文化弱在什么地方呢?中华人民共和国成立以来,我们国家的科学技术事业取得了长足的发展和进步。从"向科学进军"到"科学技术是第一生产力"的提出,从"科教兴国"到"建设创新型国家"战略的实施,我们党在国家发展的关键时期做出了一系列重大决策部署。现在,我们可以自豪地说,当代中国已经成为科学技术体系较为完备、科技成果不断涌现、科技人力资源世界第一的科学技术大国。但是,我们还不能说是科学技术强国,我们很大的弱势之一就是科技文化相对匮乏。这也是我们迈向文化强国的弱势所在。

总之,文化整体实力是最优状态中文化构成要素所彰显的综合力量,体现的是文化构成要素的优化协同效应。因此,要增强文化整体实力就必须有效整合传统文化与现代文化、本土文化与外来文化,以及人文文化与科技文化的力量。强化科技文化担当,就是要我们深刻认识科技文化在历史进步特别是增强文化整体实力中的地位和作用,正确把握科技文化发展规律,主动担当发展科技文化的历史责任。科技文化的本质在于创新,创造新知识、开辟新道路,从而将人类认识自然、改造自然的能力提高到新的水平。科技文化的担当就在于为文化注入新的内容、建构新的平台、创造新的形式、提高文化的科技含量,不断增强我国文化的整体实力。

第三节 推动中国文化走向世界的强大动力

随着综合国力的提升,中国应当在国际事务中承担更多的责任,为全人类的发展贡献更多的力量。如果我们能够输出更多高质量的科学研究成果,那么我们就更容易得到其他国家的尊重、认同和支持。从科技成果和科技工作者数量上看，当前中国已经成为居于世界前列的科技大国。但是，从科技成果的影响力来看，我们离世界一流的科技强国还有一定距离，因而我国还不是真正意义上的文化强国。而实现这关键一步的追赶和跨越，需要加强科技文化软实力建设，以科技文化软实力建设助推中国文化走向世界。

一、当今世界的文化较量

当今世界，社会主义中国正在崛起，而正在崛起的中国不只是追求经济实力的国家，更是一个追求卓越文化与软实力的国家。面对国际文化竞争的新形势，中国文化必须走向世界，且中国文化一定能够走向世界。

（一）文化竞争：国际竞争的新态势

当今时代最显著的特征莫过于全球化，全球化时代是一个文化创新和文化竞争的时代，文化竞争是国际竞争的新态势。有学者指出："文化竞争是国际竞争的新的发展态势。第二次世界大战以来，国际竞争正在从军事——经济——科技——文化领域演进，发达国家也从谋求军事霸权、经济霸权到谋求文化霸权，这种变化是世界经济从工业时代向知识经济转型的必然现象。"[①]

实事求是地说，在当今世界的文化格局中，西方文化在全球文化中居于强势地位。强势文化与弱势文化之争成为国际竞争的新态势，其根源在于文化的科技化和市场化。由于信息无疆和经济全球化，加之世界各国政治、经济和科学技术发展的不平衡，以美国为首的西方强势文化在全球迅速扩展。

当今时代，网络的兴起和发展打破了文化交流的技术障碍，同时也打

---

① 田丰：《论文化竞争力》，载《马克思主义研究》2006年第6期，第65-70页。

破了本土文化的自然屏障。这使得文化资源向科技更强、市场更发达的地方流动成为可能，从而导致了文化传播上的"马太效应"——强的更强，弱的更弱。正是在这种背景下，西方发达国家倚仗着其经济与科学技术的先发性优势，在全球张扬、推广其强势文化，对发展中国家及其他弱势民族文化构成了排斥、压抑、侵蚀，甚至同化的态势，使异彩纷呈的世界多民族文化面临着单一化的威胁。

总之，文化竞争是当前国际竞争的新态势，这个问题是任何一个国家都无法回避的。正如有学者所说："虽然网络从原则上给许多弱势文化提供了发展的空间，但更为强势文化的全球传播和建立文化霸权提供了手段。按照目前的发展趋势，强势文化与弱势文化的冲突还会继续上演下去。如何处理好文化一元化与多元化带来的挑战，是关乎人类未来生存与发展的重大问题之一。"[①]

（二）面对竞争：中国文化必须走向世界

作为一个世界上最大、综合实力最强的发展中国家，中国在国际事务中的影响力不断增大、国际地位不断提高，因而成为国际舞台上的一支重要力量。这在客观上要求中国文化必须走向世界，理应在世界文化格局中占据自己应有的位置，发挥自己不可替代的作用。

第一，中国文化走向世界有利于其自身发展。温家宝在美国哈佛大学的一次演讲中指出："中华民族的祖先曾追求这样一种境界：'为天地立心，为生民立命，为往圣继绝学，为万世开太平'。今天，人类正处在社会急剧大变动的时代，回溯源头，传承命脉，相互学习，开拓创新，是各国弘扬本民族优秀文化的明智选择。"[②]中国文化有其自身发展的特色和规

---

① 孔伟：《文化的较量：强势文化对弱势文化的侵袭》，http://www.china.com.cn/xxsb/txt/2004-05/19content_5568215.htm，2004 年 5 月 19 日。

② 温家宝：《把目光投向中国》，http://www.people.com.cn/GB/shehui/1061/2241298.html，2003 年12 月 11 日。

律，具有极大的兼容性，中国文化在发展上的延续性和创新性为中国文化走向世界做出了充分的准备。

第二，中国文化走向世界有利于促进世界各国的文化交流，不断提高中国在国际上的威信。中国文化与西方文化的思维方式和思想方向不同，中国文化偏重整体性思维方式，以和谐发展战略为主要发展战略；而西方文化以分析性思维为主，思想方向以注重理论性和实践作用为主导。文化的碰撞、交流和融合对于我国发展社会主义文化、加快社会主义现代化建设具有重大的意义，也让世界文化在多种文化的碰撞、交流和交融中，相互汲取营养，焕发出新的生命力。

第三，中国文化走向世界有利于中国文明形象的树立，向世界展现中国"和平崛起"的意愿，取得世界各国对中国发展的理解和支持。中国是发展迅猛的国家，同时也是爱好和平、敢于负责任的社会主义国家。中国文化走向世界，目的在于宣扬"维护和平""和谐发展""共同繁荣"的思想，承担起一个社会主义大国应有的责任。

（三）中国文化一定能够走向世界

中国是一个文明古国、文化大国，也一定能够成为一个文化强国。为适应文化强国建设的需要，中国文化必须走向世界。中国文化走向世界具有不容置疑的历史和现实的必然性，中国文化也一定能够走向世界。

一方面，中国文化走向世界具有历史必然性。中华民族历史悠久，中国文化博大精深，是人类文明史上唯一没有中断的古老文明。中国的文字、制度、发明等滋润了世界各国文明，中国文化推动了世界文明的发展进程，为世界文明做出了巨大贡献。培根在其著作《新工具》中这样写道："……印刷术、火药和磁铁。因为这三大发明首先在文学方面，其次在战争方面，第三在航海方面，改变了整个世界许多事物的面貌和状态，并由此产生无数变化，以致似乎没有任何帝国，任何派别，任何星球，能比这些技术发明对人类事务产生更大的动力和影响。"①

　　另一方面，中国文化走向世界也具有现实必然性。这种现实必然性，表现为内在和外在两个层面，是内在的现实必然性与外在的现实必然性的统一。从外在必然性来说：其一，当今世界，经济发展促使人们对文化的需求多元化，中国文化具有极大的兼容性，能满足人们多层次的需求和向往；其二，中国是发展中国家的代表，在国际环境中可以站在发展中国家的视角思考发展问题及和平共处问题，有利于促进发展中国家的共同发展。就内在必然性而言，中国文化走向世界能深刻地表现中国"和平崛起"的意愿，主动表现中国全新的国际形象，避免某些国家政治力量和媒体对中国形象的故意扭曲。中国是一个文化大国，但毕竟还不是文化强国，中国文化走向世界就是要让世界了解中国的文化，提高中国文化的影响力。

　　我们欣慰地看到，随着中国综合国力的不断增强，中国文化走向世界的步伐在加快，对外的吸引力也越来越大，对现代文明的影响力也与日俱增。如今，"汉语热""孔子学院兴起"已经成为人们关注的焦点，世界上教授汉语的国家和地区已有100多个，全球有上亿的外国人在学习汉语。从"汉语热"和孔子学院的发展，都可以看出中国文化对现代世界文明的深刻影响。

二、中国文化正在走向世界：问题与困难

　　中国文化必须走向世界，中国文化正在走向世界，中国文化走向世界的主要目的是让世界了解中国和中国文化。但是，我们必须清醒地认识到，中国文化要真正走向世界，创造一个"魅力中国"，我们还面临着诸多的问题和困难，任重而道远。

---

　　① 培根著，许宝骙译：《新工具》，商务印书馆2009年版，格言129条。

（一）中国文化走向世界的认识误区

客观地说，作为一个中国人，我们都希望中国文化走向世界，在国际文化竞争中牢牢掌握主动权。但是，人们在中国文化走向世界的认识上未必都是正确的、清醒的。当前，中国文化走向世界的认识误区主要有以下几个。

误区之一：中国文化走向世界就是文化对外交流。中国文化走向世界是一个新的话语，它与文化交流的重心不一样，它体现的是当代中国文化建设和发展的新的国家战略。中国文化走向世界当然包括文化对外交流，也包括文化传播，但更多的是中国文化的传播，而且也不是简单地强调所谓的"走出去""送出去"，而是为了中国自己的文化发展，提升自己的文化软实力。

误区之二：文化中国与现实中国浑然不分。走向世界的中国文化，是传统的中国文化，还是当代中国文化？学界有这样一种观点：中华文化主要是指传统中国文化，中国文化重点强调的是当代中国文化，而当代中国文化发展正处在一个关键时期，当代中国文化还不够强大。为此，有学者主张适当切割"传统中国"与"当代中国"，认为"不断涌现的新问题新矛盾新弊端，尽管是我们前进路上的必然，然而到了外面，只能给中国文化减分，只能加剧西方世界对中国的不信任、不认同，因而，适当切割传统中国与当代中国，是一个明智的做法"①。

误区之三：中国文化走向世界未能包括科技文化。中国文化走向世界是一项复杂的系统工程。这里的文化当然既包括中国传统文化，也包括当代中国文化，但无论是中国传统文化还是当代中国文化，都不仅仅指人文文化，也应该包括科技文化。我们往往津津乐道于孔子学院如何发展迅速、我们的传统文化如何优越，一谈到中华文化的影响，或许提到最多的

① 胡晓明：《如何讲述中国故事？——"中国文化走出去"的若干理论与实践问题》，载《华东师范大学学报》（哲学社会科学版）2013年第5期，第107-117页。

便是汉语文化、孔子学院、少林寺、万里长城等，还有中国的熊猫、中国结、舞狮子、气功武术等中国符号。至于如何展现中国的科技文化，却鲜有涉及。尽管现代意义上的科技文化在中国相对匮乏，但科技文化在中国的兴起也是不容否认的。我国是一个发展中国家，同时也是一个开放的国家，改革开放是我们必须坚持的基本国策。这种开放不仅表现在经济上，也应该表现在文化上，其中包括科技文化。如何让建设中的科技文化走向世界？通过比较借鉴、取长补短，实现当代中国科技文化的伟大复兴，理应成为我们认真研究和思考的一个重大课题。

（二）影响中国文化走向世界的科技因素

不可否认，中国文化发展越来越繁荣，对外影响日益明显，全世界都在关注中国及其文化。当然，我们也应该清醒地看到，与发达国家相比，我国文化的国际影响力和传播力依然较弱，中国文化走向世界面临着诸多问题。原因是多方面的，其中的科技因素不可忽视。

中国文化如何发展？怎样才能提高中国文化的影响力？这的确是值得深思的大问题。在深思中，人们往往感叹：为什么我国的文化精品在国际上很少呈现，而外国人用中国题材改编的《功夫熊猫》《花木兰》等电影却在全球热映？甚至有人自我调侃：中国有功夫也有熊猫，但却没有"功夫熊猫"。的确，《功夫熊猫》的成功，体现的正是美国电影用"中国符号"创意点石成金的巨大力量，也给中国文化走向世界提供了诸多的启示。

的确，有些中国文化产品附加值低，缺少文化内涵和创意。没有创新的文化复制，就难以担当推动文化走向世界的重任。这就是说，文化产业发展的根本在于创造，中国文化走出去的重要障碍之一正是创意缺失、创造性匮乏。近年来，"中国制造"逐渐成为世界经济发展的亮点，我们当然应该为之自豪。但是，我们不能否认，缺乏自主创新能力，也影响了"中国制造"的国际竞争能力。从"中国制造"走向"中国创造"必须通过科学技术的发展和进步来实现。由此可见,科学技术对中国文化走向世界的影响是何等巨大,离开了科学技术的力量,文化的发展和传播是不可想象的。

《功夫熊猫》《花木兰》等影片之所以能在全球热映,取得如此大的成功,其中很重要的一个原因就是,他们成功地利用并融入了高科技的因素。如今,文化传播正在走进一个全新的数字媒介时代,这为中国文化走向世界提供了难得的机遇。"数字传播速度快、容量大、覆盖面广、实时互动的特点彻底打破了纸媒文化传播的局限,超越了时空限制,随时随地互动交流不仅更加方便快捷,而且可以大大节约资源"①,中国文化走向世界正逢其时。

(三)科技文化匮乏的现实困境

中国文化正在走向世界,中国文化走向世界的过程中遇到的首要现实困难就是科技文化匮乏。这也是我们在认识上忽视中国文化走向世界的科技文化内容的根本原因所在,也是科技进步和创新会成为中国文化走向世界的重要制约因素的根本原因所在。

我们当然应该为中国古代科技文化的辉煌而自豪,但我们也不能否认中国近现代科学技术落后、科技文化匮乏的事实。对此,有学者分析说,"有心人一定不会忘记深藏在每一个国人心头的痛:为什么中国科学落后于西方,何时中国科学家才能获得诺贝尔奖(笔者注:现在我们实现了这个零的突破)?许多人以为这只是个单纯的科学问题,其实这更是一个文化问题,说到底是我们的文化传统中缺少科学文化的因子。就社会意义而言,封建社会之所以在中国延续了那么长的时间,原因之一就是我们的科

---

① 王雅坤、耿兆辉:《中国文化走出去的影响因素及路径选择》,载《河北学刊》2013 年第 3 期,第 208-211 页。

学文化始终没有成为主流大众文化"①。

首先，科技文化匮乏使得中国科技自主创新能力不强。不可否认，中国古代科学技术在世界上长期处于领先地位，辉煌灿烂的中国古代科技文化推动了世界文明的进程。但我们也得承认，近代以来，中国的科学技术落后了，科技文化没能在传承的基础上强大起来。时至今日，中国科技文化仍未处于强势地位。因此，在科学技术飞速发展、科技竞争日益激烈的环境下，中国文化要走向世界、再创辉煌，加强科技文化建设、提升科技自主创新能力，仍然是一个重大而迫切需要解决的问题。

其次，科技文化匮乏不利于我们对传统文化的革新和再创造，也无法赋予中国传统文化以新的价值理念。无论我们是否认识到，我们都不能改变这样一个事实：在我国，传承和弘扬优秀传统科技文化还只是停留在口号上，我国丰富的传统科技文化资源未能得到有效的开发和利用。这显然是不利于中国文化走向世界的。严峻的现实告诉我们，中国文化走向世界必须继承和弘扬中国传统文化的精华，并在继承和弘扬中赋予其现代化的价值理念。而这些都有赖于科技文化的复兴，以科技文化弘扬推进科学技术的创新发展，从而实现对传统文化的革新和再创造。

最后，科技文化匮乏有碍科学技术的发展和进步，致使文化发展难以满足人民日益增长的文化需求。文化产品的质量与水平是与科学技术的发展和进步密切相关的，缺乏科技含量的文化作品注定是没有竞争力的。与发达国家相比，我国文化产品的科技含量是比较低的，这是不争的事实。"两头在外，污染在内"②的生产方式，必将影响我国文化和文化产业的发展，影响中国文化走向世界的目标的实现。

总之，科技文化对中国文化走向世界至关重要，而科技文化匮乏则可

① 黄建海、王汉青：《科学文化理应成为主流大众文化》，载《民主与科学》2009 年第 4 期，第 11-14 页。

② 所谓"两头在外，污染在内"，即产品设计在国外、产品销售在国外，生产工厂在国内、廉价劳动力在国内，最终污染在国内。

能会导致中国文化走向世界陷入困境，这是需要引起我们关注和解决的一个重大问题。中国文化要走向世界，科技文化担负着不可推卸的责任和使命。

三、中国文化走向世界的科技文化使命

在中国文化走向世界的伟大进程中，科技文化担负着独特的不可替代的重要使命。加强科技文化建设，提高科技文化软实力，是中国文化走向世界的必由之路。

（一）中国文化参与国际竞争的重要力量

我们正处在一个充满竞争的时代，文化竞争正在成为 21 世纪国际竞争的战略制高点，文化竞争不容回避也无法回避。中国文化走向世界，就要参与国际竞争，没有相应的竞争能力，即使走向世界也只能会被淘汰。为了加强科技文化软实力建设，让中国文化更具竞争力，我们别无选择。

如前所述，中国文化的竞争力与正在崛起的中国地位还不匹配。传统的文化大国、新兴的经济大国、巨大的文化消费市场，固然是中国文化竞争力提升的有利条件，但科技文化的力量也不可忽视。当今时代，科学技术作为"第一精神力量"，代表着文化未来的发展方向。只有让文化插上科学技术的"翅膀"，努力建设具有科学技术支撑的文化形态，我们的文化才能得以创新，才能走向未来，才能走向世界，才能在激烈的国际竞争中掌握主动权。因此，我们必须深入实施科技创新驱动战略，着力打造科技文化软实力以增强文化竞争力，加快高新科学技术在文化领域的运用，努力提高我国文化的科学技术含量和装备水平，做大、做强一批文化科技企业。

科学技术不仅能够推动经济发展，而且也是先进文化的基石，在精神文化生活层面上推动着人的全面发展和人类文明的进步。当今世界，科学

技术日新月异，创新活动日趋全球化，科技创新能力正在成为经济社会发展的主要驱动力量，科技文化软实力正在成为国际综合国力竞争的决定性因素。据此可以预言：未来国际文化竞争的焦点很可能会转移到科技文化的竞争。

另外，在日趋激烈的国际文化竞争形势下，科技文化作为国家文化竞争力的要素之一，也必将得到世界各国的关注。与此相应，世界科技文化竞争力的发展趋势，以及我国科技文化竞争力的发展前景也将成为科技界、学术界研究和思考的热点问题之一。

（二）增强中国文化国际影响力的重要支撑

当代中国正在崛起，崛起中的中国不只是经济实力的崛起，也包括文化的复兴。我们有理由相信，随着国家的崛起，中国将越来越全面地影响世界。增强中国文化的国际影响力，既是提升中国国际地位、建设现代文化的迫切需要，也是推动世界文化和谐发展的内在要求。为适应社会主义文化强国建设的需要，增强中国文化国际影响力是一个亟须破解的时代课题。

科技文化作为当今时代社会文化的主导形式，在国际文化竞争中的影响力越来越大。加强科技文化软实力建设，不断解放和发展文化生产力，增强中国文化影响力，有利于推动当代中国文化走向世界。

改革开放以来，在中国特色社会主义理论体系指导下，我们坚持走科技自主创新道路，科技创新能力稳步提升，我们取得了举世公认的科学技术成就，我国科学技术的国际地位不断提高，对世界科学技术发展的影响越来越大。当代中国，科学技术实力进一步增强，正在成为全球科学技术合作的重要力量，开始了从科技大国向科技强国迈进的新征程。中国科学技术的快速发展，引起了国际社会的高度重视和关注，为科技文化的建设和发展奠定了坚实的基础；中国科技文化的振兴，也一定能够成为增强中国文化国际影响力的重要支撑。

（三）中国文化走向世界的必由之路

加强科技文化建设，提高科技文化软实力，运用现代高新科学技术手段推动文化创新，既是中国文化发展和繁荣的客观要求，也是中国文化走向世界的必由之路。正如党的十七届六中全会《决定》所指出的："科技创新是文化发展的重要引擎。要发挥文化和科技相互促进的作用，深入实施科技带动战略。"①众所周知，自有人类社会以来，文化的生产、发展和传播就一直是在科学技术的推动下进行的。今天，科学技术是第一生产力，也是现代文化发展和传播的第一推动力。在文化发展和交流的进程中，"科技文化在发展的道路上推翻了阻碍人类思想进步的大山——宗教与迷信，开创了全人类文化相互交流的新局面——不同国度和不同文化领域的相互交流的局面，促使各个国家文化相互融合又推动彼此前进的步伐"②。

中国文化走向世界既是中国发展的需要，也是中国必须面对的机遇和挑战。中国是一个发展中的社会主义国家，科学技术的整体水平和实力与世界发达国家相比还有很大差距，实现社会主义现代化还需要一个发展过程。在这种背景下，中国文化要走向世界，就必须大力发展科学技术，只有先进的科学技术才能奠定中国文化走向世界的基础。如前所述，在世界格局不断进行调整、各种文化不断"登场"亮相的大背景中，中国文化日益显示出缺乏竞争力等诸多不足，特别是科技文化匮乏，使中国文化走向世界面临诸多的问题和困难。我们必须审时度势，登高望远，尽快地补齐短板，把中国文化的"弱项"转变为"强项"，以便与中国经济崛起相适

---

① 《中共中央关于深化文化体制改革 推动社会主义文化大发展大繁荣若干重大问题的决定》，载《求是》2011年第21期，第3-14页。

② 金秋：《中国文化走向世界的思考——基于科技文化的视角》，武汉理工大学硕士论文，2013年。

应，为中国文化走向世界筑路搭桥。

中国文化走向世界作为一个过程，必须在探索中前行。加强科技文化软实力建设，以科技文化软实力助推中国文化走向世界，既是增强民族自信心和自豪感、弘扬民族文化和民族精神的需要，也是向世界展示当代中国人的精神风貌、维护民族文化独立性、保证国家文化安全、促进世界和平发展的需要。

当今世界，科学技术迅猛发展，文化传播方式正在发生根本性变革，这为中国文化走向世界提供了难得的机遇。特别值得一提的是，我们一定要高度关注并充分利用信息化技术、数字化技术等高新技术，抢占文化传播的新高地。信息化技术的发展极大地丰富了文化传播的内容，拓展了文化传播的渠道；而数字化技术的发展则推动了文化方式的根本性变革，实现了不同类型媒体间的连接与不同形式文化间的转换。基于此，我们必须大力开拓文化传播的专业化道路，充分利用现代科学技术特别是信息化技术和数字化技术的最新成果，牢牢掌握文化传播的主动权。

第八章
当代中国科技文化软实力建设
现状及其分析

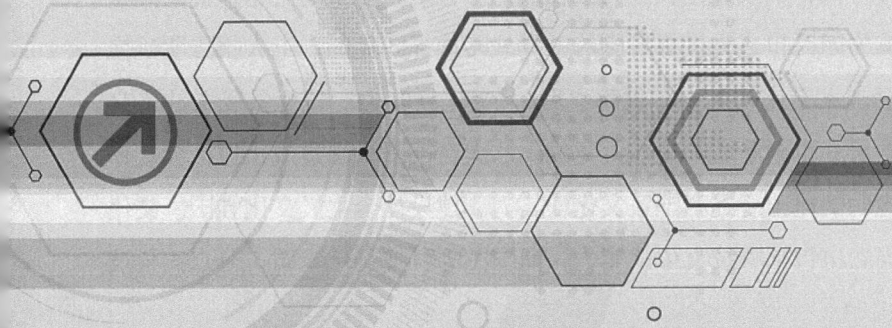

社会公众对科技文化软实力的认知水平及其科技文化素质状况是影响文化强国战略的重要因素，因而也是当前提高国家文化软实力、推进社会主义文化强国建设必须解决的重点问题。基于这种认识，我们在全国范围内开展了公众基于文化强国战略的科技文化软实力认知状况的抽样调查，从中探寻科技文化软实力建设的状况及具体路径①。本章根据调查的数据，运用描述统计法、单变量频率分析法和双变量交互分析法，研究当前社会公众基于文化强国战略对科技文化软实力的认知状况，探寻影响科技文化软实力建设的相关因素，以及公众科技文化软实力认知状况的多维度差异性、存在问题及成因。

第一节　问题的提出：背景、目的与方法

关于当代中国科技文化软实力建设现状的调查分析是本书的重要内容之一，旨在了解和掌握公众对科技文化软实力及其在文化强国战略中的地位的认知情况，为基于文化强国战略的科技文化软实力研究提供第一手资料。

一、背景

当今时代，国家文化软实力正在成为综合国力竞争的主题，提高国家文化软实力因而也成为世界各国的一种战略选择。党的十七大报告明确提出"提高国家文化软实力"战略之后，"文化软实力"概念备受关注，文化软实力研究也逐渐成为热点。党的十八大在部署全面建成小康社会宏伟目标时也明确提出要提高国家文化软实力、建设社会主义文化强国。文化软实力当然也包括科技文化软实力，而国民的科技文化素质、公众的科技

---

① 该调查由程宏燕博士具体组织实施，并负责起草调查报告。

文化软实力认知状况，则是衡量国家科技文化软实力的重要指标之一。

近年来，国内学者对科技文化软实力与文化强国、实现中国梦之间的关系进行了多方面的研究，普遍认为科技文化是文化软实力的重要组成部分，发展科技文化能够祛除科学主义之魅、避免功利主义思想，是实现中国梦不可或缺的内容。科技文化软实力是国家以柔性方式运用科技资源维护国家利益、实现国家可持续发展和构建和谐社会的能力。增强科技文化软实力能够使人文理念融入社会建设，培育科学精神和人文意识，建设具有自由精神的科技制度，保障社会的公平正义与和谐，积极推进社会主义文化强国建设。

这些关于科技文化软实力和文化强国战略的研究为本次调查提供了丰富的资料借鉴，但在研究路径方面存在三方面的不足：其一，对科技文化及其在国家文化软实力中结构性地位的社会认知率研究缺乏数据与实证材料支撑；其二，鲜有大范围基于文化强国战略的科技文化软实力认知状况的调查研究；其三，专门的国民科技文化素质调查研究的成果不是很多，而且侧重点也不一样。

二、目的

随着科学技术的发展和进步，国民科技文化素质越来越成为影响国家竞争力的重要因素。为了及时了解本国国民科技文化素质的状况及影响因素，以便采取相应措施，促进国民科技文化素质的提高，世界各国特别是发达国家都非常重视国民科技文化素质的调查研究。

当今时代是一个科学技术飞速发展的时代，科学技术的影响日益渗透到经济发展、社会进步及人的生活的各个方面，科学技术的力量日益强大，已经成为生产力发展最为活跃的因素，人们越来越认识到：科技文化是人创造的，国民科技文化素质决定了一个国家科技文化体系的健全和完善及现代化水平。换言之，国民科技文化素质状况在某种程度上直接影响一个国家的科技文化软实力乃至整个文化软实力的发展。

400多年前，马丁·路德就这样说过："一个国家的繁荣，不取决于它的国库之殷实，不取决于它的城堡之坚固，也不取决于它的公共设施之华丽；而在于它的公民的文明素养，即在于人们所受的教育、人们的远见卓识和品格的高下。这才是真正的利害所在、真正的力量所在。"①这段话对于我们认识和理解国民科技文化素质的重要性，是很有启发意义的。没有国民科技文化素质的提高，科技文化的建设和弘扬就无从谈起，提高科技文化软实力以推进社会主义文化强国建设也就是一句空话。

2006年，基于国家社会科学基金项目"科技文化与当代中国和谐社会建构"，我们在湖北省做了一次公民科技文化素质的抽样调查，目的在于调查了解当代中国公民科技文化素质的总体状况，有针对性地提出公民科技文化素质教育的对策和建议。

本次调查也是根据项目研究的需要进行的，虽然也涉及国民科技文化素质，但着重点在于国民对科技文化软实力及其在文化强国战略中地位和作用的认知情况。基于此，我们预设了三个目标：一是调查了解公众对科技文化的认知程度；二是调查了解公众对科技文化软实力及其在文化强国战略中的地位的认知情况，这是本次调查的重点；三是调查了解基于文化强国战略的科技文化软实力建设的现状。

三、方法

本次调查主要以问卷调查的方式进行。通过问卷调查，研究、分析公众对科技文化软实力及其在文化强国战略中的地位和作用的认知情况。为此，我们精心设计调查方案，合理选取调查样本，运用描述统计法、单变量频率分析法和双变量交互分析法科学处理调查数据，以确保调查的可信度。

---

① 转引自何宗思：《中国人格病态批判》，中国社会出版社2003年版，第1页。

（一）样本选取

本次调查在选取样本时，采取了随机抽样中分层多段抽样的方法，样本基本上遍及全国。遵循抽样的针对性和科学性原则，在样本选择的范围方面，我们主要选取了理工高校、科技型企业和相关政府部门；在样本的地域性方面，分别在东部、中部和南部选取了科技创新明显、理工高校教育资源比较集中的城市，如北京、上海、深圳、南昌、武汉等；在调查人员样本方面，主要以理工高校师生和企事业单位中具有大学及以上文化程度的科技人员与管理人员、政府相关部门人员，以及对科技发展有较大兴趣和关注的其他中青年。

（二）数据处理

在具体操作上，本次调查确定样本的总体规模为 2000～2300 人，其主要依据是 95%置信水平下不同抽样误差所要求的样本规模表，并根据抽样的可行性和经济性原则选取 3%的抽样误差作为确定样本规模的标准。本次调查，采用无记名调查问卷法，共发放问卷 2000 份，回收有效问卷 1828 份[①]，有效回收率达 91.4%。在数据的处理上，本次调查采用 Visual FoxPro 6.0 录入数据、使用 SPSS 19.0 分析数据，主要用到了描述统计法、单变量频率分析法和双变量交互分析法。统计结果均由 SPSS 19.0 计算得出。

（三）变量基本状况

鉴于影响人们认知科技文化软实力及其与文化强国战略关系的因素很多，例如，性别、年龄、文化程度，受调查者对科技发展状况、国家政策与文化强国战略的关注和认知程度，社区的科普环境，等等，问卷调查工作对这些因素进行了调查。

---

① 下文图表中的 N 均指回收有效问卷数量。

其中，性别变量随机调查结果中，男性占比 62%，女性为 38%，符合中国理工科背景人员、理工高校和政府管理人员的性别比中男性高于女性的现状。年龄用实足周岁测量，调查对象的年龄段分布比例为 43.2%（17～23 岁）、27.2%（24～30 岁）、21.8%（31～45 岁）、7.8%（45 岁以上），吻合调查的范围和初衷，即主要是高等院校和企事业单位中紧跟时代发展潮流的中青年。

在调查对象文化程度分配比例上，考虑到受调查者是需要有一定的科学技术知识背景、逻辑思维和分析能力，对科技发展有兴趣和具备一定的理工科知识的人，所以受调查者主体主要是具有大学及以上文化程度的人员，划分为高中（7.2%）、大学（专科和本科共计 69.5%）、硕士（18.9%）、博士（4.4%）这四个群体。

职业区分上用专业技术人员（14.1%）、企业管理人员（11.6%）、高校学生（50.2%）、公务员（16.0%）和其他（8.1%）来划分。调查对象里专业技术人员、企业管理人员和公务员（主要分布于省级、市级、乡级政府中关涉企业与科学技术发展的部门）的总人数和高校学生在比例上基本相当。

第二节　当代中国科技文化软实力建设的现状

本次调查内容虽不能涵盖当代中国科技文化软实力建设的全部情况，但至少可以为我们研究当代中国科技文化软实力建设问题提供一个致思路径和必要的参考资料。

一、关于科技文化及其软实力蕴涵的认同情况

在本次调查中，关注科学技术资讯的达到 92.8%，其中表示非常关注和比较关注的群体就达到 11.9%和 38.1%（图 8-1）。这和调查对象中大学

及以上文化程度的占有 92.8%刚好吻合，说明文化程度与科学技术关注点之间正相关。另外，调查对象中的高校学生、专业技术人员、企业管理人员及公务员所占人数比例总和为 91.9%，这也和关注科技发展的受调查人员达到 92.8%有很大的正相关。

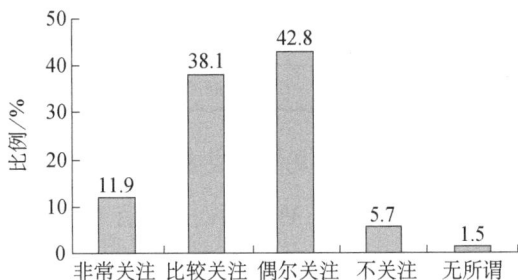

图 8-1　调查对象平时对科学技术方面的资讯所关注的程度（$N^{①}$=1828）

在关于"科学技术也是一种文化现象，您同意这种观点吗？"问题中，调查对象表示很同意的为 46.7%、较同意的为 39.3%（图 8-2）。这说明高校师生、科技人员和企业管理人员及公务员对科学技术文化属性有一定的认识。

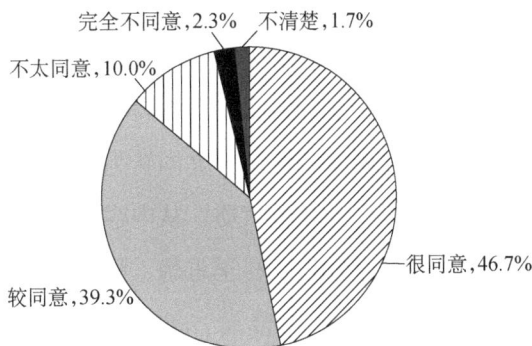

图 8-2　"科学技术也是一种文化现象，您同意这种观点吗？"调查结果（N=1828）

在"您认为下列选项哪些属于科技文化的范畴？（可多选）"的问题

① 图表中的 N 均指回收有效问卷数量。

中，如科学精神、科学思想、科技价值观念、科技政策与制度、科技伦理及科技对外交流与合作等，其回答情况可以看出对科技文化的社会认知程度（表 8-1）。

表 8-1 "您认为下列选项哪些属于科技文化的范畴？（可多选）"调查结果（N=1828）

（单位：%）

项目	科学精神	科学思想	科技价值观念	科技政策与制度	科技伦理	科技对外交流与合作
比例	71.3	80.0	69.4	46.6	56.1	50.5

调查结果显示，人们对科技文化构成要素的认知程度由高到低依次为科学思想 80.0%、科学精神 71.3%、科技价值观念 69.4%、科技伦理 56.1%等。近些年来，随着对外交流和科学技术在国际化发展过程中的作用越来越凸显，科技文化在国际交往中的影响力也日渐增大。

调查结果也显示了这一倾向，有 50.5%的人认为科技对外交流与合作也是科技文化的重要内容之一。值得一提的是，也有 46.6%的人认为科技政策与制度属于科技文化内涵，这和当前学术界在科技文化方面加强了科技政策与制度的研究趋向具有一致性。

可以说，以上调查结果基本符合学术界关于科技文化内涵的研究。吴国盛认为，"科技文化"这个术语可以指称科学史、科学哲学、科学社会学、科技政策与科研管理等[①]，从中可以看出科技文化所包含的基本要素。李醒民在《论科学文化及其特性》一文中认为，科学文化以科学为载体，体现了科学及科学共同体的精神气质。从内容上可划分为器物、制度和观念三个层次。其中，科学知识、科学思想、科学方法、科学精神等观念是核心[②]。

科技文化的核心要素是科学精神。在对科学精神内涵方面的调查中，认同度较高的分别为：实事求是 73.0%、追求真理 77.8%、探索创新

---

① 吴国盛：《反思科学》，新世界出版社 2004 年版，第 94 页。
② 参见李醒民：《论科学文化及其特性》，载《科学文化评论》2007 年第 4 期，第 72-87 页。

80.3%，但对客观公正的认同度只有 58.3%、理性怀疑为 48.9%、多元思考为 51.5%（图 8-3）。这体现出一定的偏差，科学实质上是在理性怀疑和多元思考中实事求是地探求真理。

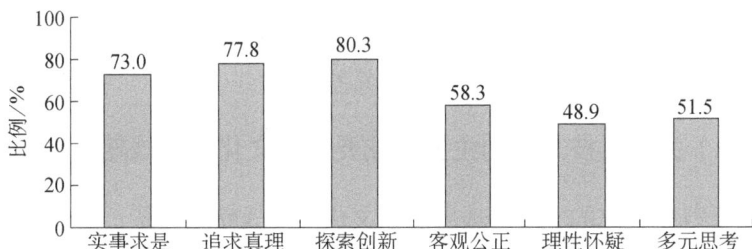

图 8-3 "您认为科学精神的内涵是什么？（可多选）"调查结果（N=1828）

从以上调查结果看，有理工背景的高校师生、科技工作者、企事业单位中相关的管理人员等对科技文化的认同度较高，对科技文化内涵的理解也是比较准确的，基本符合学术界关于科技文化观念的研究成果。这一结论体现了理论研究工作者与实践工作者观念的一致性。

在回答"科学技术是一种硬实力，科技文化是一种软实力，您同意这种观点吗？"问题时，受调查者对此都持肯定意见。很同意及较同意的人数比例分别为 33.1%和 49.4%，总计达到 82.5%；而不太同意的只有 11.8%，不同意的只有 3.1%，不清楚的只有 2.6%（图 8-4）。

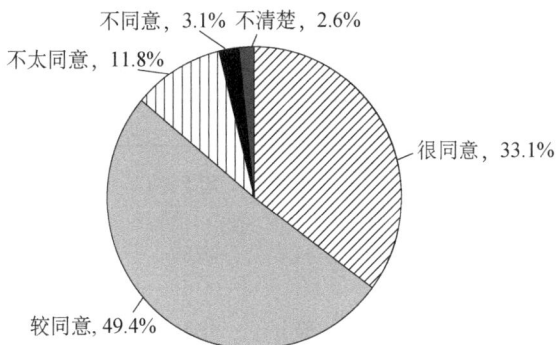

图 8-4 "科学技术是一种硬实力，科技文化是一种软实力，您同意这种观点吗？"
调查结果（N=1828）

二、关于科技文化软实力与文化强国战略关系的认识情况

这个问题的调查分为两个部分进行：一是了解科技文化的主要构成要素与文化强国战略关系的认识情况；二是了解科技文化软实力及其推进文化强国建设作用的认识情况，在此基础上，全面考察不同人群对科技文化软实力与文化强国战略关系的认识及其差异。

（一）关于科技文化的主要构成要素与文化强国战略关系的认识

关于科技文化的主要构成要素与文化强国战略的关系，我们共设计了四个问题：您是否赞同"科学精神带动文学艺术等其他文化形态的发展"的提法？您是否赞同"科技创新制度推动文化强国建设"的提法？您是否赞同"科技产品与文化强国战略关系密切"的提法？您是否赞同"知识产权意识有利于促进国家文化发展"的提法？调查结果显示，关于"科技创新制度推动文化强国建设"，很同意的为44.7%，较同意的为45.8%；在对"科技产品与文化强国战略关系密切"说法的态度方面，很同意和较同意的分别占有43.1%和43.8%；在是否赞同"知识产权意识有利于促进国家文化发展"的说法中，很同意和较同意的就有48.1%和42.8%。从这几个方面的调查结果可以得知，受调查者对于科技文化推进文化强国建设的认知还是值得肯定的（表8-2）。

表8-2　科技文化的主要构成要素与文化强国战略关系的认知状况（N=1828）

（单位：%）

项目	很同意	较同意	不太同意	不同意	不清楚
您是否赞同"科学精神带动文学艺术等其他文化形态的发展"的提法	30.4	52.5	12.9	1.8	2.4
您是否赞同"科技创新制度推动文化强国建设"的提法	44.7	45.8	7.2	1.4	0.9
您是否赞同"科技产品与文化强国战略关系密切"的提法	43.1	43.8	9.7	1.8	1.6
您是否赞同"知识产权意识有利于促进国家文化发展"的提法	48.1	42.8	5.8	1.6	1.7

但是，在对于文化强国战略的重要影响要素上，受调查者大多认同经济制度和政治制度优越于科技文化（表 8-3）。

表 8-3　"您觉得在国家文化强国战略中哪个选项起基础性作用？（可多选）"调查结果（N =1828）　（单位：%）

项目	经济制度	政治制度	科技文化	传统文化	文学艺术
比例	41.3	26.9	22.0	9.8	9.0

调查结果显示，经济制度与政治制度在文化强国战略中是非常重要的，这和中国长期以来经济制度与政治制度建设重于科学技术及其文化建设有很大关系。但是，经济制度与政治制度的变迁实际上源于科技创新带来的新产品、新观念、新思想，进而引发制度的修正、改良和最终的变革，尤其是经济发展和经济制度变革几乎是科技进步推动的结果。

（二）关于科技文化软实力及其对推进文化强国建设的作用的认识

在科学技术活动及其文化对国家综合国力和人类现实社会生活的影响方面，受调查人员基本上持肯定态度（表 8-4）。

表 8-4　科技及其文化对社会和综合国力的影响（N =1828）　（单位：%）

项目	是	否
科学技术的发展会给我们的后代提供更多的发展机会	74.8	25.2
加强科技进步步伐能使我国在近几年内赶超西方发达国家	39.2	60.8
即使没有科学技术，人们也可以过简朴的生活，生活得很好	25.9	74.1
科学技术的发展可能会使人与人之间的关系越来越疏远	34.9	65.1
科学技术的发展会使越来越多的人失业	25.9	74.1
有了科学技术，我们就能解决面临的所有问题	20.9	79.1
科学家拥有知识，他们改变世界的能力使他们变得很可怕	20.0	80.0
科学技术给我们既带来好处也带来坏处，且好处多于坏处	55.8	44.2
持续不断的技术应用最终会毁掉我们赖以生存的地球	15.7	84.3

调查结果显示，人们非常认可科学技术活动及其文化能给我们提供更多

的发展机会（74.8%）、增强人们之间的联系（65.1%）、生活条件越来越好（74.1%）、增加就业机会（74.1%）、带来的好处大于坏处（55.8%）等。

（三）不同人群对科技文化软实力与文化强国战略关系的认识

在调查数据的基础上，我们还从性别、年龄、文化程度和职业四个方面分别对科技文化软实力的认知状况之间进行了分析，从中发现了认知状况相关性的具体差异。

表 8-5 显示，性别与科技文化软实力认知之间不存在明显的相互关系（P=0.779）。这与人们在常识上认为男性高于女性的认识有很大差别，说明在科技文化软实力宣传特别是国民科技文化素质提升方面无须过多考虑性别差异。

表 8-5　性别与科技文化软实力认知程度交互分析（N =1828）　　（单位：%）

科技文化软实力的认知程度	性别		合计	P
	男	女		
很高	20.9	12.3	33.2	
较高	31.0	18.3	49.3	
不太高	7.0	4.9	11.9	0.779
不高	1.9	1.2	3.1	
不明显	1.4	1.1	2.5	
合计	62.2	37.8	100.0	

但是，不同年龄阶段与科技文化软实力认知的相关性分析表明其具有明显的差异性：17 ～ 30 岁具有很高的认知程度，但在 45 岁以后开始就很低了（表 8-6）。这是一个预警，对我们思考科技文化软实力建设有很大启示。

表 8-7、表 8-8 表明，文化程度、职业类别与科技文化软实力认知之间也存在显著的相互关系（P=0.000）。从图 8-5、图 8-6 的调查结果也可以看出，不同文化程度、职业之间的科技文化软实力认知存在很大差别。文化程度高的群体，科技文化软实力认知程度较高，高校学生和公务员的

认知程度也很高。这些结果提示我们，在加强科技文化软实力认知研究方面应当注重哪些群体，针对不同群体应进行不同的路径研究。

表 8-6　年龄与科技文化软实力认知程度交互分析（N=1828）　（单位：%）

科技文化软实力的认知程度	年龄				合计	P
	17~23 岁	24~30 岁	31~45 岁	45 岁以上		
很高	14.3	9.5	6.5	2.7	33.0	
较高	21.4	14.6	9.7	3.8	49.5	
不太高	5.3	2.3	3.7	0.6	11.8	0.002
不高	1.5	0.3	1.0	0.3	3.1	
不明显	0.7	0.5	0.9	0.4	2.6	
合计	43.2	27.2	21.8	7.8	100.0	

表 8-7　文化程度与科技文化软实力认知程度交互分析（N=1828）　（单位：%）

科技文化软实力的认知程度	文化程度				合计	P
	高中	大学	硕士	博士		
很高	2.1	21.7	7.3	1.9	33.0	
较高	3.3	35.0	9.5	1.7	49.5	
不太高	0.8	9.4	1.1	0.4	11.7	0.000
不高	0.3	1.9	0.7	0.3	3.2	
不明显	0.8	1.4	0.3	0.1	2.6	
合计	7.3	69.4	18.9	4.4	100.0	

表 8-8　职业类别与科技文化软实力认知程度交互分析（N=1828）　（单位：%）

科技文化软实力的认知程度	职业					合计	P
	专业技术人员	企业管理人员	高校学生	公务员	其他		
很高	4.8	3.6	17.4	5.0	2.2	33.0	
较高	7.0	6.2	25.3	7.0	3.9	49.4	
不太高	1.3	1.3	5.4	2.7	1.1	11.8	0.000
不高	0.4	0.3	1.6	0.6	0.3	3.2	
不明显	0.6	0.1	0.6	0.7	0.6	2.6	
合计	14.1	11.5	50.3	16.0	8.1	100	

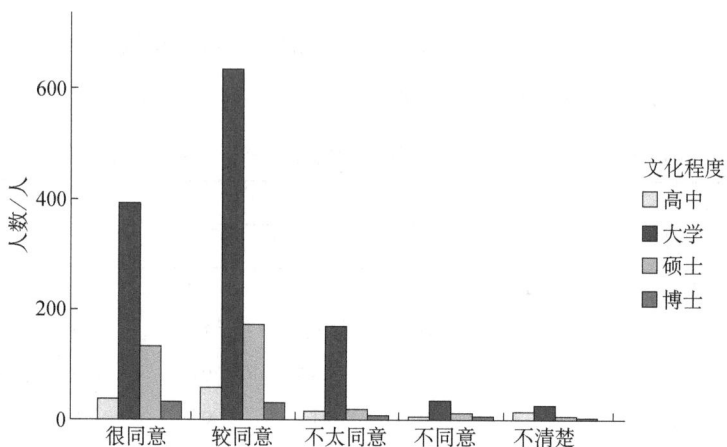

图 8-5 "科学技术是一种硬实力，科技文化是一种软实力，您同意这种观点吗？"
不同文化程度的调查结果（N=1828）

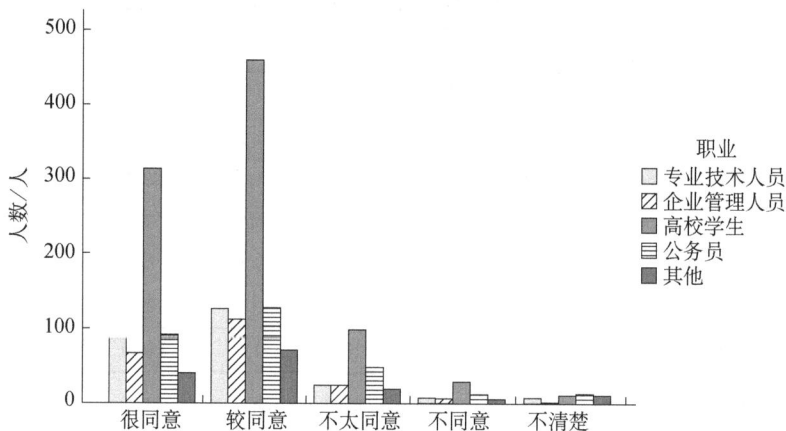

图 8-6 "科学技术是一种硬实力，科技文化是一种软实力，您同意这种观点吗？"
不同职业的调查结果（N=1828）

那么，科技文化作为一种软实力，在提高我国文化软实力乃至我国的
国际地位中具有何种价值呢？调查结果显示，有将近一半的人认可科技文
化对于提升我国国际地位的重要性，认为提升国际地位的主要要素的比例
如图 8-7 所示。

与此同时，被调查者认为当前政府在文化强国战略中最需要关注的是

科技发展策略（38.8%），然后是政治制度改革（32.3%）、社会文化建设（17.1%）、经济制度改革（11.8%）（图 8-8）。

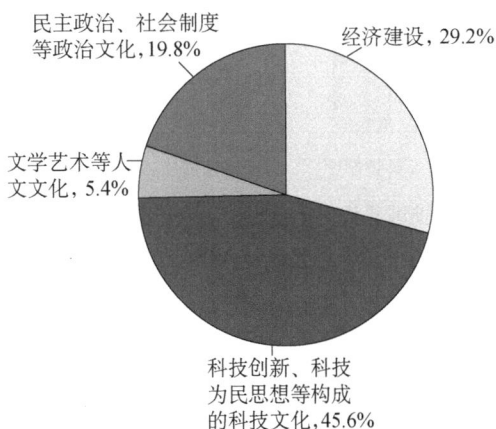

图 8-7 提升国际地位的主要要素的比例（N=1828）

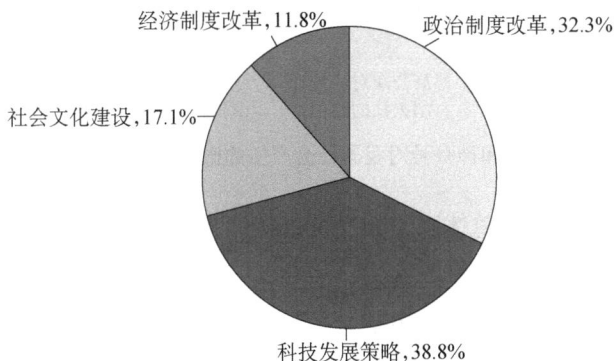

图 8-8 政府在文化强国战略中的关注程度（N=1828）

调查结果还显示，在关于推进现代化建设步伐的影响因子里，科技创新、科技制度因子分别占 43.1%，然后依次是经济发展因子占 32.4%、政治改革因子占 12.4%、传统文化现代化因子占 9.9%（图 8-9），从而显示出科技制度、科技政策等科技文化要素作为文化软实力在文化强国战略中的重要地位。

作为体现科技文化软实力的重要代表事件，调查结果显示，有 67.4%

的人赞成蛟龙号、神舟号的成功有利于推进科技文化发展、提高国家文化软实力，对提升我国的国际地位具有重大影响力（图8-10）。

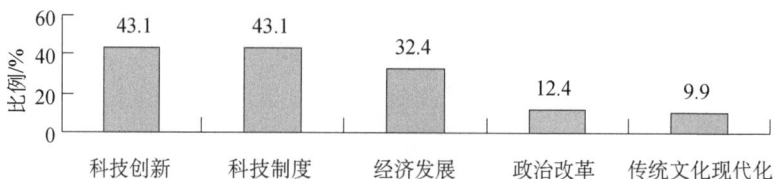

图8-9　"您认为在中国推进现代化建设的步伐中什么因素最重要？（可多选）"调查结果（N=1828）

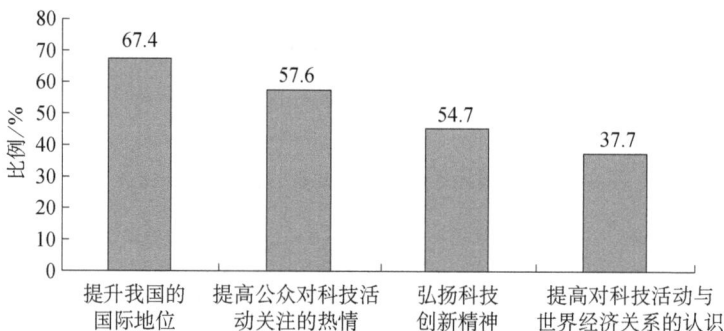

图8-10　蛟龙号和神舟号对我国社会产生的影响（可多选）（N=1828）

根据调查结果，总体来说，受调查者认为科技文化作为软实力与文化强国战略关系的密切程度要高于政治文化、经济文化与文化强国战略的关系，人们大多认为科技文化软实力在文化强国战略中具有基础性地位。

三、关于科技文化软实力实现及其路径的看法

在"增强国家文化软实力的重要因素"几个选项中，受调查者选科技创新的氛围与制度的占68.1%，选科学家和科技工作者的创新文化素质的占64.1%，选科技研发资金的投入的占56.3%，相对于繁荣文学艺术事业（38.5%）、推进影视业的国际化（22.5%）等，具有突出的优势（表8-9）。

表 8-9 增强国家文化软实力的重要因素（可多选）（N=1828） （单位：%）

项　目	科技创新的氛围与制度	科学家和科技工作者的创新文化素质	科技研发资金的投入	国家政治管理策略	繁荣文学艺术事业	推进影视业的国际化
比例	68.1	64.1	56.3	56.9	38.5	22.5

　　在回答"您认为美国科技强盛的最主要原因"的问题时，有 44.2%的人青睐科技创新政策，其次是社会政治民主（26.6%）、经济支撑（22.1%）及科技工作者内心的热情（7.0%）（图 8-11）。

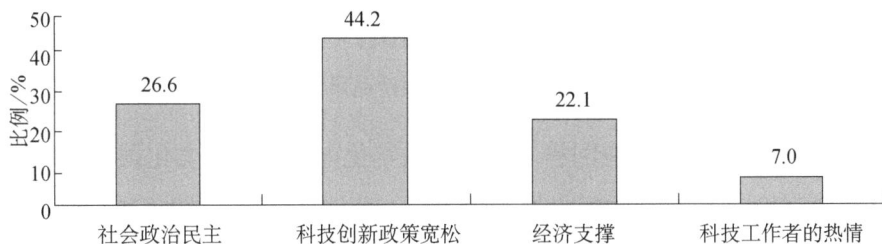

图 8-11 "您认为美国科技强盛的最主要原因"调查结果（可多选）（N=1828）

　　调查结果显示，公众对科技活动的交流、科技政策与制度建设等方面很重视。从相关行业或企业之间的科研交流对科技创新的作用进行问卷调查，认为作用很大的占 30.7%，认为作用较大的占 52.8%，加起来高达 83.5%（图 8-12）。

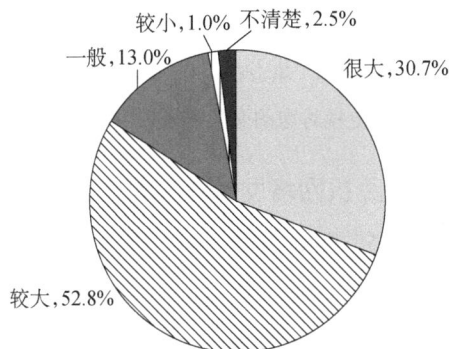

图 8-12 相关行业或企业之间的科研交流对科技创新的作用（N=1828）

随着法律观念的增强，越来越多的人意识到知识产权状况对产品研发的重要影响，在调查中，有 77.6% 的人认为它对于产品研发具有比较大的影响或很大影响（图 8-13）。

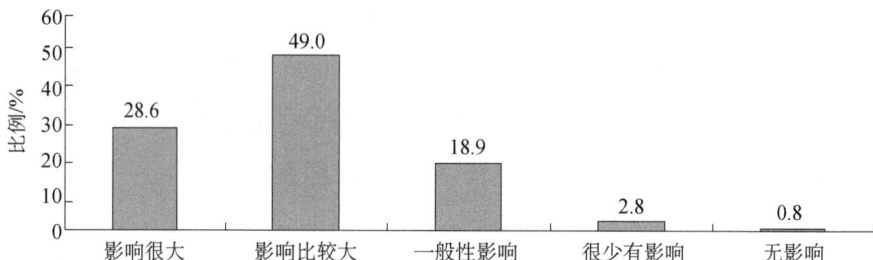

图 8-13　当前我国的知识产权状况对产品研发的影响（N=1828）

调查结果显示，在回答"您认为数字化电视对您的文化娱乐影响程度"问题时，认为影响很大的占 35.8%，认为有一定影响的占 55.3%，认为没有影响的占 6.8%，无所谓的占 2.1%（图 8-14）。这就是说，受调查者大多认为数字化电视对国家文化走向世界具有重要意义。

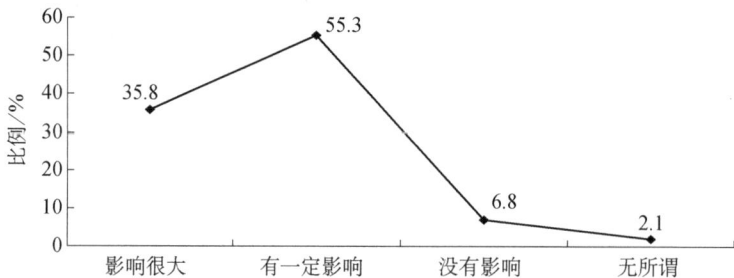

图 8-14　"您认为数字化电视对您的文化娱乐影响程度"调查结果（N=1828）

在回答"您认为计算机网络发展对中国文化走向世界的影响"问题时，认为影响很大的占 55.4%，认为有一定影响的占 40.2%，认为没有影响的占 3.4%，不清楚的占 1.0%（图 8-15）。同样，受调查者大多认为计算机网络对中国文化走向世界意义重大。

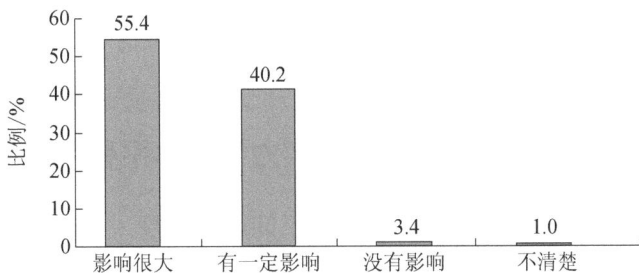

图 8-15　"您认为计算机网络发展对中国文化走向世界的影响"
调查结果（N=1828）

　　数字化电视对人们生活的影响、计算机网络发展对国家文化走向世界的影响，反映的是人们对高科技及其社会应用的认识，在一定意义上也反映了人们关于科技文化软实力实现及其路径的看法。科技进步使人获得了巨大利益，但也带来了诸多的问题，在这种背景下，如何使科技进步与文化发展协调起来，切实加强科技文化软实力建设，以科技文化软实力助推社会主义文化强国建设，无疑是当前乃至今后一个时期的一项重要任务。

第三节　当代中国科技文化软实力建设存在的主要问题及其成因分析

　　改革开放以来，特别是党的十六大以来，随着科学技术的进步、文化建设任务的提出和文化强国战略的实施，人们对科技文化及其软实力的认识逐步提升，国家科技文化软实力也在不断提高。但总的来说，当代中国的科技文化软实力状况与社会主义文化强国建设的要求还有一定的差距。概言之，存在的问题主要表现在公众的科技文化及其软实力认知水平有待提高、国家对科技文化软实力建设要有顶层设计、学校科技文化素质教育体系需要进一步完善、社会科技文化创新环境有待改善和优化等方面。问题的成因当然是多方面的，关键在于我们要有清醒的认识。

一、公众的科技文化及其软实力认知水平有待提高

公众科技文化及其软实力认知水平问题，也是一个科技文化素质问题。那就让我们从我国民众的科技文化素质说起。

中国科学技术协会从 1992 年开始组织和实施了 8 次全国公民科学素质调查，并"依据乔恩·D. 米勒先生提出的公民科学素质的 3 个维度（即认知和理解科学基本知识、科学探究的过程以及科学技术与人类生活的关系）进行测评，结果显示，我国公民具备基本科学素质的水平从 1992 年测评的 0.27%，增长到 2010 年的 3.27%"[①]。2007 年安徽省进行了第一次全省范围的公民科学素质调查，结果显示，安徽省公民科学素质达标的比例为 2.38%[②]。2013 年贵州省公民科学素质调查主要结果发布：贵州省公民具备基本科学素质的比例为 2.34%[③]。总的来说，我国公民的科学素质是比较低的，由此可见，《全民科学素质行动计划纲要（2006—2010—2020 年）》的实施非常重要。

2006 年，我们在湖北省开展了一次公民科技文化素质调查[④]，统计结果表明，公民具备基本科技文化素质的比例为 4.8%。这次调查使用的概念是"公民科技文化素质"，这个概念在外延和内涵上与国际国内关于公民科学素质（或素养）的定义既有内在的联系，当然也有独特之处。湖北省是一个科教大省，但即使在这样一个科教大省，公民的科技文化素质水

---

① 中国科普研究所：《调查显示：我国仅 3.27%公民具备基本科学素养》.http://www.crsp.org.cn/show.php?id=2163&p=1.2010 年 11 月 26 日。

② 唐蓉蓉：《安徽省公民科学素质调查与现状分析》，载《新闻世界》2009 年第 3 期，第 88-90 页。

③ 贵州省科协：《2013 年贵州省公民科学素质调查主要结果发布》，载《硅谷》2014 年第 13 期，第 200 页。

④ 杨怀中等：《公民科技文化素质的调查分析及对策》，载《科学技术与辩证法》2007 年第 4 期，第 102-110 页。

平也并不尽如人意。

2012 年的这次调查虽然着重关注公众对科技文化软实力及其在文化强国战略中地位的认知情况，但实质还是属于公民科技文化素质调查的范畴。从调查的结果看，公民科技文化素质偏低的状况仍未得到根本改变，公民对科技文化及其软实力的认知水平有待提高。显然，这与实施文化强国战略、建设社会主义文化强国的要求是有差距的。

根据交互分析所得出的相关系数，公民对科技文化及其软实力的认知水平与科技文化的宣传和普及不无关系。从公民的性别、年龄与其对科技文化及其软实力认知水平的关系看，表 8-5 显示 $P=0.779$，远远大于临界值 0.05，说明性别几乎不会影响公众对科技文化软实力的认知状况。这提醒我们，在科技文化及其软实力宣传和普及方面没有必要人为地贴上性别标签，更不能忽视女性的认知意愿。在重视认知程度、倾听认知需求及宣传策略等方面都有必要一视同仁。而表 8-6 则显示 $P=0.002$，小于 0.05，说明年龄与科技文化及其软实力认知具有较大的相关性，尤其是青年对科技文化软实力认知程度最高。这里值得重视的是，45 岁以上的人群对科技文化软实力的认知程度较低。这不能不引起我们的深思。众所周知，科技行业和管理部门的骨干力量及主要领导者大多是 45 岁左右的中年人。他们在科技知识宣传、科技信息传播、科技政策制定、科技的社会影响度与效用值等方面都有较强的影响力。他们对待科技文化及其软实力的态度，对于科技文化及其软实力的认知水平，在很大程度上影响着科技文化建设和发展的决策方向及路径选择，影响着科技文化软实力建设和提升的政策措施及实施效果。

就公民的文化程度、职业类别与其对科技文化及其软实力认知水平的关系而言，表 8-7、表 8-8 和图 8-5、图 8-6 显示，公民的文化程度、职业类别与其对科技文化及其软实力认知水平具有相当大的相关性。因此，具有一定影响力的管理人员，尤其是具有政策决定权的领导阶层，应该在科技文化的宣传和普及中发挥主要作用，并采取切实措施鼓励和支持高学历群体与具有专长的科研人员从事相关的科技文化宣传及普及活动。

二、国家对科技文化软实力建设要有顶层设计

提高国家文化软实力，对于增强国家综合国力具有特别重要的战略意义。党的十七大和十八大，不仅从社会主义文化强国建设的高度深刻论述了提高国家文化软实力的重要性和紧迫性，而且从实施文化强国战略的全局出发，对如何提高国家文化软实力做出了明确的部署和要求。纵观近年来我国文化软实力的研究状况，应该说成果很丰硕，为中国特色文化软实力建设提供了坚实的理论基础。但总的来说，中国特色文化软实力研究还处于起步阶段，深入系统的研究仍有较大空间。其中，科技文化软实力研究就是一个重要而迫切的理论和实践课题。

从国家的层面讲，虽然提出了文化与科技融合的重大课题，强调以科技创新助推文化强国建设，但毋庸讳言的是，在国家文化软实力建设的顶层设计中，关于科技文化软实力的建设是缺位的，科技文化软实力的作用没能得到充分的发挥。党的十七大提出"提高国家文化软实力"之后，社会主义文化建设的新高潮很快便在全国兴起，并取得了有目共睹的伟大成就。正是由于党和国家对文化建设的高度重视，从中国特色社会主义事业的全局来部署文化建设，才有了今天这样文化建设长足进步、文化产业健康发展、文化事业全面繁荣、文化交流格局日益优化的大好局面。但是，我们对"文化"范畴的理解依然不够全面，忽视了科技文化的地位和作用，更多地强调文学、艺术，而对科技文化的重视不足，最典型的表现是：把文化建设等同于发展文化产业，只考虑如何提高文化产业在国内生产总值（GDP）中所占的比重，缺乏发展大文化"一盘棋"的科学理念和整体性思维方式，很少考虑科技文化的发展，特别是国民科技文化素质的提高。

　　不可否认，在这几年的文化软实力研究中，不乏科技文化及其软实力研究的成果。但总的来说，影响力是不够的，关于科技文化软实力建设与提高文化软实力结合起来的研究很少，这个问题值得我们认真思考。

　　其实，社会公众特别是教育界、科技界还是很关注这个问题的。在本次调查中，在回答"环境污染的因素"问题时，受调查者认为保护环境观念淡薄、法律制度规范不完善、经济利益至上思想严重三方面是导致环境污染严重的主要因素，分别占有 29.9%、29.6% 和 22.9%，仅有17.6% 的受众问责于净化污染的科技能力（图 8-16）。这些调查结果在一定程度上反映了人们对科技创新和科技文化发展的关注，问题在于我们如何予以引导。

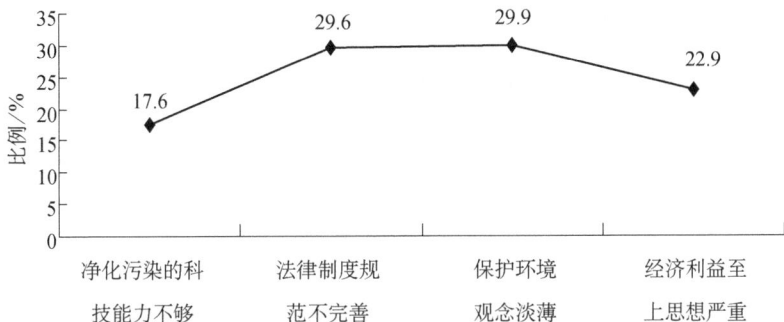

图 8-16　环境污染的因素调查结果（N=1828）

　　关于单位或社区的科技文化活动开展状况，调查结果显示，当前所在单位或社区的科技文化活动开展状况并不尽如人意，有 38.1% 的人反映科技活动内容单一并且偶尔才有，9.1% 的人反映从来没有科普活动，几乎将近一半的人认为企业没有与周边社区及公众开展足够的互动和交流活动，在科技文化普及过程中缺失主体意识和主动性（图 8-17）。这和发达国家相比有很大差别。事实上，科技创新有赖于公民科技文化素质的提升，在这方面，靠近社区的高校、科技型企业应担负起主要责任，积极主动地开展与所在地社区尤其是面向中小学的互动交流活动。

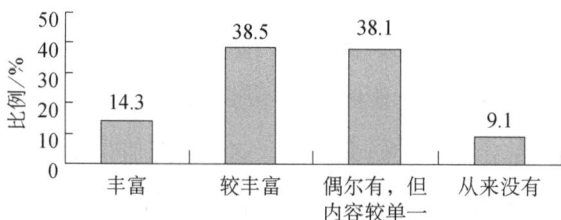

图 8-17 "您所在单位或社区科技展览或科普活动、科技创新活动丰富吗？"
调查结果（N=1828）

实践证明，这种以社区为基本细胞的科技文化交流，不仅可以使双方加深理解，避免产生误会和冲突，也能够让高校、科研院所和企业从中发现问题，集群众的智慧获取解决问题的途径、方法和措施，还能够减轻地方政府的科普工作压力和资金压力，同时也使周围民众就近获得便捷的、最新的科技文化信息。

三、学校科技文化素质教育体系需要进一步完善

在我国，从中学开始就实行文理分科的教育体制，忽视了人们专业知识与人文知识的融合性学习与发展，导致整个社会的工具理性意识浓厚，关注科学技术的工具性价值，而忽略了科学技术的人文价值。令人欣慰的是，很多人已经认识到这个问题，在问卷调查中，基本上有 87.7%的人认可文理科交融学习的方式（图 8-18）。这个结果说明，在学校建立文理交融性学科教育体制是可能的，因而，人文素质与科技素质的综合性培养路径也是可行的。

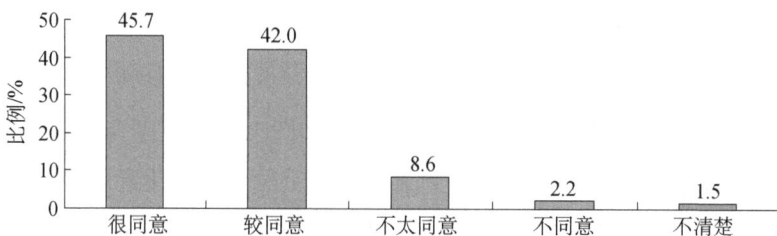

图 8-18 学生在课程学习方面是否同意文理科交融的看法调查结果（N=1828）

　　我国每年毕业于理工院校的人数众多，他们在校期间所接受的科技文化素质熏陶情况如何，影响到方方面面的建设和发展。调查结果显示，近年来，很多高校开设了科技文化素质选修课，开课的目的就是要提升大学生的科技文化素质，着力培养具备科学素质和人文素养的复合型人才。从目前的情况看，高校中开设的科技文化素质课程主要包括：现代科学技术革命与社会发展、科学技术与社会、科学研究方法论、科学技术史、生命科学概论、科学素养与人文素养、科技文化概论、数学文化、计算机文化、生态文化与生态文明及科学技术伦理学等。

　　2010 年，我们曾对当代大学生的科技文化素质进行过一次调查①，调查结果显示：当代大学生的科技文化素质有了很大程度的提升，但仍存在科研兴趣不够浓厚、主动意识不强、科技文化素质教育成效不理想等问题。但总的来说，当代大学生已经意识到科技文化素质教育的重要性和必要性（图 8-19）。

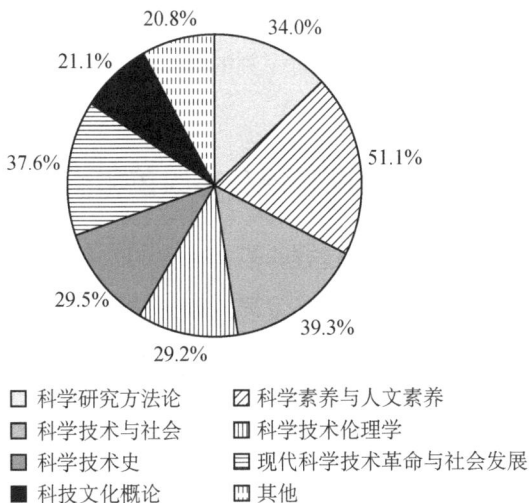

图 8-19　大学生对科技文化素质课程的选择（可多选）（N=3460）

---

　　① 参见杨怀中等：《当代大学生科技文化素质的调查分析》，载《武汉理工大学学报》（社会科学版）2010 年第 4 期，第 606-610 页。

客观地说，高校科技文化素质课程的教学取得了一定的成效，但存在的问题也比较突出，例如，学生选课具有盲目性，导致学习缺乏积极性和主动性，学习效果不够理想；教师的重视程度不够，致使教学质量难以提高，教学流于形式；学校的评价机制不完善，导致教学活动缺乏有效的监督和管理。

从 2012 年课题调查结果来看，理工学科背景的人员，以及与企业相关的管理人员和公务员等，对科技资讯的关注不是很高，"非常关注"和"比较关注"的比例总和仅仅略高于"偶尔关注"。调查对象中比例较大的是理工科在校学生，作为智力、好奇心、创新性和进取心都处于巅峰状态的大学生来说，尤其是作为学习与科学技术进步和社会应用息息相关的青年群体来说，仅偶尔关注科技资讯显然是不够的，这不利于激发他们强烈的科技创新意识。

大学生是国家宝贵的人才资源，是民族的希望和祖国的未来，他们对科学知识、科学方法、科学思想、科学精神的理解和掌握程度，对国民整体科技文化素质的提高有着全面而深刻的影响。对此，我们应该有一个清醒的认识。

四、社会科技文化创新环境有待改善和优化

科技文化创新发展是一个过程，需要一定的软环境。如果人们自觉而明智地去塑造有利于科技文化创新发展的软环境，就能激发科技文化创新的社会潜能，推进科技文化创新发展。反之，如果没有一个良好的软环境，就很难形成科技文化创新能力生长的土壤，科技文化软实力建设当然也就无从谈起。

从一定意义上说，加强科技文化软实力建设，关键在于营造良好的科技文化创新环境。例如，倡导和宣传百花齐放、百家争鸣、追求真理、实事求是的学术规范，积极营造热爱科学、尊重人才、鼓励创新、宽容失败

的社会氛围；又如，建立健全有效的项目评估和资金支持体系、有利于科技文化创新发展的政府采购制度、明智的科技文化产业政策及合理的知识产权制度等。

客观地说，我国目前的科技文化创新环境已经发生了巨大改变，但是与西方发达国家相比，创新环境仍不够成熟，主要表现在：①对科技文化创新发展重视不够；②对知识产权保护力度不大；③高新技术交易市场迟迟没有推出。

2010年，我们曾对国有企业科技创新人文环境进行了一次调查①，从理念、制度与机制三个维度及分别对应的12个因子方面展开了论述。其中，也包括国有企业科技文化创新环境的内容。

图8-20说明，国有企业在创新中对风险的管理和规避都有着很强的务实精神，但从一个侧面也说明企业在创新中缺乏冒险精神。在科技创新考核机制问题上，通过数据分析可以看到，样本对研发人员考核机制是不太满意的，满意的仅占到总体的59.3%，不满意的占到5.6%，如表8-10所示。

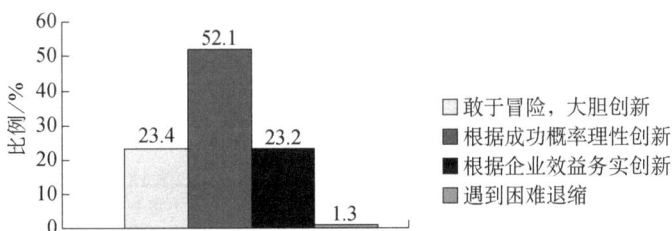

图8-20 企业科技创新风格比重分析（N=887）

表8-10 研发人员考核机制的总体满意度（N=887） （单位：%）

对研发人员考核机制的总体评价	很好	较好	一般	较差	很差
百分比	8.1	51.2	35.1	4.5	1.1

① 参见杨怀中等：《国有企业科技创新人文环境研究》，湖北人民出版社2012年版，第98-139页。

由图 8-21 可以看出，目前，企业研发人员考核机制的主要指标是研发成果和个人贡献，而较缺乏团队关系和团队整体发展（所管理团队的凝聚力与下属能力和绩效提升的认同程度都远低于前面两项，认同度差距最高）。

通过上面的分析，就国有企业科技文化创新环境的运行机制而言，其总体状况是良好的，但也存在着若干问题。国有企业尚且如此，一般的企业和单位可能问题更多。

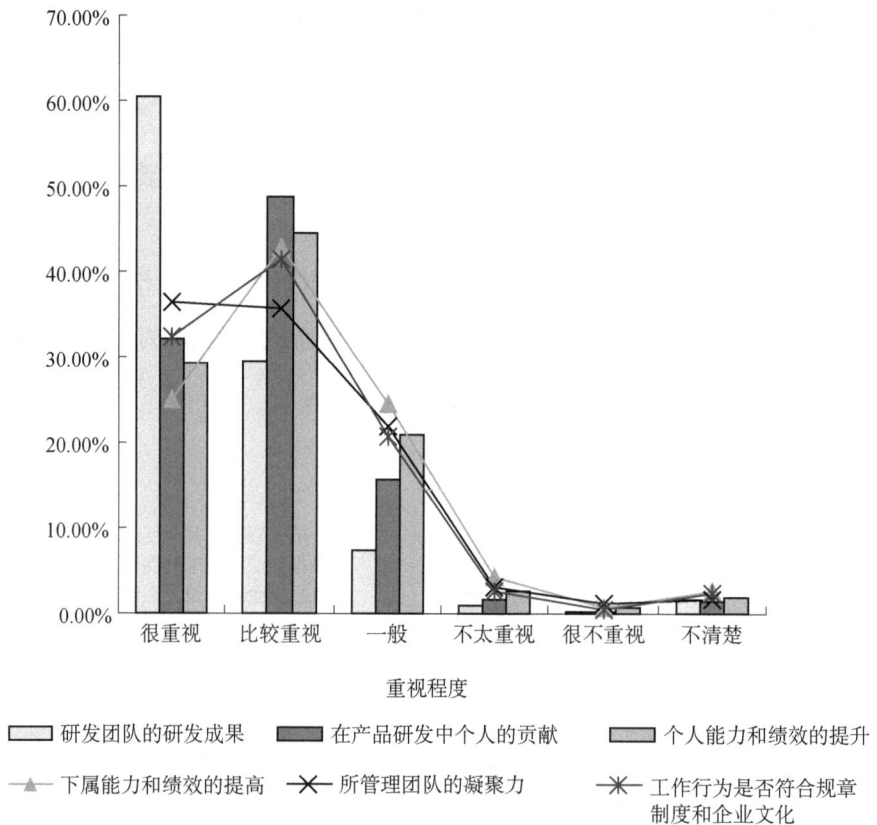

图 8-21　研发人员考核机制的主要指标对比（$N=887$）

第四节　进一步的思考：当代中国科技文化软实力建设迫在眉睫

站在文化强国战略的高度来审视科技文化软实力建设，我们就会有一种紧迫感和使命感。在全社会广泛弘扬科技文化，切实加强科技文化软实力建设，让科技文化软实力理念深入人心，把科技文化软实力建设纳入文化强国战略，使科技文化软实力"硬"起来，虽任重道远，但我们别无选择。

一、让科技文化软实力理念深入人心

科技文化软实力理念反映的是科技文化作为一种软实力的本质、特征及形成和发展的一般规律。今天，我们强调科技文化软实力建设，首先要让科技文化软实力理念深入人心，努力在全社会形成这样的共识：科学技术是一种文化现象，科技文化是一种文化软实力，科技文化软实力是国家文化软实力的重要构成和支撑。

随着文化研究的深入和文化建设的持续推进，特别是党的十七大提出"提高国家文化软实力"之后，在哲学社会科学的学术研究中，"软实力""文化软实力"成为出现频率最高的词汇，在人们的现实生活中大家也都很熟悉，虽然每个人有不同的认识和理解，却为人们广泛使用。但是，科技文化软实力的理念未必像文化软实力理念一样深入人心。虽然在我们的调查中，针对"科学技术是一种硬实力，科技文化是一种软实力"问题，受调查者很同意及较同意的人数分别为 33.1% 和 49.4%，总共达到 82.5%（图 8-4），但其未必知晓为什么说科技文化是一种软实力、科技文化何以成为一种软实力，以及科技文化软实力在文化强国战略中有什么样的地位和作用。

　　客观地说，在我国社会主义现代化建设的伟大进程中，科技文化的作用并没有得到充分的发挥，科技文化软实力建设未能被置于国家文化软实力建设的高度。原因当然是多方面的，其中很重要的一点就是，科技文化并未融入当代中国社会主义主流文化。"长期以来，我们没有意识到自己对科学技术特别是对科学存在着失之偏颇的理解，往往把科学技术看作工具，对科学技术采取实用主义和急功近利的态度，而很少能从文化层面、精神层面来理解科学技术"①，因而很难看到科学技术的文化力量。

　　其实，科技文化软实力不仅是一个概念、一种文化研究观念，它还代表着一种思维模式、一种行动法则，它应该像文化软实力理念一样深入人心。令人欣慰的是，党的十八届三中全会通过的《中共中央关于全面深化改革若干重大问题的决定》再次强调了深化科技体制改革的必要性，并做出了重要部署，明确指出："建立健全鼓励原始创新、集成创新、引进消化吸收再创新的体制机制，健全技术创新市场导向机制，发挥市场对技术研发方向、路线选择、要素价格、各类创新要素配置的导向作用。"②从一定意义上说，深化科技体制改革的目的就是要增强科技文化软实力。从全球范围看，新一轮科学技术革命和产业变革正在孕育兴起，创新驱动发展已经成为大势所趋，科技文化软实力建设迫在眉睫。

　　因此，我们必须进一步提高思想认识，确立与科技文化软实力建设相适应的新观念，不断增强全社会对科技文化软实力的认同感。只有思想认识提高并切实把握了科技文化发展的规律，才能真正实现科技文化在全社会的广泛弘扬，从而加强科技文化软实力建设，以科技文化软实力助推社会主义文化强国建设。

---

①　杨怀中：《科技文化是构建和谐社会的重要资源》，载《哲学研究》2006 年第 5 期，第 117-119 页。

②　中共中央：《中共中央关于全面深化改革若干重大问题的决定》，载《求是》2013 年第 22 期，第 3-18 页。

二、把科技文化软实力建设纳入文化强国战略

实施文化强国战略，实现建设社会主义文化强国的战略目标，提高认识、统一思想是前提，顶层设计、科学谋划则是关键。既然科技文化软实力代表着一种思维模式和行动法则，我们就应该把它纳入文化强国战略这个系统工程，把它同民族存亡、国运兴衰、社会协调持续发展联系起来一起加以谋划。

不可否认，随着文化软实力研究的逐步深入，把文化建设纳入社会主义现代化建设已经成为基本共识。然而，在文化建设的实践中，人们往往忽视科技文化的地位和作用。正如有学者所分析的那样："在学术界乃至官方许多有关和谐社会先进文化建设的课题和论述中，涉及的一般都是有关意识形态、思想道德、哲学社会科学、新闻出版、广播影视、文学艺术、网络文化和民族文化等内容，而基本上没有提及科技文化。更有甚者，文化被局限为'文学艺术'，或者窄化为由文化主管部门主管的戏曲歌舞。这种对文化的理解显然是片面的。"①科技文化建设被边缘化的状况，既不利于社会主义文化强国建设，更不利于引导科学技术持续健康发展。

鉴于当代中国科技文化软实力建设的现状及存在的问题，我们必须从提高国家文化软实力的战略高度出发，充分认识科技文化在建设社会主义文化强国中的战略地位。如前所述，科学技术作为一种文化，是人类认识和改造世界的智慧结晶，在人类文化建设和发展中的作用越来越重要。如今，在不断地学习和实践中，越来越多的人认识到：科技文化是现代文化的基频，是社会主义先进文化建设的先导和基础。应该说，科技文化作为一种软实力被越来越多的人所认同，科技文化软实力的理念正在悄然兴起。

---

① 夏劲：《和谐社会视域下的科技文化发展战略思考》，载《武汉理工大学学报》（社会科学版）2009 年第 2 期，第 82-87 页。

　　既然我们从思想认识上把提高国家科技文化软实力置于国家文化软实力发展大战略的高度，就应该深入分析我国科技文化软实力建设面临的主要问题及其成因，全面、系统地研究中国科技文化发展的行动策略。任何时候都不要忘记马克思的那句不朽名言："哲学家们只是用不同的方式解释世界，而问题在于改变世界。"①

　　今天，现代科学技术的发展把我们带进了知识经济时代。知识经济时代占主导地位的因素是知识，其核心是以智能为代表的人力资本、以高科技为代表的生产力体系，而科技文化在开发人的智能方面发挥着重要作用，科学技术的发展可以缩短人的必要劳动时间，为人的全面发展提供充足的自由时间。特别值得关注的是，在高科技活动中形成的融科技文化与人文文化于一体的现代科技文化，正在社会主义文化强国建设的进程中发挥着其他文化形式不可比拟的巨大作用。总之，我们必须从提高国家文化软实力的战略高度出发，高度重视科技文化软实力建设，将科技文化软实力建设纳入当代中国文化强国战略之中。

三、科技文化软实力也要"硬"起来

　　改革开放以来，我国社会主义现代化建设取得了显著成就，综合国力得到了进一步增强，国家文化实力有了明显提升。但是，就目前情况来看，文化软实力建设还存在不少问题，与我国经济"硬实力"相比，我国的文化软实力还存在较大差距。概言之，让国家文化软实力"硬"起来仍然是一项十分重要而迫切的任务。毫无疑问，科技文化软实力也要而且应该"硬"起来。

　　综观众多文化软实力研究的著述，在论及文化软实力如何"硬"起来的时候，涉及比较多的一个问题就是，如何推进文化与科技融合抑或如何提高文化的科技含量。因为，在现代科学技术的推动下，人类社会已经进

---

① 马克思：《关于费尔巴哈的提纲》，人民出版社 1988 年版，第 86 页。

入经济全球化和信息化、数字化时代，在这样的时代，文化事业特别是文化产业的发展必须依靠文化与科技的融合。可以这样说，没有文化与科技的融合，就无所谓文化的发展和繁荣；不能融入现代科学技术的文化，缺少科学技术含量的文化，其力量无论如何也是"硬"不起来的。

作为一种文化现象，科技文化的力量也有一个如何"硬"起来的问题。众所周知，中国古代曾取得过辉煌的科学技术成就，科学技术始终保持着持续、快速的发展，一直走在世界的最前列。这是任何人都无法否认的。但是，我们后来落后了，这也是不争的事实。是的，我们曾经落后过，但改革开放以来，我国科技事业发展所取得的巨大成就也是举世瞩目的：科技实力持续增强，自主创新能力稳步提高，创新型国家建设进展良好，国家整体科技水平位居发展中国家前列，某些科技领域已经达到国际先进水平。所有这些，都为我们的科技文化软实力"硬"起来奠定了坚实的基础。

在一般意义上，科学技术是作为一种"硬实力"而出场的，这是毫无疑问的。约瑟夫·奈在把国家综合实力分为"硬实力"和"软实力"的时候，非常明确地把科学技术与经济、军事力量一起划为"硬实力"的范畴。科学技术作为一种在历史上起推动作用的、革命的力量，已经成为一种共识。科学技术是第一生产力，而且是先进生产力的集中体现和主要标志，也为人们所认可。这本身就意味着科学技术是一种"硬实力"。今天，科学技术作为第一生产力和人类文明发展进步基石的作用日益凸显，科学技术对经济发展、社会进步和人民幸福的影响比历史上任何时候都更加深刻。

进一步分析，文化作为一种实力，也有"软实力"与"硬实力"之分。有学者指出："所谓文化硬实力，即指一个国家生产经营传播文化产品和信息产品的产业能力。在全球市场里，文化、信息传播的载体主要是文化产品和信息产品，这些产品的生产、经营、传播的能力和水平，直接影响着一个国家的文化吸引力和影响力。"①在这里，"硬"表现为提高国民经济的实力，增加国内生产总值；而"软"则表现在引导和教育人民群众，为国家的精神文明建设贡献力量。因此，要提高国家文化软实力，就必须强化国家文化硬实力；而要强化文化硬实力，就必须发展文化产业。如此来看，科技文化也可以分为"软实力"与"硬实力"两部分。

从科技文化的形态来分析，科技文化产业体系当属于科技文化硬实力的范畴。我国具有非常丰富的科技文化资源，令人为之自豪，但遗憾的是，我们对此缺乏足够的认识，科技文化资源开发的水平还不够高。因此，让科技文化软实力"硬"起来，当务之急是保护、开发和利用好传统科技文化资源，并努力实现传统科技文化的现代性转换。其中最重要的是，要根据不同地域的科技文化资源，建立各具特色的科技文化产业群或产业带，努力打造我国包括科技文化产业、科技文化市场、科技文化消费，以及科技文化对外合作与交流等在内的全方位科技文化大国形象，全面提高我国科技文化的影响力和辐射力。

科技文化软实力要"硬"起来，集中体现在两个方面：一是科技文化的持续发展，二是国民科技文化素质的显著提高。从科技文化持续发展的角度讲，无论是文化本身还是文化产业，无论作为"软实力"还是"硬实力"，科技文化建设都应该得到足够的、切实的重视。如果我们把文化软实力比作"魂"的话，那么，文化硬实力就是"体"，"魂"强"体"必健，"体"健"魂"必强，两者共同担当文化大发展大繁荣的历史责任。从国民科技文化素质的显著提高方面说，国家科技文化实力强大与否，关键在于其国民科技文化素质的高低，被科技文化武装起来的人越多，科技文化所能够生发的力量也就越大。因此，从一定意义上说，国民科技文化素质对于提高国家科技文化软实力具有根本性，这本身就是一种硬功夫。

---

① 聂震宁：《文化软实力与文化硬实力》，载《大学出版》2008 年第 4 期，第 7-12 页。

第九章
基于文化强国战略的科技文化软实力
之实现路径

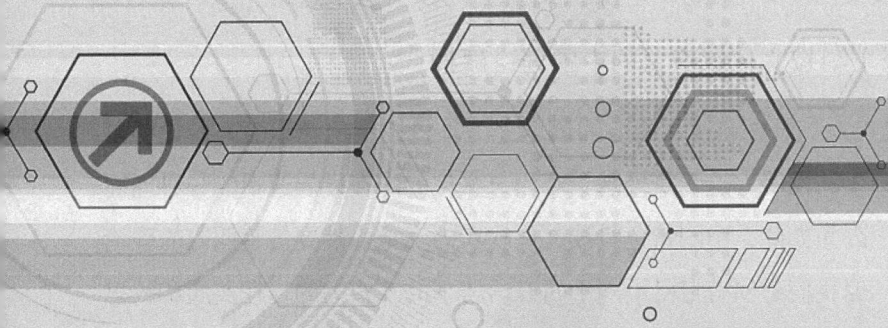

当前，随着全球化的持续推进和科技力量的日益强大，科技全球化趋势也在不断加强，国家之间的竞争越来越演变为科学技术的竞争，文化软实力的较量也逐渐转变为科技文化软实力的较量。也就是说，科技文化软实力作为国家之间文化竞争新的"角力场"，其地位和作用不容忽视。因此，切实把科技文化软实力建设融入"提高国家文化软实力"系统工程，深入探索提升我国科技文化软实力的实现路径，不断壮大社会主义文化的整体实力，就成为当代中国实施文化强国战略面临的一项重要而紧迫的大课题。

第一节　科技文化软实力建设的基本原则

科技文化软实力建设是一种国家战略，必须立足于国家，从国家利益出发，其基本原则是彰显中国特色、整合文化资源、坚持以人为本、体现与时俱进。

一、彰显中国特色

在科技文化软实力建设进程中，所谓彰显中国特色，主要体现在中国特色的理论与实践两个方面。概言之，就是要从中国国情出发，建构中国特色科技文化软实力理论，坚持中国特色科技文化发展道路。

（一）科技文化软实力的中国理论建构

"软实力"概念诞生于西方的语境之下，科技文化源于西方近代科学技术的产生和发展，这无疑是基于对西方文化的内在发展逻辑的一种理性认知。正因为如此，中国特色科技文化软实力理论当然要借鉴西方的理论和方法，但我们必须有自己不同于西方语境下的软实力的自在实质和致思趋向。

中国特色科技文化软实力理论的当代建构是科技文化软实力建设的关键环节，也是实施文化强国战略、建设社会主义文化强国的必然要求。在建构中国特色科技文化软实力理论问题上，我们必须从中国特色科技文化的意义上强调"科技文化自觉"，摆脱对西方文化"标签"的依赖，创建属于自己的科技文化理论形式。这是因为："文化的价值在于其自身的独特性，即与其他文化的差异性。一个民族，如果没有独特的文化，就缺少了自立于世界民族之林的基因。"①

是的，为了切实加强科技文化软实力建设，以科技文化软实力助推国家文化软实力的提高，我们必须建构自己的科技文化理论。而我们的科技文化软实力理论要被世界认可，要在世界范围内传播，就必须激发起中华民族整体性的"科技文化自觉"。这里所说的科技文化自觉，强调的是一种建立在对科技文化及其软实力充分认识基础上的主动担当和对科技文化及其软实力建设未来路径、美好前景的不懈追求。有了这种科技文化自觉，就会对科技文化软实力建设的未来充满信心，因而就会形成无穷无尽的生命力、凝聚力和创造力。

（二）科技文化软实力的中国话语体系

所谓话语权，简单地说就是控制舆论的权力，在当代社会思潮中主要指影响社会发展方向的能力。话语权既是国家文化软实力的重要内涵，也是国家文化软实力的重要标志。我们应该清醒地认识到，在当前世界文化的对话、交流和竞争中，我国仍面临着话语权不容乐观的困境。因此，我国文化软实力建设亟待加强，科技文化软实力话语体系建构任重道远。

对"科技文化软实力是什么"的回答，当是形成科技文化软实力的中国话语、建构中国科技文化软实力话语体系的基本问题。这需要我们在当

① 张红明：《论中国特色文化软实力建设理论的民族性建构》，载《清江论坛》2013 年第 1 期，第 38-42 页。

代中国马克思主义的理论视域中进行具有中国特色、中国风格、中国气派的理论解读与理论建构，需要我们在国际文化的博弈之中努力建构属于本民族文化的话语体系。努力使中国声音"走出去"，提升中国的国际话语权，应该成为当代中国科技文化软实力建设的重要任务。

从目前面临的形势和任务来看，形成科技文化软实力的中国话语，建构中国科技文化软实力话语体系，最重要的也是首先要做的，就是科学分析我国传统科技文化自身的优势和不足，辩证看待外来科技文化的影响及趋势，博采众长，为我所用。但必须指出，在把外来科技文化变成我们自己的东西时，我们必须保持自己的价值观和原则性的底线。总的要求是：既不能抬高外来科技文化及其软实力理论的学术意义、贬抑本土科技文化及其软实力理论的时代价值，也不能仅仅停留在阐释西方科技文化及其软实力理论上，要努力建构一种属于我们自己的具有中国特色和中华民族价值的学术话语体系。

（三）科技文化软实力的中国发展道路

改革开放以来，我们在开辟中国特色社会主义道路的进程中，不断探索中国特色文化发展道路，不断创新文化建设的内容和形式。党的十七届六中全会《决定》特别强调，要"坚持中国特色社会主义文化发展道路，努力建设社会主义文化强国"①。建设社会主义文化强国必须走中国特色社会主义文化发展道路。因为这是一条符合中国基本国情的文化发展道路，也是一条顺应时代发展要求的文化发展道路，我们一定要倍加珍惜。这条道路既体现了文化发展的规律，也体现了中国特色社会主义的本质要求，是中国特色社会主义道路内涵和形式的拓展及延伸，实践证明，这是一条成功的文化发展道路，在任何时候任何情况下都不能动摇。

---

① 《中共中央关于深化文化体制改革 推动社会主义文化大发展大繁荣若干重大问题的决定》，载《求是》2011 年第 21 期，第 3-14 页。

　　科技文化软实力作为国家文化软实力的重要组成部分，毫无疑问也要坚持这条中国发展道路。这是科技文化软实力建设必须坚持的原则。因此，我们应该努力做到：一要从实施文化强国战略的高度清醒认识开辟中国特色科技文化发展道路的重要性和必要性；二要从社会主义文化发展思路和战略举措上切实把握中国特色科技文化发展道路的丰富内涵和形式；三要从国际文化竞争大视野审视中国特色科技文化发展道路的战略价值和实践意义。

　　在具体操作层面，沈壮海关于文化软实力发展硬化、聚化、涵化、内化及转化能力建设的思路，对于科技文化软实力发展道路很有启发意义[①]。据此，坚持科技文化软实力的中国发展道路，就要努力做到：一要把科技文化软实力建立在强大的硬性条件基础上，获得不断提升科技文化软实力的物质基础；二要确立社会主义文化的主导性地位，把科技文化融入社会主义主流文化，凸显社会主义核心价值观的引领作用；三要确立世界的眼光、开放的气度，告别文化自恋、文化自卑、文化自弃，努力实现新的发展；四要努力把科技文化资源内化于国民的心胸，转变为国民的科技文化素质；五要增强科技文化的现代元素，在世界范围内确立当代中国科技文化的新形象。

二、整合文化资源

　　所谓整合，是指不同文化相互吸收、融合、涵化而趋于一体化的过程。光辉灿烂的中华文化之所以生生不息，熠熠生辉，就是因为它以华夏文化为基础，融汇和整合了各民族文化及外来文化，由分散走向一统、由中国步入世界而不断丰富发展。

　　在文化软实力的生成和发展过程中，资源整合是一个重要原则，也是

[①] 参见沈壮海：《文化软实力的中国话语、中国境遇与中国道路》，载《马克思主义研究》2009年第 11 期，第 120-127 页。

提高文化软实力的基本途径。现代社会是一个开放的社会，文化资源具有共享性，文化资源的争夺在所难免，有价值的文化资源我们不去开发，别的国家就会去开发。因此，站在国家文化安全和文化软实力提高的战略高度，我们必须认真梳理各类文化资源，搭建整合文化资源的平台，对文化资源的开发和整合进行统筹规划，进一步优化文化资源配置，催生各种文化资源的聚合效应，努力形成具备核心竞争力的文化品牌。

中国是一个文化资源大国，也是一个科技文化资源大国，科技文化软实力建设当然必须遵循资源整合的原则。整合的目的在于：努力把各种科技文化资源中最有意义的精华、最值得发挥的优势及最能够开发的智慧，予以最佳的重构，从而生成更新、更强、更有创造性的科技文化软实力。概括地说，科技文化资源整合主要体现在以下三个方面。

首先，现代科技文化与传统科技文化的整合。提高科技文化软实力、整合科技文化资源，必须坚持现代科技文化与传统科技文化既共同存在、共同发展，又协同发展、融合发展。在整合现代科技文化与传统科技文化的过程中，共同存在、共同发展的核心强调的是两者在各自发展过程中要保持同步、机会均等。这固然重要，但现代科技文化与传统科技文化之间的协同发展和融合发展更重要。不难设想，如果现代科技文化与传统科技文化之间不能协同发展和融合发展，势必会破坏科技文化大系统的平衡，两者的共同存在和共同发展就可能会成为一句空话。

其次，本土科技文化与外来科技文化的整合。当今时代，对于任何一个国家来说，本土科技文化与外来科技文化的整合都是一个现实的问题。如果一个国家能够合理吸收和借鉴其他民族的先进科技文化，就一定会使本民族的科技文化与人类最先进的科技文化保持接轨。反之，如果一个国家的科技文化总是故步自封，就必然会因为缺乏交流而失去发展的生机与活力，最终难以融入世界科技文化大家庭。这对于当代中国的科技文化软实力建设尤其重要。

最后，科技文化内在诸要素的整合。科技文化是一个由诸多科技文化子系统或要素构成的复杂系统，各个子系统或要素之间的协调发展，直接关系到科技文化大系统功能的发挥。在这个过程中，科技文化的各个构成要素之间互相涵化、互相调适，进而形成一定的"科技文化模式"。需要指出的是，形成一定的"科技文化模式"只是一个阶段性成果，整合是不会停止的。整合的最终结果，必然是形成整体性的合力，产生"整体大于部分之和"的功效。

三、坚持以人为本

唯物主义历史观认为，"人类全部历史的第一个前提无疑是有生命的个人的存在"①。由此可以说，怎样对待人，是科技文化软实力建设必须回答的重大问题。坚持以人为本，就是要把人放在社会的主体地位，积极推进人的全面发展，努力实现好、维护好、发展好最广大人民群众的根本利益。

众所周知，人类生活的这个世界，是一个由自然、社会和人三个部分构成的世界。基于这种认识，坚持以人为本，从根本上说，就是要把人放在世界和谐的大系统中，着力寻求人与自然、人与社会、人与人的总体性和谐发展。坚持这三个方面的和谐发展，正是科技文化软实力建设的基本价值取向。因此，坚持以人为本，就是要着力建构人与自然、人与社会、人与人之间的和谐关系，旨在维护人类的整体利益，将科技文化发展的积极成果惠及全体人民，促进人类社会的可持续发展。

文化来自人民，文化为了人民，文化也属于人民。人民是文化的创造者，是文化最深厚的根基和源泉，也是文化建设发展的目的和归宿，文化建设发展的成果最终要由人民共享。有学者强调说："文化植根于人民，

---

① 中共中央马克思恩格斯列宁斯大林著作编译局编译：《马克思恩格斯全集》第1卷，人民出版社1995年版，第67页。

存在于亿万人民的日常生活中。人民根据自己的感受和需求不断创造新的文化，这是文化得以世世代代生生不息、日益繁荣壮大的最为深厚的基础和动力。接受一种什么样的文化，是人民的选择，人民有权选择，谁也不能代替，违背了这个规律，就会出现历史的悲剧，我们应当深刻汲取过去的教训。"[①]在社会主义文化强国建设中，科技文化建设之所以必要，体现的正是广大人民群众的选择。

总之，以人为本作为科技文化软实力建设的基本原则，是科技文化生成和发展的必然要求。与文化一样，科技文化也是人的体力、智力、心力及价值取向、意义追求的对象化成果。换言之，科技文化是由人创造的，也是为人服务的。因此，坚持以人为本就必须落实到最广大人民群众的根本利益上，否则，以人为本就会成为抽象的口号。在科技文化软实力建设中，坚持以人为本原则就要做到"三个统一"：一是坚持尊重人民群众主体地位与开发人民群众潜能的统一；二是坚持维护人民群众权益与发扬奉献精神的统一；三是坚持重视人民群众的理性世界与非理性世界的统一，在理性与非理性的互动中推进科技文化软实力建设。

四、体现与时俱进

何谓与时俱进？简单地说，与时俱进就是跟着时代发展而全面前进。科技文化软实力建设要体现与时俱进，就必须紧跟时代步伐，弘扬时代精神，积极推进科技文化的创新发展。

与时俱进集中体现了中华民族的哲学智慧。"与时俱进"思想在我国古代哲学中多有论及，可以说是儒、道、法等各家各派的共同主张，居于相当重要的地位，且被广泛应用。古代思想家、哲学家们认为，自然界的万事万物永远处于发展和变化之中，人类社会当然也处于发展和变化之中，并且随着时代的发展而发展，"新新不停，生生相续"。当然，我们这

---

① 都志远：《坚持以人为本，推动文化发展》，载《生产力研究》2012年第10期，第1-3页。

里所说的与时俱进，不完全是传统文化意义上的与时俱进，也不是中国优秀传统文化的简单继承，而是在批判基础上的升华。

与时俱进是对马克思主义理论品质（实践性、批判性和开放性等）的新概括。马克思主义作为与实践相结合的理论，在实践中产生，并不断接受实践的检验。实践是不断发展的，马克思主义当然也是不断发展的，它必须随着实践的发展而不断更新自己。科技文化软实力建设要以马克思主义理论为指导，当然就要体现这种与时俱进的理论品质。

在科技文化软实力建设中，坚持与时俱进，就要顺应时代发展的基本趋势，不断回答时代提出的科技文化新问题，揭示科技文化及其软实力发展的客观规律。如今，人类社会已经步入科技创新不断涌现的重要时期，科技创新主导世界竞争已经成为现实，国民财富的增长、人类生活的改善都离不开科技创新和知识积累。在这种大背景下，世界各国尤其是发达国家都把科技进步和创新作为国家战略，把提高科技创新能力置于打造综合国力的战略高度，力求在国际科技竞争中争取主动权。面对如此激烈的国际竞争，我们当然也要把科学技术置于优先发展的战略地位，这是当代中国科技文化软实力建设必须面对的新形势。

坚持与时俱进，关键在于科技创新。进入 21 世纪，人类社会进入了一个科技创新主导经济发展和国际竞争的新阶段，科技创新成为时代的主题。坚持与时俱进，就必须在观念和理论上紧跟时代发展的新形势和新要求，形成适应新形势和新要求的新认识及新理论，否则，就谈不上与时俱进。因此，当代中国的科技文化软实力建设，一定要紧紧把握"科技创新"这个本质，在传承优秀传统科技文化的基础上，立足于当今时代科学技术发展的新形势，着眼于科技文化的未来发展，着力打造适应时代变化、引领时代发展的中国特色科技文化软实力体系。

第二节　科技文化软实力资源的开发与利用

科技文化软实力重在建设，科技文化软实力建设在现实运作中的首要问题就是科技文化软实力资源的开发和利用，其基本思路是：立足本土科技文化传统，吸纳世界科技文化精要，推进科技文化创新，建立健全中国特色现代科技文化体系。

一、立足本土科技文化传统

科技文化成长是一个不断演进的过程，科技文化软实力资源的开发和利用，首先必须立足于本土科技文化传统，尤其要充分挖掘中国古代科技文化资源，大力弘扬中国古代优秀科技文化传统。

在讨论挖掘和开发中国传统科技文化资源之前，有一个问题是不能回避的：中国古代究竟有没有科技文化？关于这个问题的讨论甚至是争论由来已久，形成了所谓的"中国古代有无科技文化"之争，但仁者见仁，智者见智，至今也没能画上一个句号。有学者分析说："学者们的论著观点鲜明，论据确凿，言之成理。但是，仔细分析和研究，却发现对立的双方所讨论的问题并不是一回事，其立论永无相交之点。即他们都在谈论科学文化，但他们对什么是科学文化的理解却不同，因而，他们的讨论也只能是各说各的。"①

作为生成于科学技术实践中的一种文化形式，科技文化有其兴起和发展的历史必然性；作为一个相对独立的亚文化系统，科技文化是科学技术在认识、改造客观世界和主观世界的过程中形成的文化成果；而作为一种文化成果，科技文化在不同时期有着不同的内涵和表现形式，近现代以来的科技文化与古代科技文化不同，就是古代科技文化也有东西方的差异。

---

① 毛传清、黎德扬：《中国古代科学文化的特质及其意义》，载《武汉理工大学学报》（社会科学版）2002年第1期，第53-56页。

一般来说，中国古代科技文化与西方古代科技文化既有共性（混合性或自然性），又具有其特殊性（不同民族的独特传统），可谓差异明显，各具特色。

一部辉煌的中国古代科技文化史，是中华民族奉献给人类文明的巨大财富。古代中国的科学技术一直保持着一个让西方人望尘莫及的水平，在从春秋战国起的近 20 个世纪的岁月里，中国的科学技术始终保持着持续、快速的发展，一直走在世界的最前列。科学史学家贝尔纳说过："中国许多世纪以来，一直是人类文明和科学的巨大中心之一。"[①]研究表明：中国古代的科技发明数量之多、水平之高是其他任何一个国家都无法企及的。1975 年出版的《自然科学大事年表》中有这样的记载：明代以前，世界上的重大科技发明约 300 项，其中，中国就有 175 项，占总数的 58%[②]。

在科学技术发达的"四大文明"古国中，只有中国的古代文明一直延续了下来，并且始终持续发展着，其中所包含的科技文化也在长达两千年之久的历史时期内始终居于领先地位。纵观历史的发展，在中国古代科技文化发展的历程中曾经出现两次高峰：第一次高峰是公元前 800～前 200年，在这个时期，我国的科学技术第一次达到了世界的顶峰，取得了许多世界第一流的成就，创造了光辉灿烂的古代科技文化；第二次高峰是公元 4 世纪前后，在这个时期，东汉、西汉及三国两晋南北朝的科学技术成就最为突出，相应的科技文化也最辉煌。有学者指出："当光辉灿烂的古希腊文明在西方遭到毁灭，当整个欧洲开始沦入黑暗的中世纪的时候，中国的科学文化却在春秋战国的基础之上开始进入了更加辉煌的时代。"[③]这段辉煌时期长达一千多年。

---

① 贝尔纳著，伍况甫，等译：《历史上的科学》，科学出版社 1959 年版，第 I 页。
② 参见郝侠君等：《中西 500 年比较》，中国工人出版社 1996 年版，第 12 页。
③ 关银凤：《我国古代科学文化盛衰原因初探》，载《山西师大学报》（社会科学版）1995 年第 4期，第 76-77 页。

我们有理由自豪地说，中国古代科技文化发展为全人类的文明进步做出了巨大的贡献。从汉唐开始，中国的科学技术开始沿着古老的陆上丝绸之路向西传播。特别是 12～15 世纪，火药、指南针、造纸、印刷术四大发明输入欧洲后，为欧洲科技文化的发展带来了黎明，对文艺复兴起到了临产催生的作用，有力地推动了欧洲的文化进步和产业革命。

诚然，近代意义上的科技文化生成于近代科学技术实践，因此它源于西方，是个舶来品，但在世界科技文化的宝库中，中国古代科技文化的辉煌灿烂是不容忽视的。毛泽东曾经指出："我们这个民族有数千年的历史，有它的特点，有它的许多珍贵品。对于这些，我们还是小学生。今天的中国是历史的中国的一个发展；我们是马克思主义的历史主义者，我们不应当割断历史。从孔夫子到孙中山，我们应当给以总结，承继这一份珍贵的遗产。"[1]英国学者罗伯特·坦普尔在其著作《中国——发现和发明的国度》中指出，"现代世界"赖以建立的基本发明创造，可能有一半以上来自中国。中国人自己和西方人一样不了解这一事实[2]。

今天，我们要建设科技文化软实力，开发和利用科技文化软实力资源，吸纳、借鉴西方近现代科技文化固然重要，但中国古代科技文化资源的开发和利用更为重要。如果我们不能很好地开发和利用中国传统科技文化资源，一味照搬西方的科技文化模式，不仅不利于科技文化软实力建设，也会损害世界科技文化的多样性发展。因此，在科技文化软实力资源开发利用问题上，我们既不能否认科技文化的普遍性，也不能忽视科技文化本土现实的特殊性。

综上，中国古代科技文化具有不同于其他民族科技文化的独特传统。它是依照自己的方式发展起来的，其鲜明特质就是它的实用性、政治伦理

---

① 毛泽东：《毛泽东选集》第 2 卷，人民出版社 1991 年版，第 534 页。
② 参见张开城、胡安宁：《外国人心中的中华民族》，青岛海洋大学出版社 1991 年版，第 64-75 页。

性、技术经验性、整体性及直觉性等。特别是中国古代科技文化中的整体性思维和"天人合一"思想，对于今天的科技文化软实力建设更是意义重大。在这里，所谓整体性是指中国古代科技文化概念或范畴的不可分解性、有机性和关联性，由此形成了中国古代科技文化特殊的理论模式。整体性思维是中国传统科学技术观的核心理念，也是中国几千年来传统科学技术思想的优秀遗产，因而成为中国古代科技文化的精华。这种整体性思维，集中反映了中国人民宏观把握世界的高度智慧，表征着中国古代科技文化的独特气质和品格。而中国古代强调的"天人合一"思想所追求的不只是求真，更重要的是关注人与人的关系、人与社会的关系、人与自然的关系是否和谐统一。这些，也正是我们今天科技文化软实力建设必须坚持和弘扬的基本精神。

二、吸纳世界科技文化精要

人类世界是一个由多种文化组成的巨大的社会系统。在这个文化大系统中，每一种文化的发展都呈现出既保持自己本土的族群特质，又不断吸纳外来文化优秀成分的特点。中国文化、外国文化都是人类的文化，东方文明、西方文明都是人类的文明。我们完全没有必要以"传统文化""西方文明"之类的眼光作茧自缚或者妄自菲薄，而应尽可能地用人类的视野去观照现实。从这种意义上说，加强科技文化软实力建设，发展和弘扬科技文化，就必须在大力弘扬中国传统科技文化的同时，积极吸纳世界科技文化之精要。

文化不仅具有民族的继承性和延续性，而且具有各民族之间相互交流、融合的特性。任何一个民族的文化，都必须与他民族的文化进行交流，并在与其他民族文化的交流中选择、吸纳和创新，这样才能不断发展壮大自己。正所谓"有容乃大"，这是真谛。一部人类文化发展史，实质上就是不同国家、不同民族、不同地区的文化相互碰撞、交流和融合的历史。正如罗素所说:"历史上,不同文化之间的联系曾被证明是人类进步的里程碑。希腊曾经向埃及学习,罗马曾经向希腊学习,阿拉伯人曾经向罗马帝国学习,中世纪的欧洲曾经向阿拉伯人学习,文艺复兴时期的欧洲曾经向拜占庭学习。"①由此可以说,不同文化之间的相互交流和吸纳、本土文化与外来文化的碰撞与融合,是推动各国文化发展的外在动因。

历史上,外来文化的输入曾经对中国民族文化的发展产生过重大影响。所谓外来文化,对于一个国家和民族来说,指的就是其他国家和民族的文化,它是相对于本土文化、民族文化而言的。在中国文化发展的历史上,曾经有过两次影响深远的外来文化输入,即汉代印度佛教文化的输入和近代以来西方文化的输入。对此有学者分析说:"这两次外来文化输入都曾对中国文化乃至中国社会的发展产生过重大影响,而对外来文化的吸纳则直接导致了中国人文化心态、思维模式的嬗变。尤其是近代西方文化的输入更是直接引发了中国传统文化的转型及近代化的启动。"②

今天,随着经济全球化时代的持续推进,本土化与全球化的矛盾、各国文明间的冲突日渐显现。不同文化之间的冲突在所难免,与此同时,文化的融合发展也渐成趋势,全球文化融合的时代语境使文化的主体自觉问题被历史地提了出来。面对外来文化的冲击,我们只有以良好的文化心态、以我国民族文化特有的包容性,正确处理本土文化与外来文化的关系,积极吸纳人类文化和文明发展的积极成果。概言之,加强科技文化软实力建设,必须吸纳世界科技文化之精要。但是,这种吸纳不是生搬硬套,更不是全盘拿来,而是一种有原则的吸纳。只有这样,才能确保我们科技文化的中国特色、中国风格与中国气派。

第一,保持本土文化的主体意识和独立性。积极吸纳世界科技文化精

① 伯兰特·罗素著,戴玉庆译:《罗素自选文集》,商务印书馆2006年版,第169页。
② 王世勇、房功利:《关于外来文化与中国文化发展问题的几点思考》,载《株洲工学院学报》2002年第5期,第32-34页。

要，必须建立在保持本土文化主体意识和独立性的基础之上，以本土科技文化能否认同为前提，不能丢掉自我，不能丧失自己的民族精神和文化传统。因为，科技文化既有世界性和普遍性，同样也有民族性和地域性。因此，外来科技文化要想在中国文化的沃土中生根和发展，就必须融入中国科技文化体系、取得中国科技文化的认同，就必须按照中国科技文化的生成和发展规律改造自己。这样，其才能真正成为中国科技文化的有机组成部分。

第二，从善而择，在扬弃中借鉴和引进。吸纳外来科技文化并不是要全盘接受，而是要立足于中国科技文化传统，在科技文化发展中实行对外开放，坚持"洋为中用、为我所用"的原则，有选择地、批判地吸收外来科技文化。诚然，我们不能把东西方科技文化对立起来，更不能把西方科技文化看作洪水猛兽。任何时候我们都不能忘记：中国的发展离不开世界，中国科技文化的发展也不例外。但是，我们必须清醒地认识到，文化是一定的经济和政治的反映，为一定的政治制度和经济基础服务，科技文化也是这样。如此说来，外来科技文化当然是外国经济和政治的反映，必然渗透着他国和民族的世界观、人生观和价值观。因此，对于外来的科技文化，我们应该科学地分析、鉴别和有选择地引进，既把外来科技文化中有益的东西拿来为我所用，以增强中国特色科技文化的实力和竞争力；同时又要善于扬弃，自觉抵制外来科技文化中对我们有害的东西，拒绝和排除文化垃圾。

第三，融入中国文化并逐步实现中国化。要吸纳外来科技文化，就要正确处理中国科技文化与世界科技文化的关系，而外来科技文化中国化无疑是正确处理中外科技文化关系、吸纳世界先进科技文化成果的重要方式。事实上，一个国家的科技文化在吸纳外来科技文化之后，必须和本土科技文化进行整合，使之与自身融为一体。否则，就难以长久。有学者指出："在吸收外来文化过程中，文化整合的过程必然是文化冲突和融合。

那种与中华民族文化的基本精神相背离的文化体系，可以在某种程度上与中华民族的文化对话或交流，但往往很难被中华民族文化所选择并进入到中华民族文化体系中来。所以，只有经过整合的文化，才会具有顽强的生命力，才能长期保持自己的特色，才能真正成为自己的一部分。"①实际上，任何一种外来文化要想在中国产生实质性的影响，都必须实现中国化，也完全能够实现中国化。在当代中国科技文化软实力建设中，外来的科技文化是可以通过中国化而成为中国特色科技文化的组成部分的，对此我们应该充满信心。

总之，我们主张中国科技文化软实力资源的开发和利用必须吸纳外来科技文化，旨在强调吸纳世界科技文化精要，并非要照搬西方的科技文化模式，科技文化必须本土化，必须具有中国特色。可以这样说，否认科技文化的普遍性，取消本土现实的特殊性，都是不明智的，也是有害的。事实上，科学技术的精神之花不可能完全独立生长，它只有在深厚的文明传统根基上，在世界不同国家文化的碰撞和交融中，真正实现人与自然的对话，才能生根、发芽、开花、结果。对于着力提升科技文化软实力的当代中国来说，当然要置身于科学技术转型的时代，加强与世界各国科技文化的交流，将其精要有机地融入中国特色科技文化的当代建构之中。

三、推进科技文化创新

文化创新作为一项重要战略任务，是党和国家依据全面建成小康社会的目标而提出来的。推进文化创新，是实施文化强国战略、提高国家文化软实力的关键所在，科技文化创新当然也是科技文化软实力建设的关键所在。

文化在交流的过程中传播，在继承的基础上发展，都包含着文化创新

---

① 郭一红、张赓：《建设中国特色社会主义文化与接纳外来文化问题》，载《求索》2007年第5期，第68-70页。

的意义。文化的发展原本就是一个传承基因、新陈代谢、不断创新的过程。所谓文化创新，就是在文化积累传承的同时，吸收人类社会诸方面实践（包括文化领域）成果，并将其转化为新的文化成果的过程。任何一种文化的生命力都源于自身的不断创新与发展，文化创新是文化生生不息、充满创造活力的灵魂。

党的十八大在部署扎实推进社会主义文化强国建设工作时，从扎实推进社会主义文化强国建设出发，明确提出社会主义文化强国建设之关键在于文化创新，在于增强全民族的文化创造活力。党的十八大报告指出："建设社会主义文化强国，关键是增强全民族文化创造活力。要深化文化体制改革，解放和发展文化生产力，发扬学术民主、艺术民主，为人民提供广阔文化舞台，让一切文化创造源泉充分涌流，开创全民族文化创造活力持续迸发、社会文化生活更加丰富多彩、人民基本文化权益得到更好保障、人民思想道德素质和科学文化素质全面提高、中华文化国际影响力不断增强的新局面。"[1]这就为当代中国实施文化强国战略指明了方向，也为基于文化强国战略的文化创新提供了遵循。可以这样说，文化创新的要求及目标的提出，充分体现了我们党高度的文化自觉和文化自信，具有非常重要的理论意义和现实意义。

当前，我国正站在一个新的历史起点上，我们的改革开放和现代化事业正处于攻坚时期，转方式、调结构的科学发展进程与正在孕育兴起的新一轮科学技术革命出现了历史性交汇，科学技术发展既面临难得的历史机遇，也面临发达国家蓄势占优和新兴经济体追赶比拼的双重挑战。在这样的情势下，积极推动科技文化创新，既是实施创新驱动发展战略的必然要求，又是提高国家科技文化软实力的客观需要。

改革开放以来，我国的科学技术一直保持着快速的发展，科技文化也

---

[1] 胡锦涛：《坚定不移沿着中国特色社会主义道路前进　为全面建成小康社会而奋斗——在中国共产党第十八次全国代表大会上的报告》，载《求是》2012年第22期，第3-25页。

获得了长足的进步。特别是在贯彻落实"科学技术是第一生产力"思想、实施"科教兴国"和"创新驱动发展"战略、提高科技创新能力，以及科技文化的传播与普及等方面都取得了可喜的成绩。但总的来说，我国的科技文化发展与世界发达国家相比还有不小的差距，与建设社会主义文化强国的要求相比也有很多不适应，我们要做的工作很多，也很艰巨。特别是在全球化场域中，西方"霸权文化"通过重构一种被崇拜、被认同、被模仿的"文化标本"以垄断全球文化解读，更是对当代中国科技文化发展提出了严峻的挑战。

创新不仅是文化的本质要求，也是文化发展的主要方式，体现了一个民族文化的生命力和创造力，是提高国家文化软实力的重要途径。只有不断创新，才能为文化的持续发展提供不竭动力，不断解放和发展文化生产力。站在文化自觉的高度审视中国科技文化创新面临的问题，勇敢地肩负起社会主义文化强国建设的历史责任，科技文化创新势在必行。而科技文化创新不仅要有满腔的热情，还必须有科学的态度，遵循创新的原则和规律，否则，就会出现行动上的随意性和盲目性。从我国科技文化发展的实际出发，科技文化创新应该突出以下几个方面。

首先，观念创新是先导。科技文化创新首先要在科技文化观念和认识上有所突破与超越。人的行为活动是受观念支配的，只有观念获得了变革和更新，人的行为才有可能发生质的改变进而才有可能切实地进行科技文化创新。这就是说，大力推进科技文化创新，首先必须提高思想认识，高度重视并牢固树立科技文化新观念。要在思想观念上把科技文化纳入人类文化大系统，把科技文化软实力列为国家文化软实力的重要构成，不断增强全社会对科技文化和科技文化软实力的认同感。

其次，科技创新是根本。科技文化源于科学技术实践，以科学技术的发生、发展为根据，没有科学技术的发生、发展，就无所谓科技文化。同样，科技文化创新当然根源于科学技术的创新，没有科学技术的创新，也就无所谓科技文化创新。如今，随着科学技术的飞速发展和科技力量的日益强大，科技文化也随之逐渐成为社会文化的主导形式。科技文化软实力作为一种以柔性方式提升国家综合国力、实现国家战略目标的能力，归根到底源于科学技术的创新发展。因此，科技文化软实力建设必须建立在科学技术创新发展的基础之上。

最后，思想内容创新是关键。中国特色科技文化是一种立足于当代中国科学技术实践、以中国传统科技文化为基础、借鉴和吸纳世界特别是西方科技文化精要而建构起来的科技文化。今天，我们建设和发展科技文化软实力的目的，从根本上说就是要提高国家文化软实力，以科技文化软实力助推社会主义文化强国建设。因此，思想内容创新的核心要义，就是科技文化所涵载的思想内容及精神价值上的突破与变革，尤其强调对科技文化思想导向和精神价值的肯定与崇尚。思想内容是科技文化创新的内在灵魂，坚持科技文化思想内容创新就要坚持"内容为王、思想为纲、精神至上"，不论用什么方法、走何种路径，必须把思想引导和精神提升放在首位，把继承和发扬中国科技文化优秀传统与借鉴和吸纳世界特别是西方科技文化精要结合起来，努力建立健全中国特色的现代科技文化体系。

四、建立健全中国特色现代科技文化体系

中国特色科技文化软实力建设既不等于回归传统，也不是要照搬西方科技文化模式，而是要以社会主义文化强国建设为基本前提，立足于中国科技文化优秀传统，吸纳西方科技文化精要，积极推进科技文化创新，着力建立健全中国特色现代科技文化体系。这既是提高国家科技文化软实力的前提条件，也是培养民族自信心的有效途径，更是实施文化强国战略、构建中华民族共有精神家园的重要内容。

如前所述，具有数千年历史的中国传统文化确有值得我们自豪的丰富内涵，但总的来说，在我们的传统文化中科技文化是相对脆弱的。今天，

我们要实施文化强国战略，建设社会主义文化强国，就必须加强科技文化建设，努力建立健全体现时代精神的中国特色现代科技文化体系，用现代科技文化"改造"我们的传统文化，让传统文化在新时代焕发生机和活力。

不可否认，如今我们的国家强大了，科学技术进步了，但笔者仍然认为："总的来说我国的生产力水平较低，物质文化基础相对薄弱，科学技术水平较为落后，科学技术知识的普及程度不高，文盲、半文盲人口还占一定比例，科盲、半科盲人口更多。因此对于我们来说，科学技术的时代并未充分来临，后现代危机也不是当前最大的拦路虎，后现代的观点和现代西方哲学流派反对科学技术的呼声对我国的国情而言是不切实际的，甚至是奢侈的。"[①]因此可以说，建立健全具有中国文化传统的现代科技文化体系依然任重而道远。

首先，建立健全中国特色现代科技文化体系要立足于当代中国社会主义文化强国建设的大背景。中国特色现代科技文化体系应该是具有中国文化传统、适合中国国情、满足时代要求的科技文化体系，也应该是能够推进中国文化发展和中华民族进步的科技文化体系。它不仅是当代中国主流文化的中坚力量，而且也是其他一切文化形式的基础，是推动社会主义文化大发展大繁荣的重要力量。

其次，建立健全中国特色现代科技文化体系要从现实的人的需要出发。在具体运作中，要充分照顾处于不同文化层次民众的科技文化需求，进一步加大科技文化的人文关怀力度，把关照人自身的现实需求作为科技文化的重要维度和发展目标，满足广大人民群众不断增长的科技文化方面的需求。

再次，建立健全中国特色现代科技文化体系要坚持协调发展。具体地

---

① 杨怀中：《科技文化是构建和谐社会的重要资源》，载《哲学研究》2006 年第 5 期，第 117-119 页。

说，就是要切实处理好科技文化发展过程中科技文化各要素自身、科技文化各要素之间，以及科技文化要素与科技文化体系之间的关系问题，充分发挥科技文化要素的功能与作用，力求实现科技文化要素之间的优势互补，从而推进当代中国科技文化的更好更快发展。

最后，建立健全中国特色现代科技文化体系要贯彻开放发展的原则。这主要表现在两个方面：一是清醒认识科技文化在我国社会主义文化发展过程中所处的地位和阶段；二是把建立健全科技文化体系置于科技全球化的大背景下进行谋划，着眼于促进科技文化内部各要素的协调发展。

第三节　科技文化软实力动力系统建构

科技文化软实力建设需要多元生成的社会动力系统，这个多元生成的社会动力系统集中体现在政府主导与推动、科学技术共同体不懈努力及公众积极参与等多方面力量的共同作用。

一、政府主导与推动

政府主导与推动是科技文化发展和繁荣的必然要求，也是科技文化软实力动力系统建构的基本战略。可以这样说，在一个有秩序的社会中，但凡一个能够给社会带来变革的事物的生存与发展，都需要政府推动，科技文化软实力建设和发展也不例外。

（一）准确定位：科技文化软实力建设中的政府责任

国务院颁布的《全民科学素质行动计划纲要》明确提出了"政府推动，全民参与，提升素质，促进和谐"的方针，将"政府推动"置于这16字方针的首位。政府推动，既是实施《全民科学素质行动计划纲要》的根本保障，也是动员全民参与、提升素质、促进和谐的主导因素，对于深入实施《全民科学素质行动计划纲要》具有现实的和长远的指导意义，当然也是当代中国科技文化发展和科技文化软实力建设的最重要的驱动力量。

政府在科技文化软实力建设中扮演何种角色，关系到科技文化软实力建设和发展的方向及水平。在我国，政府是科技文化软实力建设的领导者和组织者，政府有责任推动科技文化软实力建设。所谓"政府推动"，就是在科技文化软实力建设中，政府要提出规划计划、制定政策法规、加大资金投入。这既是政府履行公共职责的一种体现，也是对政府履行公共职责的一种考验。

科技文化软实力建设是一项基础性的系统工程，是一项长期、艰苦、细致的事业，但它又是一项"软"任务，不可能立竿见影、一蹴而就，各级领导必须高度重视。当前，尽管人们对"政府主导与推动"的理解智仁互见，存在分歧，但有一点是不容置疑的，那就是"政府主导与推动"的方针只能加强，不能削弱。

（二）顶层设计：政府推动科技文化软实力建设的关键

发达国家科技文化软实力建设的经验表明，政府在主导和推动科技文化软实力建设中的作用是全方位的，但主要是在战略层面上的领导，特别是科技文化软实力建设的顶层设计。

"顶层设计"原本是系统工程学的一个概念，其字面含义就是自高端开始的总体构想。一般认为，所谓"顶层设计"，指的是最高决策层对发展全局所进行的根本性的整体设计，内容包括战略规划、战略目标、战略重点、工作机制及推进方式等。在我国，"顶层设计"最早出现在中共中央关于"十二五"规划的建议中，如今被作为一个政治名词广泛使用。"顶层设计"思想的提出，对指导我国经济发展和社会进步意义重大，充分体现了我们党对中国特色社会主义建设规律性认识的不断深化，也标志着"摸着石头过河"的历史已经结束。

党的十七届六中全会提出了中国文化的"顶层设计",即全面深化文化体制改革,建设社会主义文化强国。为适应社会主义文化强国建设的需要,科技文化软实力建设也需要有顶层设计。科技文化软实力建设的顶层设计,说到底就是要从提高国家文化软实力层面上对科技文化实力建设进行全方位和战略性设计。作为一种国家战略,科技文化软实力建设主要包括指导思想、方针原则、发展目标、运行机制及实施路径等方面的内容。由此可以说,科技文化软实力建设顶层设计必须体现以下三个特点。

第一,方向性。党的十七届六中全会《决定》明确提出了文化改革发展的"五个坚持",即"坚持马克思主义为指导、坚持社会主义先进文化前进方向、坚持以人为本、坚持把社会效益放在首位、坚持改革开放"①。这"五个坚持"为我国文化改革发展指明了方向,为提高国家文化软实力指明了方向,当然也为科技文化软实力建设指明了方向,是科技文化软实力建设顶层设计必须坚持的基本原则。

第二,战略性。战略一词的核心要义是整体性、长远性及重大性目标的设定,战略性的基本要求集中体现在:科技文化软实力建设顶层设计所提出的谋略、方案和对策,应该站在国家文化软实力发展战略的高度,能够统领科技文化软实力建设全局,左右科技文化软实力建设成效的谋略、方案和对策。

第三,全局性。对于科技文化软实力建设顶层设计来说,坚持全局性,就是要立足于建设社会主义文化强国的大背景,从实施文化强国战略的高度统筹谋划国家科技文化安全、科技文化发展战略、中国特色科技文化体系建构及国民科技文化素质提升等,推进经济、政治、文化和社会等全面发展。

---

① 参见《中共中央关于深化文化体制改革　推动社会主义文化大发展大繁荣若干重大问题的决定》,载《求是》2011 年第 21 期,第 3-14 页。

（三）战略举措：把科技文化软实力建设落在实处

顶层设计不是行动本身，只有通过战略举措，才能将其付诸实施，使其得以贯彻落实。从这个意义上说，战略举措是任何一种顶层设计都不可缺少的重要组成部分。因此，政府在主导和推动科技文化软实力建设时，理应有切实可行的战略举措。

首先，建立科技文化法规体系。积极推进科技文化立法，通过立法的方式确认科技文化主体的地位、权利和义务，使保护科技文化资源的行为具体化、法律化，把科技文化建设和管理纳入法制化轨道，推动科技文化产业发展。

其次，营造科技文化环境氛围。科技文化软实力建设需要一个良好的环境氛围，包括体制环境、政策环境、市场环境等。政府是科技文化软实力建设环境营造的主体，政府应该在这方面充分发挥能够调动和配置资源的优势。

最后，建立健全科技文化体制机制。深化文化体制改革，坚持文化与科技相结合，实现文化与科技的两轮驱动，逐步实现文化科技化和科技文化化，着力打造科技文化软实力，就要把先进的科技文化理念以制度、机制的形式予以固化，建立健全决策、执行、监督"三位一体"的科技文化软实力建设运行机制。当务之急是打破计划经济的文化发展模式，整合机构、转企改制，实行政事分开、管办分离，从而走向市场。

二、科学技术共同体不懈努力

科学技术共同体不懈努力是科技文化软实力动力系统的重要构成，在科技文化软实力建设中发挥着不可替代的重要作用。加强科学技术共同体队伍建设，当是科技文化软实力动力系统建构的重要一环。

（一）自主与责任：科学技术共同体的运行原则

自主与责任是科学技术共同体运行的两大基本原则。自主与责任共同促进着科学技术之求真与向善的结合，维系着科学技术共同体的运行和发展。

在科学技术活动中，自主是科学技术求真的本质规定，是科学技术赖以存在和发展的根本；自主也是科学技术共同体进行探索的基本前提，科技工作者的探索活动在本质上也是自主的。这就是说，自主性是科学技术的本质属性。对此，学者们多有论述。默顿学派对作为一种社会体制的科学所进行的全方位研究，其核心思想乃是阐发和维护作为一种社会体制的科学的自主性，并多有创获。其思想可谓独具慧眼，值得高度重视。按照李醒民的理解，科学的自主性也称科学自主或科学自治，他认为："科学自主性是科学共同体的根本组成要素和本质属性，也是科学建制赖以存在的基础。很难设想，没有自主性，科学共同体还能继续屹立于社会。"①

科学技术在本质上是向善的，人类创造科学技术就是要为自己谋福祉，而责任作为科学技术共同体道德操守的重要体现，当然也是科学技术向善的基本前提。一般来说，科学技术共同体的责任主要包括两个方面，即对科学技术的责任和对社会的责任。从对科学技术的责任方面说，要求科学技术共同体遵守科学技术的职业规范，为追求客观真理、攀登科技高峰而不懈努力；在对社会的责任方面，要求科学技术共同体对自己从事的科学技术活动可能导致的社会后果负责，努力为人类创造财富、为人类谋福祉。今天，随着现代科学技术对社会影响的日益深入，科学技术共同体的责任问题也越来越凸显。正如伯纳德·巴伯所说："科学不能仅被看作是一组技术性的和理性的操作，而同时还必须被看作是一种献身于既定精

---

① 李醒民：《维护科学的自主性》，载《发明与创新》2013 年第 5 期，第 18-19 页。

神价值和受伦理标准约束的活动。"①

自主与责任也是科学技术与社会良性互动的基本条件，两者共同促进着科学技术共同体的求真和向善。要达成科学技术与社会的良性互动和科学技术共同体的求真向善，必须把自主与责任有机地结合起来，"一方面，科学共同体的自主以规范和责任的坚守为前提。科学自主的一个重要特征就是相对性，即科学自主并非意味着不受任何制度和规范约束的绝对自主和自由……另一方面，科学共同体的责任承担以自主性为重要条件。科学共同体对责任的承担并非是无条件的，只有坚守科学的内在价值并能够自由控制和决定科学研究的行为和方向，才具备承担科学之责任的可能条件"②。

（二）科学技术共同体在科技文化软实力建设中的地位和作用

科学技术共同体在科技文化软实力建设中的地位和作用突出地表现在它能够按照科学技术自身的要求，维护科学技术的相对独立性，保证科技文化持续、健康的发展。

1. 交流与评价

这里论及的评价，特指以科学技术活动为对象的评价，即科学技术评价。在科学技术活动中，评价以交流为基础，交流则必须接受评价。

所谓科学技术评价，科学技术部 2003 年 11 月颁布的《科学技术评价办法（试行）》是这样界定的："科学技术评价是指受托方根据委托方明确的目的，按照规定的原则、程序和标准，运用科学、可行的方法对科学技术活动以及与科学技术活动相关的事项所进行的论证、评审、评议、评估、验收等活动。"③并强调指出："科学技术评价是科学技术管理工作的

---

① 伯纳德·巴伯著，顾昕，等译：《科学与社会秩序》，生活·读书·新知三联书店，1991 年版，第 100 页。
② 薛桂波：《社会型塑下的科学共同体：自主与责任》，载《山西师大学报》（社会科学版）2013 年第 5 期，第 57-61 页。
③ 《科学技术评价办法（试行）》，载《中国科技产业》2003 年第 12 期，第 72-76 页。

重要组成部分，是推动国家科学技术事业持续健康发展，促进科学技术资源优化配置，提高科学技术管理水平的重要手段和保障。"①可见，评价是非常重要的。在科学技术活动中，评价既维持着科学技术的原则和标准，又增进了科学家、技术专家和科技工作者之间认识的融合与发展，评价的结果直接影响到科技资源的分配结构和效率。

评价离不开交流，交流中也有评价。在科学技术活动中，当一个新设想或新成果比较成熟后，就要通过正式的交流渠道在更大范围的共同体内进行交流，尽可能充分探讨新设想的理论依据和可行性，以及思考方式、研究方法、初步结果的可靠性。在交流的过程中，科学家们按照一定的标准对各种新思想加以讨论、分析、评价，从中表现出共同体大多数人的价值取向和科学准则。正是这种交流与评价，既促进了新思想的产生，又促进了不同思想的统一，从而推动着科技进步和科技文化的健康发展。

2. 咨询与监督

咨询与监督在科技文化软实力建设中也发挥着重要的作用。咨询的作用主要体现在政府的科学决策中，而监督的作用则主要体现在监督政府行为、维护公共利益、谋划人类未来发展等方面。

一方面，科学技术共同体是一个高智商群体，他们拥有较高的专业素质和知识水平，掌握科学技术发展和应用的状况及趋势，能够为政府决策提供高质量的合理化建议。而且，科学技术共同体"通过向决策者提供决策信息和咨询建议、参加立法和决策听证会、参与项目评审和人才评价、提供决策效果信息反馈、制定评价标准等方式，赢得科学家和社会公众的认同，巩固科学政策和决策的民意基础"②。在现实的科学技术活动中，越来越多的科学技术共同体开始承担起政府智囊团的责任，为国家科技

---

① 《科学技术评价办法（试行）》，载《中国科技产业》2003 年第 12 期，第 72-76 页。
② 程志波、李正风：《论科学治理中的科学共同体》，载《科学学研究》2012 年第 2 期，第 225-231 页。

术政策的顶层设计，做出了重要贡献，极大地提高了政府决策的科学化和民主化水平。

另一方面，科学技术共同体具有相对独立的社会地位。这种相对独立的社会地位使得他们能够依照科学标准监督政府行为、维护公共利益、谋划人类未来发展，而不囿于行政规范和经济利益的约束。科学技术共同体既是科技文化的生产者、传播者，也是科技文化的享用者，他们对科技文化软实力建设最有发言权，有资格也有能力监督政府科技文化软实力建设中的管理行为，保证科学决策的顺利实施。

3. 传播与普及

科学技术共同体在科技文化软实力建设中的地位和作用，也表现在传播与普及科技文化方面。这就是说，科学技术共同体不仅生产科技文化，而且担负着传播和普及科技文化的重任。生成于科学技术实践的科技文化，只有被广泛地传播和普及，在全社会发扬光大，才能真正发挥其软实力功能。

在我们这个科学技术飞速发展的时代，科技文化在社会生活中的重要地位是不言而喻的，因此，科技文化传播与普及的意义也是不言自明的。科学家、技术专家及广大科技工作者作为科技义化的生产者和创造者，有责任和义务利用自己的专业优势传播与普及科技文化，在全社会弘扬科技文化。科技文化的传播与普及，不仅要传播与普及科学技术知识，更要传播与普及科学思想、科学方法和科学精神；不仅要让公众了解科学技术的正面价值，也要让公众了解科学技术的负面效应，从而使公众对科学技术的支持建立在对科学技术充分理解的基础之上。

传播与普及科技文化的主要方式是科技教育。科技教育是具有高度严格性和规范性的教育，通过科技教育，一方面，公众接受了科学技术共同体所倡导的规范，就会形成科学的思维方式和工作方式，从而保障科学技术共同体自身的延续；另一方面，公众接受了科学技术共同体生产和创造的知识，并通过传播转化为社会认识，就会形成认识世界和改造世界的无穷力量。

（三）切实加强科学技术共同体建设

现实中的人总是生活在某个共同体之中的，共同体既是个人生存和生活的前提条件，也是个人成长和发展的现实基础，任何个人都不可能离开共同体而独立存在和发展。正如马克思所说："只有在共同体中，个人才能获得全面发展其才能的手段，也就是说，只有在共同体中才可能有个人的自由。"①

众所周知，全方位、多层次是现代社会共同体的最大特点，因此，共同体的建立、发展和完善，需要整合方方面面的思想资源，探寻全方位的合作发展模式。对于科学技术发展及其文化建设来说，建构一个什么样的共同体、以什么作为共同体的联系纽带、通过什么形式来建设共同体，直接关涉当代中国科技文化观的一种价值指认。为适应社会主义文化强国建设的需要，不断提升科技文化软实力，对于科学家、技术专家和广大科技工作者来说，最迫切的任务就是要进一步增强共同体意识和共同体荣誉感，积极参与共同体的建设和发展。

当今世界，一个国家的科学技术实力和科技文化软实力都取决于其是否拥有一支优秀的庞大的由科学家、技术专家和广大科技工作者组成的科学技术共同体队伍。一些发达国家的成功经验证明，科学技术共同体队伍建设是一项系统工程，不仅体现在国家对科学技术研究与发展的投入上，更体现在科技人才工作中的法律法规建设、合理的人才管理政策、优秀人才引进和培养的长效机制等核心内容上。为此，世界各国都把争夺优秀科技人才，尤其是高科技人才置于重要的战略地位，采取有效措施予以谋划

---

① 中共中央马克思恩格斯列宁斯大林著作编译局编译：《马克思恩格斯选集》第1卷，人民出版社1995年版，第119页。

和建设。

加强科技文化软实力建设，科技人才资源是最重要的战略资源。改革开放以来，在党的领导和关怀下，我国科技人才队伍建设取得了显著成效。今天，面对科技文化软实力建设的严峻形势，我们必须保持清醒的认识，抓住机遇，迎接挑战，坚定不移地走人才强国之路。这是增强我国综合国力和国际竞争力，实现中华民族伟大复兴中国梦的战略选择。

加强科学技术共同体队伍建设，就要全面优化科学技术共同体队伍的系统结构。按照系统理论，科技人才队伍也是一个庞大的系统。这个系统在地区结构上要分布合理，人尽其才；在部门结构上要协调平衡，互相适应；在专业结构上要突出重点，配套成龙；在智能结构上要各扬其长，密切配合；在素质结构上要相互包含，取长补短。只有这样，才能充分发挥系统的威力，使科学技术共同体队伍持续、健康发展。

加强科学技术共同体队伍建设，充分发挥科学家、技术专家和广大科技工作者的积极性及创造性，还要积极营造科学技术共同体成长和发展的优良环境。例如，积极营造尊重知识和尊重人才的社会环境、科学技术共同体的优良工作环境，以及科学技术共同体的优良生活环境等。因为，科学技术是第一生产力的思想，只有成为全社会的共识，人们深刻理解其精神实质，才能转化为巨大的物质力量。科技文化作为一种软实力的理念，只有为全社会所认同，融入民众心中，才能真正实现科技文化的软实力功能。

三、公众积极参与

回望历史，从来没有哪一个时代像今天这样，科学技术与社会、公众如此紧密地联系在一起，科技文化如此炫目地展示着它改造人类世界的威力——在社会文化中扮演着越来越重要的角色，甚至成为社会文化的主导形式。这在客观上要求科技文化软实力动力系统建构必须高度重视公众的积极参与。

（一）充分认识公众参与的重要性

当今时代，公众参与已经成为国家走向政治民主和政治文明不可分割的重要环节，也是公民依照法律对那些关系自身生活质量的公共政策施加影响的基本途径。在科技文化软实力建设中，公众参与既是公众同政府、科学技术共同体平等对话的基本前提，也是公众获得平等地位、共享科技文化成果的重要手段。

科技文化软实力建设作为一项投资巨大的公共事业，必须得到全社会的积极响应。科技文化软实力建设不仅需要政府加大投入，更需要社会大众的参与。可以这样说，公众能否积极参与科技文化软实力建设，科技文化能否成为大众的文化，关系到为了什么人的问题。这不仅是科技文化软实力建设的首要问题，更是科技文化软实力建设的方向问题。

当前，公众参与已经成为政治民主化的全球趋势，科技文化软实力建设作为广泛影响公众切身利益的政府行为，无疑成为公众参与的重要领域。并且，随着政治民主和政治文明的持续推进，公民文化素质和公共意识不断提升，表现出了越来越强烈的参与公共事务的能力和欲望。他们期望也能够以自己的知识理念、价值判断，通过各种途径监督科学技术的发展与应用。公众参与是科技文化软实力建设步入理性运行轨道的必要手段，也是科技文化的公共事业化和民主政治发展的必然结果。

伴随着我国社会转型所带来的社会结构变迁、公共决策模式转变及公众权利意识觉醒，科技文化软实力建设备受关注，公众参与势在必行。对此，我们应该有清醒的认识。从一定意义上说，在科技文化软实力建设中，公众参与的有效性在很大程度上取决于政府对公众参与的体认和积极回应。没有政府的高度重视和积极推动，公众参与的有效性就很难实现。因此，政府必须转变理念，努力从参与制度、参与模式、参与渠道及参与形式等不同层面采取对策和措施，把公众参与落到实处。

（二）公众参与的现实动因

在科技文化软实力建设中，公众参与已经成为近年来在世界各主要国家广为流行的发展趋势。这是因为，世界各国越来越清醒地意识到，科学技术的发展必须以人为本，在科学技术发展和应用的国家战略层面，既要高度重视科学技术为经济社会发展带来的积极作用，又要关心科学技术发展和应用可能带来的风险与负面效应，着力建构新型的政府、公众、科学技术共同体之间的和谐关系。

1. 消除科学技术负面效应要求公众参与

今天，科学技术是全人类的事业，科学技术的发展和应用关乎全体社会成员的福祉及切身利益。也就是说，科学技术不仅是科学家、技术专家和科技工作者的科学技术，也是社会大众的科学技术。

科学技术是一把"双刃剑"，科学技术的发展和应用在给人们带来好处和便利的同时，也带来了诸多的问题和风险，这种情况对公众认识、理解和参与科技文化及其软实力建设提出了新的更高的要求。从公众的角度说，他们也有参与的愿望和热情，而且，公众对科学技术发展和科技文化软实力建设也很关注。这不仅是因为他们看到了科学技术发展和应用所带来的负面影响，更重要的是他们深刻地感受到了这种影响。于是，公众逐渐对科学技术推动社会物质生活发展的可靠性提出了质疑。

公众之所以关注科学技术的发展和应用，正是因为科技力量的不恰当使用使人类面临着一系列严峻的挑战，人类的未来前所未有地充满着不确定性。因此，他们"需要了解国家对这些问题所采取的政策，想要知道科学家们在做些什么工作，近期会有什么样的结果等。这样，公众对于科学知识和信息的获得不仅仅是来自科学家团体的灌输，更重要的是公众作为一种关注科学技术对社会作用的社会力量，在参与科学技术决策过程中了解科学技术的影响，了解科学技术的力量以及实际作用，从而影响科技决策"①。

2. 推进科技决策民主化需要公众参与

科技文化软实力建设的重要内容之一就是推进科技决策民主化。决策民主化是社会主义民主政治建设的重要任务，其核心要义就是保证所有受决策影响的人拥有充分的机会参与决策过程，并在决策过程中充分发扬民主，广泛听取意义，按照民主程序进行决策。科技决策民主化需要公众参与，公众参与是科技决策民主化的重要形式。从一定意义上说，没有公众积极而广泛的参与，也就无所谓决策民主化，当然也无所谓科技决策民主化。

在西方发达国家，公众参与决策已经成为一种潮流，原因固然是多方面的，但其中很重要的一点，就是公民社会（civil society）的兴起。有学者分析认为："公民开始越来越多地借助于各类非营利组织，进入公共政策制定、执行以及社区公共事务的管理过程中，以此表达自身利益，影响公共政策导向，公民社会的发展与非营利组织的活跃成为公民参与强有力的组织基础。"②应该说，在我国的决策活动中，公众参与已经开始引起各方面的重视，一些领域的实践也取得了一定的进展。但是，科技决策领域的公众参与还有待于进一步加强，公众渴望在科学技术发展方向的决定方面拥有更多的发言机会，渴望科学技术发展能更充分地体现公众的意志。

科技决策涉及公众的切身利益，科学技术发展和运用应该更充分地反映民意。在科学技术发展和应用过程中，公众有权对那些影响自身利益的科技决策表达自己的看法，也有权以适当的形式把这些看法反映到科技政策的制定中来。公众能够在社会生活中站在共同的立场上形成一个整体，

---

① 胡春艳：《初探科技决策中的公众参与》，载《科学技术与辩证法》2005年第3期，第108-112页。
② 樊春良、佟明：《关于建立我国公众参与科学技术决策制度的探讨》，载《科学学研究》2008年第51期，第897-903页。

所以公众的整体意见被作为超越了个体意见简单相加的一个有效集合。因此，要想使社会生活与人相一致，就必须以理智的指导原则来调节、处理社会生活，就必须使公众的态度和价值得到承认与尊重。否则，就很难在与科技决策有关的问题上得到公众的理解和支持。

3. 实现科技文化大众化呼唤公众参与

首先需要指出的是，大众化概念中的"大众"是一个跨哲学、传播学和社会学的概念，是与"精英"相对应的一个概念，指的是全体社会成员，即广大人民群众。所谓科技文化大众化，就是通过有目的、有计划的科技文化传播，使科技文化深入广大人民群众之中，逐渐被广大人民群众所接受，并作用于广大人民群众的生活方式和思维方式。

科技文化大众化是科技文化自身发展的迫切需要。一种文化要有生命力，就必须实现大众化。从一定意义上说，加强科技文化软实力建设，就是要推进科技文化走向大众，走向现实生活世界，真正、切实地渗透和融入我国大众文化的方方面面。科技文化大众化有利于科技文化在更广的范围内得到传播和传承，有助于大众对科技文化的了解、接受和发扬，也有助于科技文化的自我完善，从而为科技文化的发展注入强大的生命力。

让科技文化走向大众，实现科技文化大众化，既是一个科技文化传播的过程，也是一个科技文化发挥作用的过程，其基本要求就是要充分考虑公众的参与性。这既是发达国家科技文化发展的成功经验，也是当代中国科技文化大众化所肩负的历史使命。我们必须认识到，科技文化在我国社会主义现代化建设中之所以没有发挥出应有的重要作用，原因固然是多方面的，其中很重要的一点就是，科技文化在我国尚未成为大众的文化。

（三）提高公众参与有效性的对策

适应科技文化软实力建设的需要，提高公众参与的有效性，就要健全公众参与制度保障体系，为公众提供多样化的参与渠道，采取切实可行的措施，提高公众的参与意识和能力。

1. 健全公众参与制度保障体系

提高公众参与有效性离不开完善的制度保障体系，而公众参与制度保障体系的建立和完善是一个系统工程。当前，必须做好以下几个方面的工作。

首先，健全相关的法律法规。提高公众参与有效性需要健全的法律法规，从法律制度上确定公众参与科技文化软实力建设的权利和义务，把公众参与科技文化软实力建设的范围、途径等予以细化和具体化，使公众参与成为科技文化软实力建设过程中必不可少的关键程序，并逐步实现制度化、规范化，力争避免参与的随意性和偶然性。

其次，健全相应的司法制度。公众参与的目的之一就是让公众共享科技文化发展的成果，如果公众的利益受到损害或侵害，就要有相应的法律进行维护。一方面，要明确公众参与的效力及诉讼资格，保障公众参与和诉讼的权利，使公众的权利和利益不受到任何损害或侵害，确保公众共享科技文化发展的成果。另一方面，要制定具体的诉讼程序，对公众诉讼的程序进行明确的规定，使公众在参与科技文化软实力建设过程中能够做到有法可依、有章可循，杜绝走形式，严禁走过场。

最后，健全双向沟通的信息公开机制。其中，最重要的是政府要做好两方面的工作：一方面，政府要依据法律法规及时向公众发布参与科技文化发展的相关信息，让公众充分享有"知"的权利，主要形式包括政府新闻发布会、政府公报、政府网站及广播、电视、报刊等；另一方面，建立畅通的信息反馈渠道，确保信息发布之后，公众充分表达意见，政府积极回应，在不断的表达与回应之间形成良好的互动机制。

2. 提供多样化的公众参与渠道

提高公众参与的有效性需要多样化的参与渠道。公众参与渠道的多样化，既有利于提高政府行政的透明度，更有助于公众与政府之间进行比较顺畅的信息沟通。政府应该将政务公开、公众调查、公众听证、公众咨询、公众论坛或者利用网络等途径纳入公众参与渠道之中，使公众参与渠道多样化。在积极扩展公众参与的同时，还要加大宣传力度，让公众充分了解并且掌握这些合法有效的参与渠道。

在具体运作中，一要进一步完善人民代表大会制度和政治协商会议制度，让更多的公众有机会直接参与其中；二要对现行且广受好评的听证会、咨询会、座谈会等公众参与渠道进一步完善，使之真正成为吸纳公众意见的有效平台；三要敢于创新，进一步开辟参与新渠道，以解决公众日益增长的参与需求同现有参与渠道缺乏之间的矛盾，如网络论坛、网络组织、电视辩论、手机短信等。

与此同时，我们也可以借鉴其他国家的一些公众参与的成功经验，如丹麦、法国等国家的共识会议、协商民意调查、公民评审团等。不可否认，这些参与形式根植于西方社会特有的制度和文化背景，难免有这样或那样的缺陷或不足，但其中那些成熟的经验是值得我们借鉴的。这对于拓展和完善公众参与的多样化渠道、提高公众参与的有效性，也不失为一种明智之举。

3. 提高公众的参与意识和能力

随着科学技术的飞速发展，特别是文化传播技术的日渐成熟、教育的普及和物质文化生活水平的提高，公众的参与意识和参与能力也日渐增强。但实事求是地说，与科技文化软实力建设的要求还有很大的差距，提高公众的参与意识和能力仍然是一个迫切需要解决的大问题。

公众参与意识和参与能力的提高，既要依靠政府相关部门的宣传教育，又要依靠公众自身长期的学习和修养，需要公众自身参与经验的不断积累。从政府的角度讲，应该采取切实可行的措施，有计划地对公众进行引导和训练。其中，最重要的是引导公众提高主人翁意识，树立正确的参与观念，积极参与国家和社会公共事务管理，让公众通过参加一些听证会、咨询会、座谈会等，在实践中获得参与经验，不断提高参与能力。

当然，我们也应该清醒地认识到，公众参与意识和能力的培养是一个长期的系统工程，仅仅依靠以上这些措施是远远不够的，需要多种途径的共同协作，如积极构建公民教育体系、推动科技文化的传播和普及、着力提升社会大众的科技文化素质等。

第四节　着力提升国民科技文化素质

当今世界，提升国民科技文化素质问题已被提到前所未有的高度，被越来越多的国家所认同，正在成为一种世界性的潮流。科技文化软实力建设必须高度重视提升国民科技文化素质，国民科技文化素质本身就是科技文化软实力的重要体现，提升国民科技文化素质是科技文化软实力建设的基础性工程。

一、国民科技文化素质：科技文化软实力的重要体现

文化之要在于"化"，化入人心，广为渗透，成为人的素质和习惯。国民文化素质是一个民族、一个国家的基本性格和基本形象，因而也是一个民族、一个国家最重要、最根本的软实力。然而，国民文化素质不像经济、科技、才智那么外显，那么耀眼，那么可以"量化"，所以很容易被人忽略。

国民文化素质对一个国家的综合国力是至关重要的，从一定意义上说，发展中国家与发达国家的差距实质上就是国民科技文化素质的差距。我国是一个人口大国，国民科技文化素质提升尤其重要。因此，我们一定要站在社会主义文化强国建设的高度，充分认识提升国民文化素质的重要性和紧迫性，把提升国民文化素质置于社会主义文化强国建设的核心位置。

科技文化素质是国民文化素质的一个重要方面，国民科技文化素质是国家科技文化软实力的重要体现，当然也是社会主义文化强国建设的命脉之所系。在科技竞争日趋激烈的当今时代，一个国家的科技竞争力不仅取决于本国的科学技术优势，而且也取决于国民的科技文化素质。甚至可以说，国民科技文化素质特别是对科学技术的理解、掌握和运用的能力，对国家科技文化软实力乃至国家文化软实力的提高具有直接的影响和决定作用。

不可否认，中华人民共和国成立以来，随着科学技术的发展和进步及科技文化的传播与普及，国民的科技文化素质也在不断提高。但毋庸讳言，我国公民科技文化素质的总体水平与发达国家相比差距甚大，如何补齐国民科技文化素质偏低的短板依然是科技文化软实力建设的重中之重。国务院发布的《全民科学素质行动计划纲要（2006—2016—2020 年）》指出："公民科学素质的城乡差距十分明显，劳动适龄人口科学素质不高；大多数公民对于基本科学知识了解程度较低，在科学精神、科学思想和科学方法等方面更为欠缺，一些不科学的观念和行为普遍存在，愚昧迷信在某些地区较为盛行。公民科学素质水平低下，已成为制约我国经济发展和社会进步的瓶颈之一。"[①]这种较低的国民科技文化素质状况，与我国的社会主义文化强国建设的要求极不适应。因此，我们必须站在提高国家文化软实力、建设社会主义文化强国的高度，大力加强国民科技文化素质建设，全面贯彻"政府推动，全民参与，提升素质，促进和谐"的方针，努力在全社会形成崇尚科学、鼓励创新和尊重知识与人才的良好风尚。

提升国民科技文化素质是一项系统工程，需要多方面力量的参与，要齐抓共管，综合施治。其中，离不开政府的物质和政策支持及保障，也离不开科学家、技术专家和广大科技工作者对科技知识、科学方法、科学思

---

① 《全民科学素质行动计划纲要》，载《人民日报》2006 年 3 月 21 日，第 008 版。

想和科学精神的传播及弘扬，更离不开广大人民群众的积极参与，以及自觉用科技文化武装自己的头脑、激发自己的创造热情。

综上所述，作为国民文化素质重要组成部分的科技文化素质，不仅直接决定着国家科技文化软实力的水平，也直接影响着国家文化软实力的提高，而且对国家整体实力的发展也有重要意义。这在客观上要求我们必须重视科技文化的传播和普及，着力提升国民科技文化素质，把科技文化普及工作作为社会主义文化强国建设的一个基本方略。坚持这个方略，并将其用于指导科技文化软实力建设实践，"就是要推动最广大的人民群众学习科学技术知识、运用科学技术知识，掌握基本的科学方法，树立科学思想，崇尚科学精神，以此参与现代生产和交往，不断增强自身的创造能力和发展能力"①。

二、提升国民科技文化素质的重点人群

国务院颁布的《全民科学素质行动计划纲要（2006—2010—2020年）》明确指出：全民科学素质行动计划的重点人群是未成年人、农民、城镇劳动人口、领导干部和公务员。据此，本书也把未成年人、农民、城镇劳动人口、领导干部和公务员作为提升国民科技文化素质的四个重点人群。

（一）未成年人

从我国对未成年人的法律界定来看，从出生之日起到 18 周岁的我国公民都可称作未成年人。但一般情况下，人们又把青少年和儿童称为未成年人。

在我国，未成年人约占全国人口总数的 1/3。未成年人是祖国的未来、民族的希望，他们的健康成长是一个关系今后我国国民整体科技文化

---

① 文兴吾：《文化兴国：加强科技文化普及工作的思考》，载《中华文化论坛》2011 年第 6 期，第 11-16 页。

素质的重要问题。正因为如此，提高未成年人科技文化素质就成为提高全民科技文化素质的重中之重，这不仅具有必要性而且具有紧迫性。未成年人科技文化素质的高低，决定着一个国家未来在激烈的国际竞争中所处的位置。提升国民科技文化素质，必须从未成年人抓起。

客观地说，我国未成年人的科技文化素质状况令人担忧。造成这种状况的一个很重要的原因就是，我国未成年人科技文化素质教育与当前迅猛发展的科学技术不相适应，甚至还存在着诸多问题。其中，"突出的表现在科技知识教育不全面、科技能力培养不尽如人意、科技精神培育不充足和缺乏科技价值观和科技伦理教育等几个方面，远未起到为我国经济发展输送科技人才、提高劳动者素质的作用"[1]。因此，提升未成年人的科技文化素质，就是要让他们掌握必要和基本的科技知识与技能，激发他们对学科学、爱科学的兴趣和对创新的激情，培养他们的创新意识和实践能力。未成年人的科技文化素质提高了，科学技术的未来发展就有了根基，我们的民族、我们的国家在未来的国际科技竞争中就能立于不败之地。

（二）农民

农民的科技文化素质，集中反映了农民接受科技知识教育的程度、掌握科技知识量的多少，以及运用于农业生产实践的熟练程度。可以这样说："一个国家的农民所具有的科技文化素质影响甚至决定着这个国家农业整体实力的发展，广大农民通过掌握必要的科学知识、适用的科学技能，能够积极促进农业科学技术向农业现实生产力的转化和发展。"[2]

农民是我国人口的主体。农民的科技文化素质状况在国民科技文化素质整体水平中占有重要地位，农民的科技文化素质不能显著提升，全民科技文化素质的提升就无从谈起。由此可以说，提升国民科技文化素质，重

---

① 孙菊花：《青少年科技文化素质教育问题研究》，载《学理论》2010 年第 33 期，第 228-230 页。
② 杨怀中、邵继成：《新农村建设中农民科技文化素质调查分析》，载《理论月刊》2008 年 6 期，第 168-172 页。

点在农村，难点在农民。然而，从目前情况看，我国农民的科技文化素质整体水平偏低，根本原因在于：农民享受科技文化教育、科技文化公共服务，以及科技文化传播与普及的机会远低于城市居民。总体而言，我国农民的科技文化素质表现为低、危、非正规化。低是指我国农民的科技知识水平低，科技文化素质不适应农业现代化的要求；危是指我国农民的低科技文化素质造成了农业科技含量低，非常缺乏国际竞争力；非正规化是指我国农民劳动力基本上接受不到正规的农业科技教育①。总之一句话，农民科技文化素质偏低已经成为阻碍农村经济社会发展的"瓶颈"。

进一步分析，造成我国农民科技文化素质偏低的原因是多方面的，既有历史的原因，也有现实国情的原因。从历史的角度看，我国封建社会"重政轻技"的传统观念、小农生产方式等是农民科技文化素质提升的最大障碍。但从我国现实国情来看，影响农民科技文化素质提升的因素主要表现在人口众多、人均土地较少、农业生产主要是以家庭为单位的分散经营方式、农民收入较低等。与此同时，有关农民科技文化教育培训的法律不尽完善、制度不够健全等也严重制约了农民科技文化素质水平的提升。

提升农民科技文化素质也是一个系统工程，其中，科技文化素质教育和培训是一个不容忽视的重要途径。"农民科技文化素质教育既是继续教育，也是终身教育，是一项长期性的、不间断的工作，应采取多形式、多渠道实施教育。"②政府作为农民科技文化素质提升的主要推动者和组织者，要加强对提升农民科技文化素质的认识，采取一切有效措施，对农民进行科技文化教育和培训；要抓落实，加强制度和法律建设，着力培养有文化、懂技术、会经营的新型农民，努力把农民科技文化教育培训工作落到实处；要营造氛围，努力在广大农村形成讲科学、爱科学、学科学、用

---

① 参见张巧霞、丁慧：《浅谈我国农民科技文化素质的现状》，载《河北广播电视大学学报》2008 年第 3 期，第 7-8 页。

② 王艳芳：《大力提高农民科技文化素质是新农村建设的关键》，载《兰州学刊》2009 年第 10 期，第 69-71 页。

科学的良好风尚，为农民科技文化素质提升创造环境条件。

总之，农民的科技文化素质决定着农村经济社会发展的速度和质量，决定着农业生产力的发展水平，因而直接关乎国家综合国力的增强。可以这样说，没有农民科技文化素质的提升，农业与农村的现代化就难以实现，"以科技文化软实力助推社会主义文化强国建设"也会成为一句空话。

（三）城镇劳动人口

城镇劳动人口是城镇建设和经济社会发展的主体，担负着我国工业和服务业发展的重任，也是提升国民科技文化素质的重点人群之一。

在我国，提升城镇劳动人口科技文化素质是走新型工业化道路和增强国际竞争力的需要，是使我国由人口大国向人力资源强国转变的重要环节。应该看到，转变经济发展方式，加快产业结构调整，走新型工业化道路，特别是建设创新型国家等，都对城镇劳动人口的素质提出了更高的要求，而当前城镇劳动人口的科技文化素质较低与之形成了明显的不和谐。显然，这种状况不仅影响我国的综合国力水平、影响企业的竞争力和创新能力，而且直接影响城镇劳动人口个人的就业和创业能力，当然也不利于科技文化软实力建设。

提升城镇劳动人口科技文化素质，其基本要求如王渝生所说："就是要在广大城镇宣传科学发展观，重点倡导和普及节约资源、保护环境、节能降耗、安全生产、健康生活等观念和知识，促进经济增长方式的转变和科学文明健康生活方式的形成。具体说来，主要是针对三类人员提出不同的要求，即对于第二、第三产业从业人员以提高学习能力、职业技能和技术创新能力为重点，对于进城务工人员以提高职业技能水平和适应城市生活的能力为重点，对于失业人员以提高就业能力、创业能力和适应职业变化的能力为重点。"①

提升城镇劳动人口科技文化素质，在运作策略上必须全面了解城镇劳动人口科技文化素质的现状，掌握城镇劳动人口科技文化素质的特点，做到针对性强、措施得力、把握好切入点、循序渐进。具体地说，就是要"以技术创新活动为切入点，充分调动广大职工的积极性、创造性；以争当文明职工等活动为切入点，坚持以人为本，促进人的全面发展；以培养高技能人才为切入点，促进技能人才特别是青年技能人才脱颖而出；以举办科普宣传活动为切入点，传播科学知识，弘扬科学精神，提高科学素质，培育创新能力"②。

需要特别指出的是，提升城镇劳动人口科技文化素质，必须充分发挥企业的作用，以提升企业员工科技文化素质为突破口。在我国，大多数城镇劳动人口在企业单位工作，从一定意义上说，企业就是他们的第二个家。因此，企业应该成为科技文化传播与普及的重要主体，通过科技文化传播与普及，努力提升员工科技文化素质，促进企业的持续健康发展，进而发挥企业在社会进步、经济发展、环境建设等方面的巨大作用。

（四）领导干部和公务员

领导干部和公务员是提升国民科技文化素质四大重点人群的重中之重。在我国，领导干部和公务员是直接管理国家事务和履行社会公共事务的重要群体，掌握着国家各种事务的决策与实施权力，他们的言行在一定程度上代表着党和政府的形象。因此，领导干部和公务员的科技文化素质如何对于全民科技文化素质的提升具有决定性意义。

作为社会主义现代化建设的组织者、推动者和实践者，领导干部和公务员的科技文化素质水平对党和国家的各项工作及事业的发展具有决定性

---

① 王渝生：《努力提高重点人群的科学素质》，载《求是》2007年第4期，第54-55页。
② 王渝生：《努力提高重点人群的科学素质》，载《求是》2007年第4期，第54-55页。

作用。正是因为这种决定性作用,《全民科学素质行动计划纲要（2006—2010—2020年）》明确提出领导干部和公务员的科学素质在各类职业人群中位居前列。毋庸置疑,领导干部和公务员的科技文化素质直接影响他们的决策、领导和管理活动,而且更为重要的是,他们对其他职业人群乃至全体公民科技文化素质的提升具有巨大的示范效应。

当今世界,科学技术迅猛发展,国际国内竞争日趋激烈,科技创新能力特别是自主创新能力已经成为决定一个国家或地区综合竞争力的关键因素。这在客观上要求各级领导干部和公务员必须具备比一般人群更高的科技文化素质。领导干部和公务员较高的科技文化素质是全面贯彻落实科学发展观、实现科学决策的前提和基础,直接关系党的执政使命、执政能力和执政水平,因而也是提高国家科技文化软实力、实现文化强国战略目标的基石和保证。

《全民科学素质行动计划纲要（2006—2010—2020年）》明确要求:"围绕贯彻落实科学发展观和建设学习型机关,调动公务员提高自身科学素质的积极性和主动性,增强终身学习和科学管理的能力。"[①]因此,提升领导干部和公务员的科技文化素质,必须以科学发展观为统领,以思想政治建设为根本,以能力建设为重点,切头抓好对领导干部和公务员的科技文化素质教育培训及建设学习型机关两个关键环节,努力建立一支素质优良、创新能力强的领导干部和公务员队伍。

今天,我国已经进入全面建成小康社会的决胜阶段,要全面深化改革、构建学习型社会、实施文化强国战略、建设社会主义法治国家等,形势更加复杂,任务更加艰巨,领导干部和公务员科技文化素质的高低直接影响政府各项改革和现代化事业的成败,关系到党和国家的兴衰。这在客观上要求领导干部和公务员的科技文化素质必须始终保持在各类职业人群

---

① 《全民科学素质行动计划纲要》,载《人民日报》2006年3月21日,第008版。

中的最高水平，进而以自身科技文化素质的提升影响周围的人民群众。

三、社会塑造与自我强化：提升国民科技文化素质的两大路径

国民科技文化素质的社会塑造和自我强化，是当代中国社会主义文化强国建设面临的一项长期而艰巨的任务，更是科技文化软实力建设、提升国民科技文化素质直接且有效的重要途径。

（一）国民科技文化素质的社会塑造

国民科技文化素质的一个显著特点，就是具有可塑性，即通过一些行之有效的途径能够提升国民科技文化素质。概括地说，从中国国情出发，当前国民科技文化素质的社会塑造可以从以下几个方面进行。

首先，政府全力支持，为提升国民科技文化素质提供政策保障、资金投入。国民科技文化素质社会塑造政府是主导，政府担负着义不容辞的责任，政府强有力的支持是提升国民科技文化素质的根本保证。概括地说，政府强有力的支持主要包括政策保障、资金投入。一方面，政府要颁布有关提升国民科技文化素质的法律法规，制定适宜的政策并认真贯彻落实，建立促进科技文化素质教育和科技文化事业发展的制度条例。另一方面，各级政府要加强统筹协调，进一步加大投入力度，多层次增加科技文化素质教育经费，为提升国民科技文化素质创造必要的环境和条件。

其次，加强科技文化理论研究，为提升国民科技文化素质提供理论依据。当今时代，科技文化理念悄然兴起，科技文化研究渐成热潮，关于科技文化软实力与国民科技文化素质研究也引起了越来越多的人的关注。但客观地说，这些研究只是初步的，缺乏系统性，关于国民科技文化素质与科技文化软实力的专题研究更是少见。理论和方法的贫乏，必然影响实践

的效果。因此,我们必须站在文化强国战略的高度,对国民科技文化素质与科技文化软实力进行深入系统的研究,为提升国民科技文化素质提供理论依据。

再次,深化教育改革,夯实提升国民科技文化素质的实践基础。在提升国民科技文化素质的重要途径中,处于第一位的是教育,其中包括学校教育和职业教育。学校教育要积极推进素质教育,根据素质教育的综合目标,确定教育中的科技文化内容,努力建立一套完善的科技文化素质教育体系。通过素质教育,增长人的知识,发展人的道德,丰富人的情感,增强人的体质,培养人的技能,强化人的能力。职业教育也要加强国民科技文化素质教育,针对不同的对象采取不同的措施,把科技文化素质的有关要求及内容纳入国家职业标准、贯彻在职业教育和培训计划之中、列入职业教育和培训的教材及课程。

最后,加强科技文化传播与普及工作,在全社会广泛弘扬科技文化。努力让科技文化走进广大民众,走进我们的现实生活世界,积极推进科技文化大众化。为此,要建立健全由政府主导、社会各界共同联手、多种媒体协同并用、切实有效的科技文化传播与普及机制。在科技文化传播与普及过程中,要大力倡导发展科学技术与传播科技文化同步,倡导科技文化传播的社会协同与配合,倡导科学家、技术专家和广大科技工作者在科技文化传播与普及中率先垂范,努力在全社会形成科技文化大弘扬的良好风尚。

(二)国民科技文化素质的自我强化

提升国民科技文化素质,离不开政府的支持和保障,也离不开科学家、技术专家和广大科技工作者对于科技知识、科学方法、科学思想及科学精神的传播与弘扬,更离不开广大民众的积极参与,自觉用科技文化武装头脑、激发创造热情。国民是科技文化素质的主体,提升国民科技文化素质必须充分调动全体公民积极参与的主动性，利用多元化、多层次的渠道和方式，努力形成自下而上的效应，实现自上而下与自下而上两条线路的融合。只有这样，全面提升国民科技文化素质才能真正得以实现。

提升国民科技文化素质是一个全民行动计划，人人都是参与者，人人又都是受益对象，需要广大民众的广泛理解和积极参与。没有广大民众的广泛理解和积极参与，就难以保证国民科技文化素质提升的全面性和整体性；没有广大民众的广泛理解和积极参与，就不可能形成一个保证国民科技文化素质提升的有益的、持续发展的社会环境。正是在这种意义上说，广大民众的广泛理解和积极参与是提升国民科技文化素质的基础和前提。

现代科学技术的飞速发展及知识经济的迅速崛起，对国民提出了学无止境、自觉适应终身教育的要求。国民科技文化素质的自我强化主要途径包括：一是增强"知识意识"和"学习意识"，跟踪学习、了解和掌握现代科技文化知识；二是正确认识科学技术进步与文化发展的关系，加深理解科学技术的社会意义和科技文化的社会作用；三是切实掌握科学的思想和方法，自觉用科学的思想和方法分析思考生活与工作中的问题；四是积极参加科技文化实践活动，在实践活动中自觉养成理性、规范、公平、宽容、批判、创新、效率、协作的科学精神。

总之，深刻认识科学技术在社会生产、社会生活和社会管理中日益重要的作用，加强科技文化知识学习，自觉提高科技文化素质，是当今时代每一个人的必修课。学习科技文化知识、提升科技文化素质，不仅要求国民接受良好的学校教育，接受系统的科学思想和科学方法的训练，还要求国民自觉接受社会教育，在参与科技文化实践活动中学习，在理论与实践的结合中不断升华。

参 考 文 献

阿尔贝特·施韦泽. 2013. 文化哲学. 陈泽环译. 上海：上海人民出版社.

阿尔温·托夫勒. 1984. 预测与前提——托夫勒未来对话录. 粟旺，胜德，徐复译. 北京：国际文化出版公司.

艾志强. 2011. 科学技术观的现代进路. 北京：北京师范大学出版社.

爱德华·泰勒. 2005. 原始文化. 连树声译. 南宁：广西师范大学出版社.

爱因斯坦. 1979. 爱因斯坦文集（第3卷）. 许良英，等译. 北京：商务印书馆.

白春礼. 2011. 不断提升科技创新能力，加快转变经济发展方式. 中国科技奖励，（8）：6.

保罗·谢弗. 2008. 文化引导未来. 许春山译. 北京：社会科学文献出版社.

贝尔纳. 1959. 历史上的科学. 伍况甫，等译. 北京：科学出版社.

本刊编辑部. 2014. 习近平论中国传统文化——十八大以来重要论述选编. 党建，（3）：7-9.

本尼迪克特. 1988. 文化模式. 王炜译. 北京：生活·读书·新知三联书店.

伯纳德·巴伯. 1991. 科学与社会秩序. 顾昕，郏斌祥，赵雷进译. 北京：生活·读书·新知三联书店.

伯特兰·罗素. 2006. 罗素自选文集. 戴玉庆译. 北京：商务印书馆.

陈凡，秦书生，王健. 2008. 科技与社会（STS）研究. 沈阳：东北大学出版社.

陈光. 2007. 科技文化传播. 成都：四川科学技术出版社.

陈华文. 2009. 文化学概论新编. 北京：首都经济贸易大学出版社.

陈华文，王逍. 2014. 论文化的基本特征（下）. 文化学刊，（2）：89-97.

陈寿朋. 2007. 生态文化建设论. 北京：中央文献出版社.

陈寿朋，杨立新. 2005. 论生态文化及其价值观基础. 道德与文明，（2）：76-79.

陈序经. 2010. 文化学概观. 长沙：岳麓书社.

程宏燕. 2012. 马克思恩格斯科技文化观研究. 武汉：湖北人民出版社.

程宏燕. 2014. 生态科技文化：生态文明视域下科技文化的必然走向. 武汉理工大学学报（社会科学版），（6）：971-976.

程志波，李正风. 2012. 论科学治理中的科学共同体. 科学学研究，（2）：225-231.

黛安娜·克兰. 2006. 文化社会学：浮现中的理论视野. 王小章，郑震译. 南京：南京大学出版社.

丹皮尔. 1975. 科学史. 李珩译. 北京：中国人民大学出版社.

邓清柯. 2009. 世界进入文化软实力时代. 湖南社会科学，（5）：149-157.

邓小平. 1994. 邓小平文选（第1卷）. 北京：人民出版社.

邓小平. 1994. 邓小平文选（第2卷）. 北京：人民出版社.

邓小平. 1994. 邓小平文选（第3卷）. 北京：人民出版社.

邓研华. 2013. 文化软实力的社会、政治功能浅探. 华北电力大学学报（社会科学版），（6）：74-77.

邓玉琼. 2011. 从当前的文化生态反思主流文化建设. 实事求是，（5）：77-79.

董光璧. 1998. 静悄悄的革命——科学的今天和明天. 武汉：武汉出版社.

董晓辉，傅婉娟. 2014. 关于科技创新驱动经济发展方式转变的再思考. 甘肃理论学刊，（2）：161-165.

都志远. 2012. 坚持以人为本，推动文化发展. 生产力研究，（10）：1-3.

段守博. 2012. 生态危机的文化根源. 理论参考，（5）：58-59.

段治文. 2006. 当代中国的科技文化变革. 杭州：浙江大学出版社.

恩斯特·卡西尔. 2003. 人论. 甘阳译. 上海：上海译文出版社.

樊春良，佟明. 2008. 关于建立我国公众参与科学技术决策制度的探讨. 科学学研究，（51）：897-903.

费孝通. 1997. 反思、对话、文化自觉. 北京大学学报（哲学社会科学版），（3）：16-22.

费孝通. 2004. 论人类学与文化自觉. 北京：华夏出版社.

冯天瑜. 1998. 中国文化史断想. 武汉：华中理工大学出版社.

高建明，陈曼. 2011. 论科技文化发展机制. 武汉理工大学学报（社会科学版），（6）：

916-921.

高建明，孙兆刚. 2013. 型塑与创新：中国特色科技文化的建构. 武汉：湖北人民出版社.

高占祥. 2007. 文化力. 北京：北京大学出版社.

龚时中. 2006. 科技文化的中国特色. 武汉理工大学学报（社会科学版），（1）：46-49.

关银凤. 1995. 我国古代科学文化盛衰原因初探. 山西师大学报（社会科学版），（4）：76-77.

贵州省科学技术学会. 2014. 2013 年贵州省公民科学素质调查主要结果发布. 硅谷，（13）：200.

郭传杰. 2001. 论科学技术与精神文明. 北京：科学出版社.

郭俊立. 2008. 科学的文化建构论. 北京：科学出版社.

郭一红，张赓. 2007. 建设中国特色社会主义文化与接纳外来文化问题. 求索，（5）：68-70.

哈贝马斯. 2002. 作为意识形态的技术与科学. 李黎，郭官义译. 北京：学林出版社.

韩勃，江庆勇. 2009. 软实力：中国视角. 北京：人民出版社.

韩平，李顺彬. 2014. 我国文化与科技融合机理研究——基于高新技术开发区视角. 产业经济评论，（3）：43-49.

郝侠君. 1996. 中西 500 年比较. 北京：中国工人出版社.

何萍. 2010. 文化哲学：认识与评价. 武汉：武汉大学出版社.

何亚平. 1997. 科技文化——现代化社会的文化基频. 科学学研究，（4）：11-17.

何亚平，张钢. 1996. 文化的基频——科技文化史论稿. 上海：东方出版社.

何宗思. 2003. 中国人格病态批判. 北京：中国社会出版社.

黑格尔. 1982. 法哲学原理. 范扬，张企泰译. 北京：商务印书馆.

洪晓楠. 2004. 科学文化哲学研究. 上海：上海文化出版社.

洪晓楠. 2008. 科学文化哲学的前沿探索. 北京：人民出版社.

洪晓楠，郭丽丽. 2010. 国家硬实力与软实力发展的辩证关系探析. 文化学刊，（6）：13-17.

洪晓楠，邱金英，林丹. 2013. 国家文化软实力的构成要素与提升战略. 江海学刊，（1）：202-207.

胡春艳. 2005. 初探科技决策中的公众参与. 科学技术与辩证法，（3）：108-112.

胡存之. 2000. 科学的文化复兴. 自然辩证法研究，（12）：55-58.

胡锦涛. 2006. 在庆祝神舟六号载人航天飞行圆满成功大会上的讲话. 新华月报（下半

月），（2）：36-39.

胡锦涛. 2007. 高举中国特色社会主义伟大旗帜 为夺取全面建设小康社会新胜利而奋
　斗——在中国共产党第十七次全国代表大会上的报告. 求是，（21）：3-22.

胡锦涛. 2010. 在中国科学院第十五次院士大会、中国工程院第十次院士大会上的讲
　话. 科技管理研究，（13）：1-4.

胡锦涛. 2012. 坚定不移沿着中国特色社会主义道路前进 为全面建成小康社会而奋
　斗——在中国共产党第十八次全国代表大会上的报告. 求是，（22）：3-25.

胡锦涛. 2012. 坚定不移走中国特色社会主义文化发展道路 努力建设社会主义文化强
　国. 求是，（1）：3-7.

胡晓明. 2013. 如何讲述中国故事？——"中国文化走出去"的若干理论与实践问题.
　华东师范大学学报（哲学社会科学版），（5）：107-117.

胡志强，李斌. 2013. 科学技术与社会研究. 北京：科学出版社.

花建. 2013. 文化软实力：全球化背景下的强国之道. 上海：上海人民出版社.

黄建海，王汉青. 2009. 科学文化理应成为主流大众文化. 民主与科学，（4）：11-14.

黄力之，张春美. 2006. 马克思主义文化哲学与现代性. 上海：上海三联书店.

黄韬宏. 2013. 文化与科技互动的历史形式和未来趋势. 贵阳学院学报（社会科学版），
　（6）：11-14.

霍桂桓. 2011. 文化软实力的哲学反思. 学术研究，（3）：13-18.

江泽民. 2001. 论科学技术. 北京：中央文献出版社.

江泽民. 2002. 全面建设小康社会 开创中国特色社会主义事业新局面——在中国共产
　党第十六次全国代表大会上的报告. 求是，（22）：3-19.

江泽民. 2006. 江泽民文选（第1卷）. 北京：人民出版社.

江泽民. 2006. 江泽民文选（第2卷）. 北京：人民出版社.

江泽民. 2006. 江泽民文选（第3卷）. 北京：人民出版社.

姜晓秋. 2005. 论马克思主义科技价值观. 社会科学辑刊，（4）：32-36.

蒋金锵. 2006. 科技创新需要倡导宽容失败的精神. 求是，（6）：59.

蒋学杰，刘辉. 2009. 科技文化的"合理性"及其界限——兼论科学创新中的计划主
　义. 黑龙江史志，（22）：22-23.

卡西尔. 1988. 符号·神话·文化. 李小兵译. 上海：东方出版社.

克莱因. 1979. 古今数学思想（第1册）. 张理京，张锦炎译. 上海：上海科学技术出
　版社.

孔伟. 2004. 文化的较量：强势文化对弱势文化的侵袭. http://www.china.com.cn/xxsb/

txt/2004-05/19content_5568215.htm[2015-2-5].

黎德杨,李怀忠. 1990. 科学技术的进化. 武汉:湖北教育出版社.

李长春. 2010. 着力构建有利于文化科学发展的体制机制 推动文化建设又好又快发展. 党建,(10):6.

李长春. 2010. 正确认识和处理文化建设发展中的若干重大关系 努力探索中国特色社会主义文化发展道路. 求是,(12):3-13.

李超民. 2013-09-22. 增强文化整体实力的意义与路径. 光明日报,007.

李超民. 2013. 增强文化整体实力和竞争力的意义与实现途径. 东岳论丛,(12):140-144.

李建珊. 2004. 科技文化的起源与发展. 天津:南开大学出版社.

李君如. 2011. 建设文化强国的战略意义. 人民论坛,(31):47.

李凯尔特. 1986. 文化科学和自然科学. 涂纪亮译. 北京:商务印书馆.

李克特. 1989. 科学是一种文化过程. 顾昕,张小兵译. 北京:生活·读书·新知三联书店.

李培超. 2001. 自然与人文的和解——生态伦理学的新视野. 长沙:湖南人民出版社.

李庆霞. 2003. 论全球化与本土化的文化冲突. 求是学刊,(6):29-34.

李抒望. 2011. 建设文化强国的要义. 江南论坛,(12):4-6.

李希光. 2011. 软实力与中国梦. 北京:法律出版社.

李翔海. 2002. 中国文化现代化历程的哲学省思. 中国社会科学,(6):58-67.

李醒民. 2004. 科学的自由品格. 自然辩证法通讯,(3):5-7.

李醒民. 2005. 科学是一种文化形态和文化力量. 民主与科学,(7):11-14.

李醒民. 2007. 科学的文化意蕴——科学文化讲座. 北京:高等教育出版社.

李醒民. 2007. 论科学文化及其特性. 科学文化评论,(4):72-87.

李醒民. 2012年7月16日. 怀疑批判精神使科学永葆青春. 中国科学报,第005版.

李醒民. 2013. 维护科学的自主性. 发明与创新,(5):18-19.

李约瑟. 2006. 中国古代科学思想史. 陈立夫译. 南昌:江西人民出版社.

李约瑟. 2014. 中华科学文明史(上). 科林·罗南改编,上海交通大学科学史系译. 上海:上海人民出版社.

李约瑟. 2014. 中华科学文明史(下). 科林·罗南改编,上海交通大学科学史系译. 上海:上海人民出版社.

联合国教科文组织. 1998. 政府间文化政策促进发展会议. http://www.doc88.com/p-991318843636.htm[2010-06-25].

刘兵. 2012. 在文化发展中应关注科学文化的重要性. 中国科学院院刊, (1): 97-98.

刘高岑. 2007. 论科学技术和以人为本的内在统一性. 郑州大学学报（哲学社会科学版）, (6): 5-7.

刘京. 2006. 科学技术的文化解读. 社会科学战线, (3): 317-319.

刘平中, 李后卿. 2014. 文化与科技融合发展关系探讨. 社科纵横, (9): 50-53.

刘希宋, 于雪霞. 2006. 基于政府、市场、中介的科技支持体系构建. 哈尔滨商业大学学报（社会科学版）, (2): 91-93.

刘则渊. 2003. 现代科学技术与发展导论. 大连: 大连理工大学出版社.

卢瑟利德基. 1991. 美国特性探索: 社会和文化. 龙治芳, 等译. 北京: 中国社会科学出版社.

陆岩. 2009. 当代社会主义主流文化的内涵特征及发展对策. 思想政治教育研究, (5): 6-8.

罗伯特·C. 尤林. 2005. 理解文化: 从人类学和社会理论视角. 何国强译. 北京: 北京大学出版社.

罗荣渠. 1993. 现代化新论——世界与中国的现代化过程. 北京: 北京大学出版社.

雒树刚. 2012. 扎实推进社会主义文化强国建设. 党建研究, (12): 66-69.

吕乃基. 1993. 科学文化与中国现代化. 合肥: 安徽教育出版社.

吕乃基. 2013. 从科学到科学文化. 中国高校科技, (6): 13-15.

马丁·E. 马蒂. 1992. 美国的宗教. 龙治芳, 唐建文, 丁一川, 等译//卢瑟·S. 利德基. 美国特性探索. 北京: 中国社会科学出版社: 288-289.

马克·J. 史密斯. 2005. 文化——再造社会科学. 张美川译. 长春: 吉林大学出版社.

马克·埃里克森. 2016. 科学文化与社会: 21世纪如何理解科学. 孟凡刚, 王志芳译. 上海: 上海交通大学出版社.

马克思. 1988. 关于费尔巴哈的提纲. 北京: 人民出版社.

玛格丽特·雅各布. 2016. 科学文化与西方工业化. 李红林, 等译. 上海: 上海交通大学出版社.

满建军. 2011. 从文明古国迈向文化强国. 国企, (11): 116-118.

毛传清, 黎德扬. 2002. 中国古代科学文化的特质及其意义. 武汉理工大学学报（社会科学版）, (1): 53-56.

毛建儒. 2012. 科技观与科技伦理探索. 北京: 中国社会科学出版社.

毛泽东. 1991. 毛泽东选集（第1卷）. 北京: 人民出版社.

毛泽东. 1991. 毛泽东选集（第2卷）. 北京: 人民出版社.

毛泽东. 1991. 毛泽东选集（第3卷）. 北京：人民出版社.

毛泽东. 1991. 毛泽东选集（第4卷）. 北京：人民出版社.

蒙培元. 1991. 中国传统思维方式的基本特征：中国思维偏向. 北京：中国社会科学出版社.

孟建伟. 2005. 论创新文化之魂. 新视野，（4）：57-60.

孟建伟，郝苑. 2013. 科学文化前沿探索. 北京：科学出版社.

聂震宁. 2008. 文化软实力与文化硬实力. 大学出版，（4）：7-12.

潘蒂·西丹曼拉卡. 2003. 智慧型组织：绩效、能力、知识一体化管理. 艾菲，孟立慧译. 上海：上海交通大学出版社.

潘建红. 2007. 中西科技文化比较观. 求索，（7）：121-123.

培根. 2009. 新工具. 许宝骙译. 北京：商务印书馆.

齐雪峰. 2008. 在法律规范下促进中外科技交流与合作. 科技导报，（26）：21.

钱斌. 2010. 新中国科技管理体制的形成. 当代中国史研究，（3）：44-51.

钱学森. 1984. 关于新技术革命的若干基本认识问题//中共中央组织部等. 迎接新的技术革命（上册）. 长沙：湖南科学技术出版社：1-26.

乔治·萨顿. 1989. 科学史与新人文主义. 陈恒六，等译. 北京：华夏出版社.

邵继成. 2009. 科技文化进化的机理及向度诠释，武汉：武汉理工大学硕士学位论文.

沈壮海. 2009. 文化软实力的中国话语、中国境遇与中国道路. 马克思主义研究，（11）：120-127.

沈壮海. 2010. 软实力的价值之轴. 高校理论战线，（8）：36-41.

史健玲. 2003. 论科学技术的文化研究. 经济与社会发展，（8）：111-113.

舒尔曼. 1995. 科技文明与人类未来. 李小兵，等译. 上海：东方出版社.

司马云杰. 1987. 文化社会学. 济南：山东人民出版社.

斯诺. 2003. 两种文化. 纪树立译. 北京：生活·读书·新知三联书店.

孙波. 2009. 科技文化：国家文化软实力的核心要素和重要支撑. 中国软科学，（10）：67-72.

孙德忠，熊晓兰. 科技文化：人类自我超越的重要维度. 武汉科技大学学报（社会科学版），（4）：399-402.

孙国际. 2002. 创新文化. 科学学与科学技术管理，（6）：50-52.

孙菊花. 2010. 青少年科技文化素质教育问题研究. 学理论，（33）：228-230.

谭仁杰. 2010. 生态文明视野下的科技文化研究. 武汉：武汉大学出版社.

汤洪高. 2002. 让科学文化鼓起先进文化的风帆. 求是，（18）：43-45.

唐代兴. 2008. 文化软实力战略研究. 北京：人民出版社.

唐蓉蓉. 2009. 安徽省公民科学素质调查与现状分析. 新闻世界，（3）：88-90.

陶良虎. 2014. 建设生态文明，打造美丽中国——学习习近平总书记关于生态文明建设的重要论述. 理论探索，（2）：10-12.

田丰. 2006. 论文化竞争力. 马克思主义研究，（6）：65-70.

童萍. 2005. 关于文化民族性的几点思考. 天府新论，（3）：99-102.

童世骏. 2008. 提高国家文化软实力：内涵、背景和任务. 毛泽东邓小平理论研究，（4）：1-8.

童世骏. 2008. 文化软实力. 重庆：重庆出版社.

托马斯·哈定. 1987. 文化与进化. 韩建军等译. 杭州：浙江人民出版社.

瓦托夫斯基. 1989. 科学思想的概念基础——科学哲学导论. 范岱年，等译. 北京：求实出版社.

王超逸. 2009. 软实力与文化力管理. 北京：中国经济出版社.

王大珩，于光远. 2001. 论科学精神. 北京：中央编译出版社.

王国领. 2007. 试论中国科技现代化的文化取向. 郑州大学学报（哲学社会科学版），（4）：62-64.

王国豫. 2012. 高科技的哲学与伦理问题. 北京：科学出版社.

王宏宇. 2013. 文化哲学：实践哲学的当代形态. 哈尔滨：黑龙江大学出版社.

王鸿生. 2011. 科学技术史. 北京：中国人民大学出版社.

王琼. 2008. 和谐社会需要文化软实力的支撑. 理论观察，（4）：28-30.

王荣栓. 2000. 科学是一种精神. 济南：济南出版社.

王石，王桂月. 2005. 科学技术在人与自然协调发展中的作用. 科学管理研究，（2）：12-14.

王世勇，房功利. 2002. 关于外来文化与中国文化发展问题的几点思考. 株洲工学院学报，（5）：32-34.

王书明，万丹. 2006. 从科学哲学走向文化哲学——库恩与费耶阿本德思想的后现代转型. 北京：社会科学文献出版社.

王树恩，陈士俊. 2001. 科学技术论与科学技术创新方法论. 天津：南开大学出版社.

王天华，杨宏. 2006. 模因论对社会文化进化的解释力. 哈尔滨工业大学学报（社会科学版），（6）：128-130.

王雅坤，耿兆辉. 2013. 中国文化走出去的影响因素及路径选择. 河北学刊，（3）：208-211.

王艳芳. 2009. 大力提高农民科技文化素质是新农村建设的关键. 兰州学刊, (10): 69-71.

王渝生. 2007. 努力提高重点人群的科学素质. 求是, (4): 54-55.

王志刚. 2012-05-21. 提升文化发展的科技含量. 光明日报, 011.

王志刚. 2012. 推进文化科技创新, 加强文化与科技融合. 求是, (2): 54-56.

王资博. 2013. 文化强国战略下文化科技化的演进. 求索, (7): 229-231.

温家宝. 2003. 把目光投向中国. http://www.people.com.cn/GB/shehui/1061/2241298.html [2003-12-11].

文兴吾. 2011. 文化兴国: 加强科技文化普及工作的思考. 中华文化论坛, (6): 11-16.

吴国盛. 2003. 让科学回归人文. 南京: 江苏人民出版社.

吴国盛. 2004. 反思科学. 北京: 新世界出版社.

吴彤. 2004. 科学技术的哲学反思. 北京: 清华大学出版社.

武力. 2012. 文化的包容性与经济发展关系研究. 江南论坛, (5): 4-6.

武铁传. 2009. 论软实力与硬实力的辩证关系及意义. 理论导刊, (5): 23-25.

习近平. 2013. 建设社会主义文化强国　着力提高国家文化软实力. www.gov.cn[2013-12-31].

习近平. 2013. 在十二届全国人大一次会议上的讲话. http://www.cea.gov.cn[2013-3-17].

习近平. 2014. 习近平谈治国理政. 北京: 外文出版社.

习近平. 2014. 在中国科学院第十七次院士大会、中国工程院第十二次院士大会上的讲话. 当代劳模, (6): 14-17.

夏东民. 2010. 自主创新与经济发展方式转变. 毛泽东邓小平理论研究, (3): 21-25.

夏劲. 2009. 和谐社会视域下的科技文化发展战略思考. 武汉理工大学学报（社会科学版）, (2): 82-87.

肖峰. 2001. 论科学与人文的当代融通. 南京: 江苏人民出版社.

谢飞. 2010. 科技全球化趋势下我国科学软实力发展的意义分析与对策探讨. 科技管理研究, (14): 34-36.

许明, 马驰. 2008. 马克思主义与当代文化发展. 上海: 上海社会科学院出版社.

薛桂波. 2013. 社会型塑下的科学共同体: 自主与责任. 山西师大学报（社会科学版）, (5): 57-61.

薛桂波, 倪前亮. 2006. 科学精神与伦理精神. 科学技术与辩证法, (5): 1-4.

亚历克斯·英克尔斯. 1981. 社会学是什么. 陈观胜, 李培荣译. 北京: 中国社会科学出版社.

阎勤成. 1996. 试论科技文化的功能. 宁波党政论坛,（s1）: 29-30.

阎学通. 2007. 软实力的核心是政治实力. 世纪行,（6）: 42-43.

杨德才. 2003. 科学技术的社会应用. 武汉: 湖北人民出版社.

杨凤, 陈思. 2013. 论文化科技创新. 东北大学学报（社会科学版）,（6）: 563-568.

杨桂青. 2006. 略论主流文化的实践性与利益旨归. 哲学研究,（3）: 101-108.

杨怀中. 1991. 科技伦理学. 武汉: 武汉工业大学出版社.

杨怀中. 2003-01-07. 科技进步是先进文化建设的有力杠杆. 光明日报, 理论版.

杨怀中. 2003. 科学技术进步与当代中国先进文化建设. 理论月刊,（3）: 44-46.

杨怀中. 2004. 科技文化与社会现代化研究. 武汉: 武汉理工大学出版社.

杨怀中. 2004. 现代科技伦理学概论. 武汉: 湖北人民出版社.

杨怀中. 2006. 科技文化的当代视野. 武汉: 武汉理工大学出版社.

杨怀中. 2006. 科技文化是构建和谐社会的重要资源. 哲学研究,（5）: 117-119.

杨怀中. 2007. 科技文化的历史地位及当代价值. 自然辩证法研究,（2）: 93-96.

杨怀中. 2008. 科技文化与当代中国和谐社会建构. 北京: 中国社会科学出版社.

杨怀中. 2009. 科学发展观视域下的科技文化研究. 武汉: 湖北人民出版社.

杨怀中. 2011. 科技文化软实力及其实现路径. 自然辩证法研究,（7）: 118-122.

杨怀中. 2012. 国有企业科技创新人文环境研究. 武汉: 湖北人民出版社.

杨怀中. 2013. 科技文化与当代中国主流文化建设. 中原文化研究,（5）: 59-64.

杨怀中. 2013. 科技文化与生态文明协调发展及其走向. 江汉论坛,（10）: 126-129.

杨怀中. 2013. 现代科学技术的伦理反思. 北京: 高等教育出版社.

杨怀中, 陈学清, 胡仕勇. 2010. 当代大学生科技文化素质的调查分析. 武汉理工大学
    学报（社会科学版）, 23（4）: 606-610.

杨怀中, 程宏燕. 2009. 马克思和恩格斯的科技文化观. 哲学研究,（9）: 119-125.

杨怀中, 邓环, 胡仕勇. 2007. 公民科技文化素质的调查分析及对策. 科学技术与辩证
    法,（4）: 102-110.

杨怀中, 裴志刚. 2007. 科技文化: 中国社会现代化的必然选择. 武汉理工大学学报
    （社会科学版）,（3）: 297-301.

杨怀中, 邵继成. 2008. 新农村建设中农民科技文化素质调查分析. 理论月刊,（6）:
    168-172.

杨怀中, 夏劲. 2013. 可持续发展观视域下的科技文化研究. 武汉: 湖北人民出版社.

杨怀中, 熊英姿. 2015. 科学伦理精神: 科学精神与伦理精神融合的必然走向. 湖北大
    学学报（哲学社会科学版）,（1）: 24-28.

杨建华. 2014. 理性精神的弘扬与当代中国的实践. 浙江社会科学，（1）：104-111.

杨君. 2012-12-27. 2012 年文化产业的主题词"文化与科技融合". 光明日报，016.

杨立新. 2008. 论生态科技文化发展. 环渤海经济瞭望，（8）：46-49.

杨维. 2011. 浅析科学技术社会建制化的涵义与特征. 辽宁行政学院学报，（6）：165-173.

杨志华. 2004. 生态危机是文化危机. 伦理学研究，（5）：111-112.

姚艳虹，杜梦华. 2013. 科技协同创新演进规律及其影响因素分析. 湖南大学学报（社会科学版），（3）：37-41.

于春玲. 2013. 文化哲学视阈下的马克思技术观. 沈阳：东北大学出版社.

于莉莉. 2008. 论文化软实力的内构. 求索，（7）：77-78.

于平. 2014 年 1 月 27 日. 文化与科技融合的创新驱动. 中国艺术报，第 006 版.

余谋昌. 2000. 生态哲学. 西安：陕西人民教育出版社.

俞丽君，余发良. 2013. 科学技术文化——社会主义文化发展的应有之义. 兰州学刊，（6）：190-194.

约瑟夫·阿伽西. 2006. 科学与文化. 邬晓燕译. 北京：中国人民大学出版社.

约瑟夫·奈. 1992. 美国定能领导世界吗. 何小东，盖玉云译. 北京：军事译文出版社.

约瑟夫·奈. 2002. 美国霸权的困惑：为什么美国不能独断专行. 郑志国译. 北京：世界知识出版社.

约瑟夫·奈. 2005. 硬权力与软权力. 门洪华译. 北京：北京大学出版社.

约瑟夫·奈. 2013. 软实力. 马娟娟译. 北京：中信出版社.

张安. 2005. 事业单位改革与公共服务体制建设. 宏观经济管理，（3）：25-26.

张岱年. 2006. 文化与哲学. 北京：中国人民大学出版社.

张岱年，程宜山. 2006. 中国文化论争. 北京：中国人民大学出版社.

张国祚. 2011. 中国文化软实力研究要论选（第 1 卷）. 北京：社会科学文献出版社.

张国祚. 2013. 中国文化软实力研究要论选（第 2 卷）. 北京：社会科学文献出版社.

张红明. 2013. 论中国特色文化软实力建设理论的民族性建构. 清江论坛，（1）：38-42.

张佳亮. 2007. 科技文化背景的多样性. 鞍山科技大学学报，（6）：627-630.

张建胜. 2014. 科学技术传播的社会学研究视角. 科技传播，（1）：245-246.

张静，周三胜. 2005. 中国文化现代化的特征. 社会科学，（10）：117-122.

张开城，胡安宁. 1991. 外国人心中的中华民族. 青岛：青岛海洋大学出版社.

张坤民. 1997. 可持续发展论. 北京：中国环境科学出版社.

张雷声. 2012. 文化自觉、文化自信与社会主义核心价值体系. 思想理论教育导刊，

（1）：8-9.

张立红，尹显明. 2012. 现代科学技术概论. 成都：西南交通大学出版社.

张密生. 2009. 科学技术史. 武汉：武汉大学出版社.

张巧霞，丁慧. 2008. 浅淡我国农民科技文化素质的现状. 河北广播电视大学学报，
（3）：7-8.

张祥. 2013. 文化软实力与国际谈判. 北京：社会科学文献出版社.

张旭敏. 2013. 论高校文化软实力的基本特征. 南华大学学报（社会科学版），（2）：
86-91.

张怡，瞿宝忠. 2003. 中西方传统科技文化的非线性比较. 自然辩证法研究，（6）：28-
33.

张蕴岭. 2001. 亚洲现代化透视. 北京：社会科学文献出版社.

赵林. 2004. 中西文化分野的历史反思. 武汉：武汉大学出版社.

赵少奎. 2011. 现代科学技术体系总体框架的探索. 北京：科学出版社.

中共中央. 1986. 中共中央关于社会主义精神文明建设指导方针的决议. www.gov.
cn［2010-02-03］.

中共中央. 2011. 中共中央关于深化文化体制改革 推动社会主义文化大发展大繁荣若
干重大问题的决定. 求是，（21）：3-14.

中共中央. 2013. 中共中央关于全面深化改革若干重大问题的决定. 求是，（22）：3-18.

中共中央，国务院. 2015. 关于加快推进生态文明建设的意见. 中国环保产业，（6）：
4-10.

中共中央办公厅. 2013 年 12 月 24 日. 关于培育和践行社会主义核心价值观的意见.
人民日报，第 001 版.

中共中央马克思恩格斯列宁斯大林著作编译局. 1995. 马克思恩格斯选集（第 1 卷）.
北京：人民出版社.

中共中央马克思恩格斯列宁斯大林著作编译局. 1995. 马克思恩格斯选集（第 2 卷）.
北京：人民出版社.

中共中央马克思恩格斯列宁斯大林著作编译局. 1995. 马克思恩格斯选集（第 3 卷）.
北京：人民出版社.

中共中央马克思恩格斯列宁斯大林著作编译局. 1995. 马克思恩格斯选集（第 4 卷）.
北京：人民出版社.

中共中央马克思恩格斯列宁斯大林著作编译局. 1960. 马克思恩格斯全集（第 3 卷）.
北京：人民出版社.

中共中央马克思恩格斯列宁斯大林著作编译局. 1995. 马克思恩格斯全集（第 1 卷）. 北京：人民出版社.

中共中央马克思恩格斯列宁斯大林著作编译局. 2009. 马克思恩格斯文集（第 1 卷）. 北京：人民出版社.

中共中央马克思恩格斯列宁斯大林著作编译局. 2009. 马克思恩格斯文集（第 2 卷）. 北京：人民出版社.

中共中央马克思恩格斯列宁斯大林著作编译局. 2009. 马克思恩格斯文集（第 3 卷）. 北京：人民出版社.

中共中央马克思恩格斯列宁斯大林著作编译局. 2009. 马克思恩格斯文集（第 4 卷）. 北京：人民出版社.

中共中央马克思恩格斯列宁斯大林著作编译局. 2009. 马克思恩格斯文集（第 5 卷）. 北京：人民出版社.

中共中央马克思恩格斯列宁斯大林著作编译局. 2009. 马克思恩格斯文集（第 6 卷）. 北京：人民出版社.

中共中央马克思恩格斯列宁斯大林著作编译局. 2009. 马克思恩格斯文集（第 7 卷）. 北京：人民出版社.

中共中央马克思恩格斯列宁斯大林著作编译局. 2009. 马克思恩格斯文集（第 8 卷）. 北京：人民出版社.

中共中央马克思恩格斯列宁斯大林著作编译局. 2009. 马克思恩格斯文集（第 9 卷）. 北京：人民出版社.

中共中央马克思恩格斯列宁斯大林著作编译局. 2009. 马克思恩格斯文集（第 10 卷）. 北京：人民出版社.

中共中央文献研究室. 2002. 江泽民论有中国特色社会主义. 北京：中央文献出版社.

中国大百科全书总编辑委员会. 2004. 中国大百科全书（第 4 卷）. 北京：中国大百科全书出版社.

中国科普研究所. 2010. 调查显示：我国仅 3.27% 公民具备基本科学素养. http：//www.crsp.org.cn/show.php?id=2163&p=1［2010-11-26］.

中华人民共和国科学技术部. 2003. 科学技术评价办法（试行）. 中国科技产业，（12）：72-76.

中华人民共和国国务院. 2006 年 3 月 21 日. 全民科学素质行动计划纲要（2006—2010—2020）. 人民日报，第 008 版.

钟荣丙. 2012. 文化科技一体化发展的实现途径研究. 科技进步与对策，（17）：11-14.

周昌忠. 1995. 西方科学的文化精神. 上海：上海人民出版社.

周海春. 2014. 中国文化发展论坛（2013）. 北京：社会科学文献出版社.

周一真. 2013. 创新机制促进文化与科技融合. 浙江经济,（25）：42-43.

朱希祥. 2006. 当代文化的哲学阐释. 上海：华东师范大学出版社.

邹广文. 2006. 当代中国的主流文化、精英文化与大众文化. 杭州师范学院学报（社会科学版）,（2）：12-16.

邹晓芟. 2003. 论科技活动的人本诉求. 邵阳学院学报（社会科学版）,（3）：14-16.

左学金, 刘遵义. 2004-08-19. 中国提升软实力的战略选择. 参考消息, 015.

Arber W. 2009. The impact of science and technology on the civilization. Biotechnology Advances, 27（6）：940-944.

Brockman J. 1995. The Third Culture. New York：Simon & Schuster.

Frank H. 2013. Environmental science, culture, and ethics. Toxicological & Environmental Chemistry, 95（1）：1-3.

Grobstein P. 2005. Revisiting science in culture：science as story telling and story revising. Journal of Research Practice, 1（1）：18.

Ikenberry G J. 2008. The rise of China and the future of the west：can the liberal system survive? Foreign Affairs, 87（1）：23-37.

Keane M. 2010. Keeping up with the neighbors：China's soft power ambitions. Cinema Journal, 49（3）：130-135.

Kellner D. 1998. Globalization and the postmodern turn. Globalization & Europe, 48（4）：807-810.

MacKenzie D. 1984. Marx and the Machine. Technology and Culture, 25（3）：473-502.

Mikael S. 2001. Scientism：Science, Ethics and Religion. Abingdon：Ashgate Publishing limited.

Mitcham C. 1994. Think Through Technology the Path between Engineering and Philosophy. Chicago：The University of Chicago Press.

Nye J. 1999. The challenge of soft power. Time,（8）：91.

Nye J. 2004. Soft Power：The Means to Success in World Politics. New York：Public Affairs. http://www.openisbn.com/download/1586482254.pdf[2016-10-13].

Nye J. 2006. Think again：soft power. Foreign Policy,（152）：1-7.

Poo M. 2004. Cultural reflections. Nature, 428（6979）：204.

Restive S. 1997. Citation for David Bloor. Science，Technology and Human Values，22（3）：369-370.

Sorell T. 2013. Scientism：Philosophy and the Infatuation with Science. New York：Routledge.

附

录

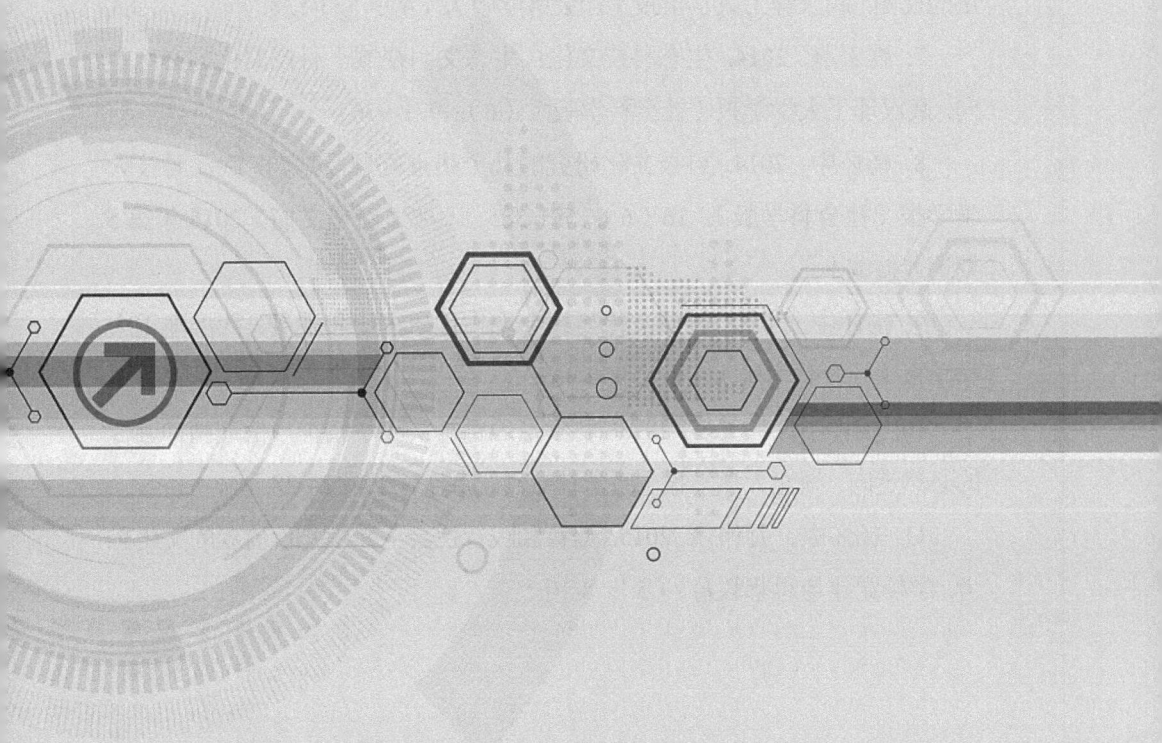

附录一　基于项目研究公开发表的论文

1. 杨怀中，程宏燕. 2012. 马克思和恩格斯的科技文化观. 哲学研究，（9）：119-125.

2. 程宏燕. 2012. 现代工业化初期马克思恩格斯的科技文化思想. 中国特色社会主义研究，（6）：48-53.

3. 杨怀中. 2013. 科技文化与生态文明协调发展及其走向. 江汉论坛，（10）：126-129.

4. 杨怀中. 2013. 科技文化与当代中国主流文化建设. 中原文化研究，1（6）：59-64.

5. 程宏燕. 2013. 历史唯物主义视域中的生态问题研究. 自然辩证法研究，（11）：123-128.

6. 杨怀中，林齐. 2014. 科技文化软实力的功能———一种结构-功能方法的视角. 武汉理工大学学报（社会科学版），（4）：533-538.

7. 程宏燕. 2014. 生态科技文化：生态文明视域下科技文化的必然走向. 武汉理工大学学报（社会科学版），（6）：971-976.

8. 杨怀中. 2014. 科技文化研究的几个热点问题及走向. 武汉科技大学学报（社会科学版），16（6）：581-585.（被《新华文摘》2015 年第 5 期论点摘编）

9. 杨怀中. 2014. 科技文化与社会现代化研究十年述要. 武汉理工大学学报（社会科学版），（6）：959-965.

10. 杨怀中，熊英姿. 2015. 科学伦理精神：科学精神与伦理精神融合的必然走向. 湖北大学学报（哲学社会科学版），（1）：24-28.

11. 杨怀中，万伟伟. 2015. 培育和践行社会主义核心价值观的文化思考. 学校党建与思想教育，（5）：8-10.

12. 杨怀中，梁晓夏. 2015. 科技文化软实力生成和发展的多维视角分析. 湖北经济学院学报，（2）：31-34.

13. 杨怀中，项小军. 2016. 生态科技文化的生成逻辑. 自然辩证法通讯，38（3）：144-148.

14. 杨怀中，李洋. 2016. 微信技术的伦理问题、成因分析及对策. 自然辩证法研究，（4）：30-34.

15. 杨怀中. 2017. 以新发展理念引领科技文化建设. 武汉科技大学学报（社会科学版），19（1）：15-18.

16. 杨怀中. 2016-10-18. 让生态文明融入科技文化. 中国社会科学报，第006版.

附录二　基于项目研究指导的研究生学位论文

博士学位论文：

1. 杨修伟. 2017. 文化强国战略视域下的大数据文化研究. 武汉：武汉理工大学博士学位论文.

2. 万伟伟. 2017. 生态文明视野下的科技文化建设研究. 武汉：武汉理工大学博士学位论文.

硕士学位论文：

1. 金秋. 2013. 中国文化走向世界的思考——基于科技文化的视角. 武汉：武汉理工大学硕士学位论文.

2. 张馨元. 2013. 中国古代科技文化及其当代价值. 武汉：武汉理工大学硕士学位论文.

3. 张明. 2014. 文化与科技融合及其实现路径研究. 武汉：武汉理工

大学硕士学位论文.

4. 林齐. 2014. 历史唯物主义视角下的科技文化软实力功能研究. 武汉：武汉理工大学硕士学位论文.

5. 葛星. 2016. 科技文化视角下的新型城镇化建设问题研究. 武汉：武汉理工大学硕士学位论文.

6. 梁晓夏. 2016. 现代科技革命与我国科技文化建设. 武汉：武汉理工大学硕士学位论文.

附录三　调　查　问　卷

项目编号：　　　　　　　　　　　　　问卷编号：

科技文化软实力研究调查问卷

尊敬的朋友：

您好！衷心感谢您在百忙之中抽空参与本次问卷调查！

我们是武汉理工大学科技文化研究中心的研究人员，也是国家社会科学基金项目"基于文化强国战略的科技文化软实力研究"的调查人员，为了深入研究科技文化、国家文化软实力以及文化强国战略等问题，特地开展了本次调查。调查采取匿名的方式，您不必填写姓名，请在您选择的答案上打"√"。如无特别提示，本次调查题目均为单选题。

您的意见对我们的后续研究工作十分重要，非常感谢您对我们课题组工作的支持！

"基于文化强国战略的科技文化软实力研究"课题组

2012 年 12 月

1. 您的性别：

（1）男 （2）女

2. 您的年龄：

（1）17～23 岁 （2）24～30 岁 （3）31～45 岁 （4）45 岁以上

3. 您的文化程度：

（1）高中 （2）大学 （3）硕士 （4）博士

4. 您的职业：

（1）专业技术人员 （2）企业管理人员 （3）高校学生 （4）公务员 （5）其他

5. 您平常是否关注科学技术方面的资讯：

（1）非常关注 （2）比较关注 （3）偶尔关注 （4）不关注

（5）无所谓

6. 您认为文化对增强国家实力具有：

（1）有很大意义 （2）意义一般 （3）很少的意义

（4）无意义 （5）不清楚

7. 科学技术也是一种文化现象，您同意这种观点吗？

（1）很同意 （2）较同意 （3）不太同意 （4）完全不同意

（5）不清楚

8. 您认为下列选项哪些属于科技文化的范畴？（可多选）

（1）科学精神 （2）科学思想 （3）科技价值观念

（4）科技政策与制度 （5）科技伦理 （6）科技对外交流与合作

9. 您认为科学精神的内涵是什么？（可多选）

（1）实事求是 （2）追求真理 （3）客观公正 （4）理性怀疑

（5）多元思考 （6）探索创新

10. 科学精神能够破除愚昧迷信，促进人类文明的发展，您同意这样的观点吗？

（1）很同意 （2）较同意 （3）不太同意 （4）不同意 （5）不清楚

11. 您是否赞同"科学精神带动文学艺术等其他文化形态的发展"的提法？

（1）很同意 （2）较同意 （3）不太同意 （4）不同意 （5）不清楚

12. 您是否赞同"科技创新制度推动文化强国建设"的提法？

（1）很同意 （2）较同意 （3）不太同意 （4）不同意 （5）不清楚

13. 您是否赞同"科技产品与文化强国战略关系密切"的提法？

（1）很同意 （2）较同意 （3）不太同意 （4）不同意 （5）不清楚

14. 您是否赞同"知识产权意识有利于促进国家文化发展"的提法？

（1）很同意 （2）较同意 （3）不太同意 （4）不同意 （5）不清楚

15. 您觉得在国家文化强国战略中哪个选项起基础性作用？（可多选）

（1）政治制度 （2）经济制度 （3）文学艺术

（4）传统文化 （5）科技文化

16. 科学技术是一种硬实力，科技文化是一种软实力，您同意这种观点吗？

（1）很同意 （2）较同意 （3）不太同意 （4）不同意 （5）不清楚

17. 您认为知识产权制度对提升中国文化的世界地位：

（1）很重要 （2）较重要 （3）一般重要 （4）不重要 （5）不清楚

18. 您认为数字化电视对您的文化娱乐影响程度：

（1）影响很大 （2）有一定影响 （3）没有影响 （4）无所谓

19. 您认为计算机网络发展对中国文化走向世界的影响：

（1）影响很大 （2）有一定影响 （3）没有影响 （4）不清楚

20. 您所在单位或社区科技展览或科普活动、科技创新活动丰富吗？

（1）丰富 （2）较丰富 （3）偶尔有，但内容较单一 （4）从来没有

21. 您认为对于一个国家来说下列哪个选项最重要？

（1）经济发展能力 （2）综合影响力 （3）政治地位

（4）生活舒适程度

22. 您认为下列哪个选项对于提升我国国际地位更重要？

（1）经济建设

（2）科技创新、科技为民思想等构成的科技文化

（3）文学艺术等人文文化

（4）民主政治、社会制度等政治文化

23. 您认为当前政府最需要关注的是：

（1）政治制度改革　　　　　（2）科技发展策略

（3）社会文化建设　　　　　（4）经济制度改革

24. 您认为最主要依靠哪种因素推进文化强国建设？

（1）政治制度　　　　　　　（2）经济发展

（3）科技创新　　　　　　　（4）文学艺术

25. 您认为下列哪种因素会对环境造成最大的负面影响？

（1）净化污染的科技能力不够　（2）法律制度规范不完善

（3）保护环境观念淡薄　　（4）经济利益至上思想严重

26. 您认为蛟龙号和神舟号的成功对我国社会产生什么影响？（可多选）

（1）提升我国的国际地位

（2）提高公众对科技活动关注的热情

（3）弘扬科技创新精神

（4）提高对科技活动与世界经济关系的认识

27. 您认为在中国推进现代化建设的步伐中什么因素最重要？（可多选）

（1）科技创新

（2）科技制度

（3）经济发展

（4）政治改革

（5）传统文化现代化

28. 理工科学生应该学一些人文社会科学方面的知识，文科学生应该学一些自然科学方面的知识，您同意这种观点吗？

（1）很同意 （2）较同意 （3）不太同意 （4）不同意 （5）不清楚

29. 科技文化素质是指人在处理与自然和社会的关系中应该具备的知识、精神要素（价值观念）和实践能力，您认同这种说法吗？

（1）很同意 （2）较同意 （3）不太同意 （4）不同意 （5）不清楚

30. 您认为增强国家文化软实力主要靠什么因素？（可多选）

（1）科技创新的氛围与制度

（2）科学家和科技工作者的创新文化素质

（3）科技研发资金的投入

（4）国家政治管理策略

（5）繁荣文学艺术事业

（6）推进影视业的国际化

31. 您认为相关行业或企业之间的科研交流对科技创新的作用是：

（1）很大 （2）较大 （3）一般 （4）较小 （5）不清楚

32. 您认为当前我国的知识产权状况对一家单位的产品研发：

（1）很大影响 （2）影响比较大 （3）一般性影响

（4）很少有影响 （5）无影响

33. 您认为美国科技强盛的最主要原因是：

（1）社会政治民主

（2）科技创新政策宽松

（3）经济支撑

（4）科技工作者的热情

34. 您对科学技术的看法（可多选）：

（1）科学技术的发展会给我们后代提供更多的发展机会

（2）加强科学技术进步步伐能使我国在近几年内赶超西方发达国家

（3）即使没有科学技术，人们也可以过简朴的生活，生活得很好

（4）技术的发展可能会使人与人之间的关系越来越疏远

（5）科学技术的发展会使越来越多的人失业

（6）有了科学技术，我们就能解决面临的所有问题

（7）科学家拥有知识，他们改变世界的能力使他们变得很可怕

（8）科学技术给我们既带来好处也带来坏处，并且好处多于坏处

（9）持续不断的技术应用最终会毁掉我们赖以生存的地球

35. 请您谈谈您对科技文化作为国家文化软实力的看法：

_____

_____

_____

_____

_____

_____

_____

_____

_____

_____

　　非常感谢您的参与，我们衷心祝愿您身体健康、事业发达、万事如意！

后　记

　　本书系国家社会科学基金项目"基于文化强国战略的科技文化软实力研究"（批准号：12BZX028）的最终成果。该项目自 2012 年批准立项以来，根据研究计划组织开展了科技文化软实力研究调查并撰写了《科技文化软实力调查报告》，在《哲学研究》《自然辩证法研究》《自然辩证法通讯》《中国特色社会主义研究》《江汉论坛》等刊物上发表论文 16 篇，基于项目研究指导研究生完成学位论文 8 篇，结合项目研究举办了两届全国科技文化与社会现代化学术研讨会。项目研究历时三年，完成了项目申请书中的各项研究计划，2016 年结项（证书号：20161577），本书出版时根据评审专家的意见进行了修改，并把书名确定为"科技文化及其软实力研究——以文化强国战略为视角"。

　　近年来，伴随着现代科学技术的飞速发展，科技文化理念悄然兴起，科技文化研究渐成热潮。特别是中国自然辩证法研究会科技文化专业委员会成立以来，围绕着"科技文化与社会现代化"主题每年召开一次全国性学术研讨会，至今已举办 14 届，参会论文千余篇，择优结集出版《科技文化与社会现代化研究》7 辑，收入论文 360 多篇，可谓硕果累累。作为科技文化研究的积极参与者，我越来越感到科技文化建设任重道远，科技文化研究大有可为！

本书的目的就是要在总结近年来科技文化研究成果的基础上，把科技文化与实施文化强国战略、提高国家文化软实力结合起来进行深入的研究，力求从理论与实践的结合上厘清和回答科技文化何以成为一种软实力、科技文化软实力在当代中国文化强国战略中的地位和作用，以及如何充分发挥科技文化的软实力功能等问题。当然，这只是个人的愿望，我期盼能够达成这一愿望。

实事求是地说，科技文化研究毕竟是一个新领域，本人虽然较早涉足该领域的研究，也曾主持完成多项国家和省部级课题，发表多篇相关论文，但总觉得研究还是很肤浅，仍然徘徊在科技文化研究的大门口，需要我们研究的课题还有太多。如果本书的出版能够起到抛砖引玉的作用，引起更多的人关注科技文化及其软实力研究，那我将感到莫大的欣慰。

参加项目研究的还有潘建红、程宏燕、朱文华、万伟伟、朱轶等，研究生项小军、熊英姿、宋凯、金秋、张馨元、彭宜君、林齐、葛星、梁晓夏、李洋、杨白雪、付小雨等，他们积极收集和整理资料、参与研讨、撰写论文，做了大量认真细致的工作。

在本书即将付梓之际，我要感谢课题组全体成员的共同努力，感谢成果评审专家的宝贵意见，感谢武汉理工大学研究生院、政治与行政学院的资助和同事们的大力支持，感谢我的研究生们付出的辛勤劳动，感谢科学出版社刘溪编辑和张楠编辑的悉心指导！

由于本人水平有限，书中有疏漏之处在所难免，欢迎广大读者批评指正；参考文献和引文注释中未能指出其来源的地方，也敬请原作者谅解！

杨怀中

2017 年 8 月 30 日于武昌水运湖畔